看護医療学校受験

オープンセサミシリーズ 問題集 アクセス ❷

数学Ⅰ・A

平成30年告示 学習指導要領対応

東京アカデミー｜編

東京アカデミー七賢出版

はじめに

オープンセサミ・シリーズは，看護・医療系学校入試に完璧に対応できるよう，入試問題を分析し作成した看護・医療系専用の問題集です。この問題集をマスターすることで，基礎を確実に固めながら，同時に自然に入試傾向をつかむことができるよう構成されています。

あなたがこのシリーズを十分に活用し，目的を達成されることを念願します。

東京アカデミー看護医療試験研究室スタッフ一同

CONTENTS

数学A

第5章　場合の数と確率

第6章　図形の性質

第7章　数学と人間の活動

解答解説は別冊

看護医療学校受験参考書オープンセサミシリーズ②数学Ⅰ・Ａの準拠問題集です。あわせてご利用いただくと、より効果的です。
A は基本問題、**B** は標準問題、**C** は応用問題となっています。

数学Ⅰ　第1章　数と式

1　整式とその計算

Open Sesame

1　指数法則

$a \neq 0$，$b \neq 0$ で，m，n が整数のとき

$a^m a^n = a^{m+n}$　　$(a^m)^n = a^{mn}$　　$(ab)^m = a^m b^m$

$\dfrac{a^m}{a^n} = a^{m-n}$　　$\left(\dfrac{b}{a}\right)^m = \dfrac{b^m}{a^m}$

発展 指数法則の拡張

$a^0 = 1$　　$a^{-m} = \dfrac{1}{a^m}$　　$\left(\dfrac{b}{a}\right)^{-m} = \left(\dfrac{a}{b}\right)^m$

2　基本法則

交換法則　$A+B=B+A$，$AB=BA$

結合法則　$(A+B)+C=A+(B+C)$，$(AB)C=A(BC)$

分配法則　$A(B+C)=AB+AC$，$(A+B)C=AC+BC$

3　乗法公式

① $(a+b)^2 = a^2+2ab+b^2$，$(a-b)^2 = a^2-2ab+b^2$

② $(a+b)(a-b) = a^2-b^2$

③ $(x+a)(x+b) = x^2+(a+b)x+ab$

④ $(ax+b)(cx+d) = acx^2+(ad+bc)x+bd$

⑤ $(a+b+c)^2 = a^2+b^2+c^2+2ab+2bc+2ca$

発展 3乗についての乗法公式

$\begin{cases}(a+b)^3 = a^3+3a^2b+3ab^2+b^3 \\ (a-b)^3 = a^3-3a^2b+3ab^2-b^3\end{cases}$　　$\begin{cases}(a+b)(a^2-ab+b^2) = a^3+b^3 \\ (a-b)(a^2+ab+b^2) = a^3-b^3\end{cases}$

A

1 次の計算をせよ。

(1) $\dfrac{1}{3}+\dfrac{2}{5}-\dfrac{5}{7}$　　(2) $3\left(\dfrac{2}{5}-\dfrac{1}{2}\right)+\dfrac{1}{3}\left(2+\dfrac{1}{4}\right)$　　(3) $\dfrac{2}{3}\times\dfrac{1}{5}\div\dfrac{1}{3}+\dfrac{1}{4}$

(4)　$\dfrac{a}{2}-2\times\dfrac{a-1}{3}-1$　　(5)　$\dfrac{-7a+5b}{4}+2a-b$

2　$A=2x^2-3x+7$，$B=-3x^2-x+4$，$C=-x^2-2x+3$ のとき，$A-2B+3C$ を計算したものは次のうちのどれか。

①　$5x^2-7x+8$　　②　$5x^2-11x+10$　　③　$-7x^2-7x+10$

④　$-7x^2-11x+24$　　⑤　$11x^2+5x+8$

3　次の計算をせよ。

(1)　$x^4\times x^3$　　(2)　$x^6\div x^2$　　(3)　$(x^2y^3)^3$　　(4)　$x^3\div x^5$

(5)　$x^2\times x^4\div x^6$　　(6)　$2x\times 4xy$　　(7)　$3x\times(-2x)^2$

(8)　$3ab^3\times(2a^2b)^3$　　(9)　$ab^3\times(a^2b)^3\div(ab^3)^2$　　(10)　$3x\times\left(-\dfrac{1}{2}xy^2\right)^3\div(-3y)^2$

4　次の式を展開せよ。

(1)　$(x+2)(x+1)$　　(2)　$(x+3)(2x+3)$　　(3)　$(x+7)^2$　　(4)　$(3x-1)^2$

(5)　$(x+6)(x-6)$　　(6)　$(x+y)(x-2y)$　　(7)　$\dfrac{1}{2}(2a+b)(a-2b)$

(8)　$(x-y)(2x+y-1)$　　(9)　$(x-2)(x^2+x-3)$　　(10)　$(3x^2+y)(x^2+3y)$

B

5　次の式を展開せよ。

(1)　$(x+y+3)^2$　　(2)　$(a+2b-1)^2$

6　$(1+2x+3x^2)^2$ の展開式における x^2 の係数を求めよ。

7　次の式を展開せよ。

(1)　$(x^2+3x-2)(x^2+3x+3)$　　(2)　$(x-4)(x-3)(x-2)(x-1)$

(3)　$(a-1)^2(a+1)^2$　　(4)　$(x+y+1)(x+y-1)$　　(5)　$(x+y+z)(x-y-z)$

(6)　$(8x^3+8x^2+4x+1)(8x^3-8x^2+4x-1)$　　(7)　$(x-1)(x+1)(x^2+1)(x^4+1)$

8　発展　次の式を展開せよ。

(1)　$(2a+1)^3$　　(2)　$(2x-y)^3$　　(3)　$(a+2)(a-2)(a^2-2a+4)(a^2+2a+4)$

数学Ⅰ　第1章　数と式

2　因数分解

Open Sesame

因数分解の基本公式

① $ma+mb=m(a+b)$

② $a^2+2ab+b^2=(a+b)^2$,　$a^2-2ab+b^2=(a-b)^2$

③ $a^2-b^2=(a+b)(a-b)$

④ $x^2+(a+b)x+ab=(x+a)(x+b)$

⑤ $acx^2+(ad+bc)x+bd=(ax+b)(cx+d)$

発展　3乗についての因数分解の公式

$$\begin{cases} a^3+3a^2b+3ab^2+b^3=(a+b)^3 \\ a^3-3a^2b+3ab^2-b^3=(a-b)^3 \end{cases}$$

$$\begin{cases} a^3+b^3=(a+b)(a^2-ab+b^2) \\ a^3-b^3=(a-b)(a^2+ab-b^2) \end{cases}$$

A

9　次の式を因数分解せよ。

(1) $x^2+7x+12$　(2) x^2-8x+7　(3) x^2+x-12

(4) $x^2-8x+16$　(5) x^2-9　(6) $a^2-a+\dfrac{1}{4}$

(7) $4x^2+24x+36$　(8) $9x^2+6xy+y^2$　(9) $3x^2+4x+1$

(10) $2x^2-15x+7$　(11) $3x^2-8x-3$　(12) $6x^2+19xy+10y^2$

10　次の式を因数分解せよ。

(1) $3x^3y-12xy^3$　(2) $xy+x+y+1$　(3) $a-b+ab-1$

(4) $4ab-12a-b+3$　(5) $ax-ay-bx+by$　(6) $a^3-ab^2-b^2c+a^2c$

(7) x^2-x-y^2+y　(8) $a^2-2ab-ax+bx+b^2$

B

11 次の式を因数分解せよ。

(1) x^4-5x^2+4　(2) $2x^4+x^2y^2-3y^4$　(3) x^4+4x^2+16

(4) $4a^4+b^4$　(5) $x^2+9y^2-25z^2-6xy$　(6) $4a^2-9b^2-6bc-c^2$

12 次の式を因数分解せよ。

(1) $2(x+y)^2-3(x+y)-5$　(2) $(x^2+x-2)(x^2+x-12)+24$

(3) $(x+1)(x+2)(x+3)(x+4)-8$

13 次の式を因数分解せよ。

(1) $x^2+3xy+2y^2+2x+5y-3$　(2) $x^2+xy+4x-2y^2+5y+3$

(3) $2x^2+5xy+2y^2-5x-y-3$　(4) $2x^2-xy-y^2+x+5y-6$

14 発展 次の式を因数分解せよ。

(1) x^3-125　(2) x^6+7x^3-8

C

15 次の式を因数分解せよ。

(1) $(a+b+c)(ab+bc+ac)-abc$

(2) $x(4y^2-9z^2)+2y(9z^2-x^2)+3z(x^2-4y^2)$

数学Ⅰ　第1章　数と式

3　実数と平方根

Open Sesame

1　小数の種類

有限小数…小数第何位かで終わる小数のこと

無限小数…小数部分が無限に続く小数のこと

　　このうち，いくつかの数字の配列が繰り返されるものを**循環小数**という。

2　有理数・無理数と実数

有理数…$\dfrac{m}{n}$　（m，n は整数，$n \neq 0$）の形で表される数

無理数…循環しない無限小数で表される数

有理数と無理数を合わせた数を**実数**という

- 実数
  - 有理数
    - 整数
      - 正の整数（自然数）
      - 0
      - 負の整数
    - 有限小数
    - 循環小数
  - 無理数（循環しない無限小数）

3　実数の性質

a，b が実数のとき，

$a^2 \geqq 0$　（等号成立は $a=0$ のとき）

$a^2+b^2 \geqq 0$　（等号成立は $a=b=0$ のとき）

4　絶対値

数直線上で原点から点 a までの距離を，a の**絶対値**といい，$|a|$ で表す。

5　絶対値の性質

1　$\begin{cases} a \geqq 0 \text{ のとき，} |a| = a \\ a < 0 \text{ のとき，} |a| = -a \end{cases}$

2　$|a|^2 = a^2$，$|a| = |-a|$

6　平方根の性質

$$\sqrt{\boldsymbol{a}^2}=|\boldsymbol{a}|=\begin{cases}\ \ \boldsymbol{a} & (\boldsymbol{a}\geqq 0\text{ のとき})\\ -\boldsymbol{a} & (\boldsymbol{a}<0\text{ のとき})\end{cases}$$

7　平方根の基本計算

$a>0$，$b>0$ のとき，

$$\sqrt{a}\sqrt{b}=\sqrt{ab},\quad \frac{\sqrt{a}}{\sqrt{b}}=\sqrt{\frac{a}{b}},\quad \sqrt{a^2b}=a\sqrt{b}$$

8　分母の有理化

$$\frac{c}{\sqrt{a}+\sqrt{b}}=\frac{c(\sqrt{a}-\sqrt{b})}{(\sqrt{a}+\sqrt{b})(\sqrt{a}-\sqrt{b})}=\frac{c(\sqrt{a}-\sqrt{b})}{a-b}$$

9　二重根号　発展

$a>b>0$ のとき，

$$\sqrt{(\boldsymbol{a}+\boldsymbol{b})\pm 2\sqrt{\boldsymbol{ab}}}=\sqrt{\boldsymbol{a}}\pm\sqrt{\boldsymbol{b}}\quad(\text{複号同順})$$

A

16　次の空欄をうめよ。

循環小数

$x=0.\dot{3}4\dot{5}=0.345345\cdots$　　$\cdots$(a)

を分数（有理数）の形に直すことを考える。(a)式の両辺を1000倍すると，

$1000x=$ $\boxed{\quad\text{ア}\quad}$　　$\cdots$(b)

が得られる。(b)式から(a)式を引くと，

$999x=$ $\boxed{\quad\text{イ}\quad}$

となる。よって，x を分数で表すと $\boxed{\quad\text{ウ}\quad}$ となる。

17　次の分数は循環小数に，循環小数は分数に直せ。

(1)　$\dfrac{5}{6}$　　(2)　$\dfrac{23}{33}$　　(3)　$0.\dot{3}\dot{2}$　　(4)　$0.2\dot{5}$

18　次の絶対値記号をはずせ。

(1)　$|5|$　　(2)　$|-3|$　　(3)　$|0|$　　(4)　$|-7+3|$

19 $x=-1$ のとき，$|1-3x|-|1+3x|$ の値は次のうちどれか。

① 0　② 2　③ 4　④ 6　⑤ 8

20 次の数の分母を有理化せよ。

(1) $\dfrac{1}{\sqrt{2}}$　(2) $\dfrac{1}{\sqrt{8}}$　(3) $\dfrac{4}{3\sqrt{3}}$　(4) $\dfrac{8\sqrt{3}}{\sqrt{2}}$　(5) $\dfrac{\sqrt{10}}{\sqrt{6}}$

21 次の計算をせよ。

(1) $\sqrt{50}+\sqrt{8}$　(2) $\sqrt{27}+\sqrt{12}-\sqrt{48}$　(3) $\sqrt{125}+\sqrt{20}-\sqrt{45}$

(4) $\sqrt{2}(\sqrt{8}+\sqrt{10})$　(5) $\sqrt{6}(\sqrt{18}-\sqrt{24})$　(6) $(\sqrt{2}+\sqrt{5})(3\sqrt{2}-2\sqrt{5})$

(7) $(3\sqrt{3}+2)(3\sqrt{3}-2)$　(8) $(\sqrt{3}+\sqrt{15})(\sqrt{60}-\sqrt{12})$

(9) $(\sqrt{5}-\sqrt{3})^2$　(10) $\dfrac{1}{\sqrt{5}}+2\sqrt{5}$　(11) $\sqrt{\dfrac{5}{9}}+\sqrt{20}$

22 次の計算をせよ。

(1) $\dfrac{1}{\sqrt{6}+\sqrt{5}}$　(2) $\dfrac{\sqrt{3}+\sqrt{2}}{2\sqrt{3}-\sqrt{2}}$　(3) $\dfrac{\sqrt{5}}{\sqrt{3}-1}-\dfrac{\sqrt{3}}{\sqrt{5}+\sqrt{3}}$

(4) $\dfrac{2+\sqrt{2}}{2-\sqrt{2}}+\dfrac{2-\sqrt{2}}{2+\sqrt{2}}$　(5) $\dfrac{2}{1+\sqrt{3}}+\dfrac{2}{\sqrt{3}+\sqrt{5}}+\dfrac{2}{\sqrt{5}+\sqrt{7}}$

B

23 $\sqrt{2}=1.414$，$\sqrt{3}=1.732$ として，次の式の値を求めよ。

(1) $\sqrt{20000}$　(2) $\sqrt{12}-\sqrt{2}$　(3) $\dfrac{\sqrt{6}}{\sqrt{3}+\sqrt{2}}$　(4) $(\sqrt{18}-\sqrt{3})\times\dfrac{1}{\sqrt{150}}$

24 次の空欄をうめよ。

$(1+\sqrt{2})^2=\boxed{\;(1)\;}$，$(1+\sqrt{2}+\sqrt{3})(1+\sqrt{2}-\sqrt{3})=\boxed{\;(2)\;}$ であるから，$\dfrac{1}{1+\sqrt{2}+\sqrt{3}}$ を分母に根号がない形にすると，$\boxed{\;(3)\;}$ となる。

25 $\sqrt{5}$ の整数部分を a，小数部分を b とするとき，次の値を求めよ。

(1) a　(2) b　(3) $\dfrac{3}{b}-2a$

26 $\dfrac{3}{3-\sqrt{6}}$ の整数部分を a，小数部分を b とするとき，a^2-b^2 の値を求めよ。

27 $5-\sqrt{5}$ の整数部分を a，小数部分を b とするとき，$a-\dfrac{4}{b}$ の値を求めよ。

28 発展 次の二重根号をはずせ。

(1) $\sqrt{5+2\sqrt{6}}$　(2) $\sqrt{10-4\sqrt{6}}$　(3) $\sqrt{3-\sqrt{8}}$　(4) $\sqrt{2+\sqrt{3}}$

29 $(\sqrt{2}+2)x-(1-2\sqrt{2})y=15+5\sqrt{2}$ を満たす有理数 x，y の値を求めよ。

30 次の絶対値記号をはずせ。

(1) $|a+1|$　(2) $|\sqrt{5}-2|+|2\sqrt{5}-5|$　(3) $|\sqrt{5}-\sqrt{2}-1|$

31 次の問いに答えよ。

(1) $-1<a<0$ のとき，$\sqrt{a^2}+\sqrt{a^2+2a+1}$ を簡単にせよ。

(2) $-1<a<1$ のとき，$\sqrt{a^2+2a+1}-\sqrt{4a^2-12a+9}$ を簡単にせよ。

32 $\dfrac{20}{7}$ を小数で表したとき，小数第200位の数字を答えよ。

C

33 $x=a+\dfrac{1}{a}$ のとき，$\sqrt{x^2-4}$ を a で表せ。ただし，$a>0$ とする。

数学I　第1章　数と式

4　式の値

Open Sesame

1　対称式の変形

$$x^2+y^2=(x+y)^2-2xy$$
$$x^2+y^2=(x-y)^2+2xy$$
$$(x-y)^2=(x+y)^2-4xy$$

y を $\dfrac{1}{x}$ におきかえる。

2　$x+\dfrac{1}{x}$ を用いた変形

$$x^2+\frac{1}{x^2}=\left(x+\frac{1}{x}\right)^2-2$$
$$x^2+\frac{1}{x^2}=\left(x-\frac{1}{x}\right)^2+2$$
$$\left(x-\frac{1}{x}\right)^2=\left(x+\frac{1}{x}\right)^2-4$$

発展　3次式の変形

$$x^3+y^3=(x+y)^3-3xy(x+y)$$
$$x^3+\frac{1}{x^3}=\left(x+\frac{1}{x}\right)^3-3\left(x+\frac{1}{x}\right)$$

3　3文字の変形

$$a^2+b^2+c^2=(a+b+c)^2-2(ab+bc+ca)$$

発展　$a^3+b^3+c^3=(a+b+c)(a^2+b^2+c^2-ab-bc-ca)+3abc$

A

34　$x=\dfrac{1}{2-\sqrt{3}}$，$y=\dfrac{1}{2+\sqrt{3}}$ のとき，次の値を求めよ。

(1)　$x+y$　　(2)　xy　　(3)　x^2+y^2

B

35 $x=\dfrac{1+\sqrt{3}}{2}$ のとき，次の値を求めよ。

(1) $4x^2-4x$　(2) $\dfrac{x-2}{x+1}$

36 $x+y=1$，$x^2+y^2=3$ のとき，次の式の値を求めよ。

(1) xy　(2) $x-y$

37 $x>0$ で，$x-\dfrac{1}{x}=4$ のとき，次の値を求めよ。

(1) $x^2+\dfrac{1}{x^2}$　(2) $x+\dfrac{1}{x}$　(3) $x^4+\dfrac{1}{x^4}$

38 次の空欄をうめよ。

(1) $x+y+z=3$，$xy+yz+zx=2$ のとき，$x^2+y^2+z^2=\boxed{\quad}$

(2) $x+y+z=3$，$x^2+y^2+z^2=5$ のとき，$xy+yz+zx=\boxed{\quad}$

39 次の空欄をうめよ。ただし，$x\neq 0$，$y\neq 0$，$z\neq 0$ とする。

(1) $-\dfrac{x}{4}=\dfrac{y}{3}=\dfrac{z}{2}\neq 0$ のとき，$\dfrac{x^2+y^2+z^2}{xy+yz+zx}=\boxed{\quad}$

(2) $\dfrac{x+y}{8}=\dfrac{y+z}{7}=\dfrac{z+x}{5}$ のとき，$\dfrac{x^3+y^3+z^3}{xyz}=\boxed{\quad}$

40 $xyz\neq 0$，$x+2y+3z=0$，$4x+3y+2z=0$ のとき，$\dfrac{xy+yz+zx}{x^2+y^2+z^2}$ の値を求めよ。

C

41 $x+y+z=4$, $xy+yz+zx=5$, $xyz=4$ のとき，$\dfrac{y+z}{x}+\dfrac{z+x}{y}+\dfrac{x+y}{z}$ の値を求めよ。

数学Ⅰ　第1章　数と式

5　1次方程式と1次不等式

Open Sesame

1　不等号の種類と意味

$x>a$ ⟶ x は a より大きい

$x<a$ ⟶ x は a より小さい

$x\geqq a$ ⟶ x は a と同じ，または a より大きい

2　1次不等式の解

$Ax>B$ の解は，

A が正の数のとき $x>\dfrac{B}{A}$

A が負の数のとき $x<\dfrac{B}{A}$

A が 0 のときは別途考える（54 参照）

A

42 次の方程式を解け。

(1) $5x+2=3x+10$　(2) $2(x-3)=3(x+2)$

(3) $\dfrac{1}{2}x+\dfrac{1}{3}=\dfrac{1}{3}x+\dfrac{3}{2}$　(4) $\dfrac{2x+3}{4}=\dfrac{x+5}{3}$　(5) $\dfrac{x-1}{2}+\dfrac{x+4}{3}=1$

(6) $\dfrac{3x-2}{5}-(x-1)=2$　(7) $\dfrac{2}{3}(7-x)+\dfrac{1}{5}x=\dfrac{28}{3}$

43 次の不等式を解け。

(1) $4x-8>x+7$　(2) $3(x+2)<5(x-2)$　(3) $\dfrac{1}{4}(3x-8)\leqq 2x-3$

(4) $\dfrac{7+4x}{5}>x$　(5) $\dfrac{x-3}{3}\leqq\dfrac{2x-1}{5}$

(6) $\dfrac{3}{4}x+\dfrac{1}{2}<\dfrac{2}{3}(x+1)$　(7) $\dfrac{x+1}{2}-\dfrac{2x+3}{3}\leqq\dfrac{3(2x-1)}{4}$

44 次の連立方程式を解け。

(1) $\begin{cases} 2x+y=7 \\ x-y=2 \end{cases}$　(2) $\begin{cases} 3x+2y=-1 \\ x-y=3 \end{cases}$　(3) $\begin{cases} 5x+3y=4 \\ 7x+2y=-1 \end{cases}$

(4) $\begin{cases} 5x+3y=1 \\ 3x-4y=18 \end{cases}$　(5) $\dfrac{x-y}{3}=\dfrac{2x+3}{4}=-\dfrac{5y+3}{6}$

45 次の連立不等式を解け。

(1) $\begin{cases} 2x+3>1 \\ 6x-1<11 \end{cases}$　(2) $\begin{cases} 4x-5<2x-1 \\ 2-3x<11 \end{cases}$　(3) $\begin{cases} 3(x-2)\leqq 7x \\ 4x+2(3x-4)<2 \end{cases}$

(4) $\begin{cases} 3x+2>10 \\ \dfrac{2x+7}{2}>\dfrac{2}{5}+2x \end{cases}$　(5) $4x+3>5-2x\geqq 6x-1$

B

46 本を購入した時，本体価格と８％の消費税を合わせて972円だった。このときの本体価格を求めよ。

47 １次不等式 $-4(3x+5)<-3(2x+3)+8$ を満たす負の整数の個数を求めよ。

48 ある自然数を４倍して５を足したものは，もとの数を６倍して５を引いたものより大きい。この自然数のうち最も大きいものを求めよ。

49 食塩水の全重量に対する，溶けている食塩の重量の割合を百分率で表したものを重量パーセントという。たとえば，100g の食塩水に溶けている食塩が 10g であるときには，この食塩水の重量パーセントは10％である。食塩水の濃度を重量パーセントとして，次の空欄をうめよ。

(1) ５％の食塩水 300g 中には □ g の食塩が溶けている。

(2) □ ％の食塩水 300g に水 100g を加えると９％の食塩水になる。

(3) ８％の食塩水 100g に２％の食塩水 □ g を加えると４％の食塩水になる。

50 ３％と15％の食塩水を混ぜて８％の食塩水を 900g 作りたい。３％の食塩水は何 g 混ぜればよいか。

51 次の空欄をうめよ。

4000円以内で1冊300円のノートと1冊160円のノートを合わせて20冊買う。300円のノートをできるだけ多く買うとすると □ 冊になる。

52 3km の道のりを，はじめは分速 60m で歩き，途中からは分速 150m で走って行くことにした。出発してから30分で目的地に着くためには，走る道のりを何 km にすればよいか。

53 次を満たす定数 a の値の範囲を求めよ。

(1) $\dfrac{2x-a}{3} \leqq \dfrac{x-1}{2}$ を満たす自然数の個数が3個である。

(2) $-x<3x+6<x+2a$ を満たす整数 x が3つある。

C

54 次の不等式を解け。ただし，a は定数とする。

(1) $ax+4<x+a$

(2) $ax+4>x+a$

55 a を定数として，x の方程式 $ax-a=-x+a^2$ を解け。

数学I　第1章　数と式

6　絶対値記号を含む方程式・不等式

Open Sesame

絶対値の性質

$\begin{cases} |a|=k \rightarrow a=\pm k \\ |a|<k \rightarrow -k<a<k \\ |a|>k \rightarrow a<-k,\ k<a \end{cases}$　　$\begin{cases} a \geqq 0 \text{ のとき, } |a|=a \\ a<0 \text{ のとき, } |a|=-a \end{cases}$

A

56　次の方程式，不等式を解け。

(1)　$|2x-3|=5$　　(2)　$|x-5|<9$　　(3)　$|2x-5|>3$

B

57　次の方程式を解け。

(1)　$|x-3|=3x-1$　　(2)　$|2x-1|=x$

58　次の不等式を解け。

(1)　$|x-4|>3x$　　(2)　$|3x-1|<2x+3$

59　方程式 $|x-2|+|2x+1|=3$ を解け。

C

60　次の方程式，不等式を解け。

(1)　$|2x-1|+|3-5x|-|3x+4|=2$　　(2)　$|x+3|+|x-2|<x+5$

61　$|x+2|+|x-1| \leqq x+4$ の整数解はいくつあるか。

数学Ⅰ　第1章　数と式

7　集合

Open Sesame

1　集合と包含関係

$\boldsymbol{a}\in\mathbf{A}$…$a$ は集合 A の要素

$\mathbf{A}\subset\mathbf{B}$…A は B の部分集合

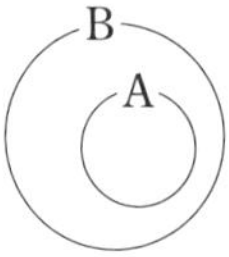

2　共通部分と和集合

$\mathbf{A}\cap\mathbf{B}$…共通部分。2つの集合 A，B のどちらにも属する要素全体の集合

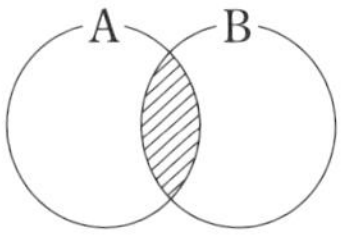

$\mathbf{A}\cup\mathbf{B}$…和集合。2つの集合 A，B のいずれかに属する要素全体の集合

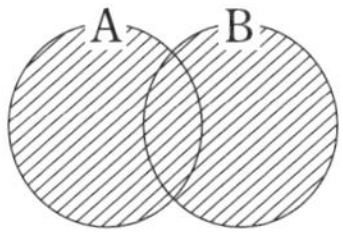

3　補集合

$\overline{\mathbf{A}}$…集合 A の補集合。全体集合 U の部分集合 A に対して，A に属さない要素全体の集合

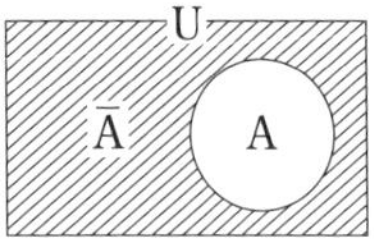

4　ド・モルガンの法則

$\overline{\mathbf{A}\cup\mathbf{B}}=\overline{\mathbf{A}}\cap\overline{\mathbf{B}}$，　$\overline{\mathbf{A}\cap\mathbf{B}}=\overline{\mathbf{A}}\cup\overline{\mathbf{B}}$

A

62　U$=\{1, 2, 3, 4, 5, 6, 7, 8\}$ を全体集合とし，A$=\{1, 4, 7\}$，B$=\{2, 3, 4, 8\}$ とするとき，次の集合を求めよ。

(1)　A$\cap$B　　(2)　A$\cup$B　　(3)　$\overline{\mathrm{A}}\cap$B

63　Z を整数全体の集合とする。Z を全体集合とし，A$=\{x \mid x=2m,\ m\in\mathrm{Z}\}$，B$=\{x \mid x=3m+1,\ 0\leqq m\leqq 5,\ m\in\mathrm{Z}\}$ とするとき，A$\cap$B と $\overline{\mathrm{A}}\cap$B を求めよ。

B

64 右のベン図において，░░ の部分を表す集合を次の中から選べ。

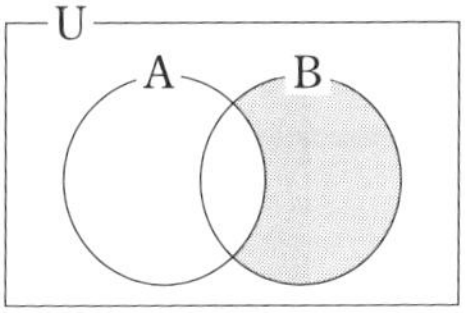

(1) $\overline{\overline{\mathrm{A}}\cap\mathrm{B}}$　(2) $\overline{\mathrm{A}\cup\mathrm{B}}$　(3) $\mathrm{A}\cap\overline{\mathrm{B}}$

(4) $\overline{\mathrm{A}\cap\mathrm{B}}$　(5) $\overline{\mathrm{A}\cup\overline{\mathrm{B}}}$

65 集合 $\{a,\ b,\ c\}$ の部分集合をすべて求めよ。ただし，a，b，c は互いに異なるとする。

66 $\mathrm{U}=\{x\,|\,x$ は 10 以下の自然数$\}$ を全体集合とし，U の部分集合 P，Q を $\mathrm{P}=\{2,\ 5,\ 7,\ a+9,\ a+b\}$，$\mathrm{Q}=\{1,\ 3,\ a^2-4a\}$ とする。$\mathrm{P}\cap\mathrm{Q}=\{3,\ 5\}$ であるとき，次の問いに答えよ。

(1) 定数 a，b を求めよ。

(2) P の補集合を $\overline{\mathrm{P}}$ とするとき，$\overline{\mathrm{P}}$ と $\overline{\mathrm{P}}\cap\mathrm{Q}$ を求めよ。

(3) $\overline{\mathrm{P}\cup\mathrm{Q}}$ を求めよ。

67 1 から 12 までの整数を全体集合とし，2 の倍数の集合を A，3 の倍数の集合を B，30 の約数の集合を C とする。このとき，次の問いに答えよ。

(1) ベン図をかけ。

(2) 次の集合を求めよ。

(i) $\mathrm{B}\cap\mathrm{C}$　(ii) $\mathrm{A}\cup(\mathrm{B}\cap\mathrm{C})$　(iii) $\overline{\mathrm{A}}\cap(\mathrm{B}\cup\mathrm{C})$

C

68 全体集合 $\mathrm{U}=\{x\,|\,1\leqq x\leqq 10\}$ の部分集合 A，B において，$\overline{\mathrm{A}}=\{x\,|\,6<x<10\}$，$\overline{\mathrm{B}}=\{x\,|\,3\leqq x<7\}$ であるとき，次の集合を求めよ。ただし，$\overline{\mathrm{A}}$ は集合 A の補集合を表す。

(1) $\mathrm{A}\cap\mathrm{B}$　(2) $\overline{\mathrm{A}\cup\mathrm{B}}$

数学Ⅰ　第1章　数と式

8　命題の真偽，必要・十分条件

Open Sesame

1　命題と真偽

①　命題

正しいか，正しくないか判断できる式や文章などを**命題**とよぶ。

特に数学では，

　　$\boldsymbol{p}$ ならば $\boldsymbol{q}$（$\boldsymbol{p} \to \boldsymbol{q}$ と表現する）

という形の命題が重要であり，$\boldsymbol{p}$ を**仮定**，$\boldsymbol{q}$ を**結論**とよぶ。

②　真偽

命題が正しいとき，その命題は**真**であるといい，

正しくないとき，その命題は**偽**であるという。

③　反例

$\boldsymbol{p} \to \boldsymbol{q}$ という形の命題において，

$\boldsymbol{p}$ は満たすが $\boldsymbol{q}$ を満たさないものを反例とよぶ。

反例が1つでも存在すればその命題は偽となり，

反例が存在しなければ真となる。

2　必要条件と十分条件

①　定義

$\boldsymbol{p} \to \boldsymbol{q}$ が真であるとき，

$$\begin{cases} \boldsymbol{p}\text{（矢印の出発点側）が十分条件} \\ \boldsymbol{q}\text{（矢印の終点側）が必要条件} \end{cases}$$

$p \to q$ と $q \to p$ の両方が真であるときは，

p と q は互いに**必要十分条件**（あるいは**同値**）であるという。

②　包含関係

p の表す集合を P，q の表す集合を Q とするとき，

P⊂Q であれば $\boldsymbol{p} \to \boldsymbol{q}$ は真となる。

すなわち，p が十分条件，q が必要条件となる。

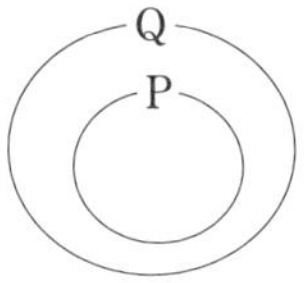

A

69 次の命題の真偽を判定せよ。また，偽のときは反例も示せ。ただし，文字はすべて実数とする。

(1) $x^2=9$ ならば $x=3$ である。

(2) $x^2=y^2$ ならば $x=y$ である。

(3) $x+y>0$, $xy>0$ ならば $x>0$ かつ $y>0$ である。

(4) $x+y>2$, $xy>1$ ならば $x>1$ かつ $y>1$ である。

(5) $x^2+y^2=0$ ならば $x=0$ かつ $y=0$ である。

(6) $ab=0$ ならば $a=b=0$ である。

(7) $a>b$ ならば $\frac{1}{a}<\frac{1}{b}$ である。

(8) a, b が整数のとき，$a+b$, ab がともに偶数ならば a, b ともに偶数である。

(9) $ab>1$ ならば $a>1$ または $b>1$ である。

70 次の空欄にあてはまるものをア～エの中から選び，記号で答えよ。ただし，文字はすべて実数とする。

(1) $x^2=1$ は，$x=1$ であるための □ 。

(2) $x=2$ は，$x^2-x-2=0$ であるための □ 。

(3) $x^2-10x+16=0$ は，$|x-5|=3$ であるための □ 。

(4) $ab=0$ は，$a^2+b^2=0$ であるための □ 。

(5) $ab>0$ は，$a^2+b^2>0$ であるための □ 。

(6) $a+b>0$ は，$ab>0$ であるための □ 。

(7) $a+b>0$ は，$a>0$ かつ $b>0$ であるための □ 。

(8) $x+y>0$ かつ $xy>0$ は，$x>0$ かつ $y>0$ であるための □ 。

(9) $x>1$ かつ $y>1$ は，$x+y>2$ かつ $xy>1$ であるための □ 。

(10) $ab=0$ は，$a=0$ であるための □ 。

(11) $a=b$ は，$ma=mb$ であるための □ 。

(12) $a>b$ は，$ma>mb$ であるための □ 。

(13) ある四角形が長方形であることは，その四角形が平行四辺形であるための □ 。

ア　必要条件であるが十分条件ではない　　ウ　必要十分条件である
イ　十分条件であるが必要条件ではない　　エ　必要条件でも十分条件でもない

B

71 次の問いに答えよ。

(1) 2つの不等式 $|x-2|<3$，$1<7-x<9$ をそれぞれ解け。

(2) 以下の文章の空欄に，｛真，偽，必要，十分，必要十分｝の中から，最も適する言葉を選んで記入せよ。

命題「$|x-2|<3$ ならば $1<7-x<9$ である」は □ である。
命題「$1<7-x<9$ ならば $|x-2|<3$ である」は □ である。
したがって，
$|x-2|<3$ は $1<7-x<9$ であるための □ 条件である。

72 次の空欄に必要条件，十分条件，必要十分条件のうち最も適当な語句を入れよ。ただし，文字はすべて実数とする。

(1) $|x-4|<2$ は，$3\leqq x\leqq 5$ であるための □。

(2) $x<1$ は，$|x|<1$ であるための □。

C

73 次を満たす a の値の範囲を求めよ。

(1) $-a\leqq x\leqq a$ が $-1\leqq x\leqq 2$ の必要条件となる。

(2) $-3<x<2$ が $|x-1|<a$ の十分条件となる。

数学Ⅰ　第1章　数と式

9　逆・裏・対偶と証明

Open Sesame

1　逆・裏・対偶

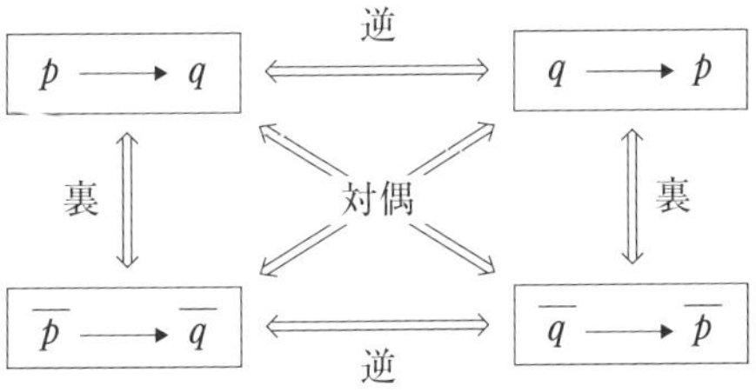

（$\overline{p}$ は，条件 p の否定を表す。$\overline{q}$ も同様。）

もとの命題 $p \to q$ と対偶 $\overline{q} \to \overline{p}$ の真偽は必ず一致する。

2　間接証明法

命題 $p \to q$ が成り立つこと（真であること）を証明する問題で，直接証明することが難しいときには，次の①や②を試みるとうまくいくことがある。

①　対偶法

$p \to q$ と対偶 $\overline{q} \to \overline{p}$ の真偽が一致することを利用して，対偶が成り立つことを証明する。

②　背理法

結論 q を否定して矛盾が起こることを示す。矛盾が起こったのは q を否定したことに原因があるから，q は否定できない。よって，結論 q は正しい。

A

74　「$x<1$ または $x>2$」の否定を記せ。

75　命題「$a=2$ ならば $a^2=4$」の対偶を述べよ。

B

76 次の命題の否定をつくり，その真偽を判定せよ。

「すべての実数 x，y について $x^2+y^2>0$」

77 次の命題の逆，裏，対偶をつくり，その真偽を記せ。

(1) $x>1$ かつ $y>1$ ならば $x+y>2$ である。

(2) a，b がともに整数ならば，$a+b$，$a-b$ はともに整数である。

C

78 次の命題①，②について，次の問いに答えよ。ただし，文字はすべて実数とする。

① $a \neq 3$ または $b \neq 1$ ならば，$a-b \neq 2$ または $a+b \neq 4$ である。

② m，n を整数とするとき，m^2+n^2 が奇数ならば，m，n のうち，少なくとも一方は偶数である。

(1) ①の逆，裏，対偶の命題を書き，それぞれについて真偽を書け。

(2) ②は真であることを証明せよ。

(3) 次の(i)，(ii)の文章の空欄に適する言葉を以下のア～エの中から選び，記号で書け。

(i) 「$a \neq 3$ または $b \neq 1$」は「$a-b \neq 2$ または $a+b \neq 4$」であるための □ 。

(ii) m，n を整数とするとき，「m^2+n^2 が奇数である」ことは「m，n のうち，少なくとも一方は偶数である」ための □ 。

ア　必要条件であるが十分条件ではない

イ　十分条件であるが必要条件ではない

ウ　必要十分条件である

エ　必要条件でも十分条件でもない

数学Ⅰ　第2章　2次関数

1　2次関数とグラフ

Open Sesame

2次関数とグラフ

① 一般形… $\boldsymbol{y=ax^2+bx+c}$

② 基本形… $\boldsymbol{y=a(x-p)^2+q}$

・$a>0$ のとき下に凸，$a<0$ のとき上に凸

・頂点 $(p,\ q)$

・軸の方程式：$x=p$

・$y=ax^2$ のグラフを x 軸方向へ p，y 軸方向へ q 平行移動したグラフ

A

79 次の2次関数のグラフをかけ（x 軸との交点の座標は記入しなくてよいものとする）。

(1) $y=x^2+6x+13$　(2) $y=x^2-5x$　(3) $y=x^2+2$

(4) $y=-x^2+4x+5$　(5) $y=2x^2+4x+1$　(6) $y=-2x^2+6x+2$

80 放物線 $y=2x^2-4x+3$ について，次の空欄をうめよ。

(1) 頂点は（ ① ， ② ）にある。

(2) 上の放物線を x 軸方向へ ③ ，y 軸方向へ ④ 平行移動すると $y=2x^2-8x+11$ となる。

81 放物線 $y=\dfrac{1}{3}x^2-2x+4$ を，次の(1)〜(3)について対称移動したときに得られる図形の方程式を求めよ。

(1) x 軸　(2) y 軸　(3) 原点

B

82 次の空欄をうめよ。

放物線 $y=-2x^2+17x-32$ を x 軸方向に -3, y 軸方向に [(a)] だけ平行移動すれば，放物線 $y=-2x^2+$ [(b)] $x+3$ になる。これを，さらに x 軸方向の正の向きに [(c)] だけ平行移動すれば原点を通る。

83 次の直線に関して，放物線 $y=x^2-8x+21$ と対称な放物線の方程式をそれぞれ求めよ。

(1) 直線 $x=1$

(2) 直線 $y=3$

C

84 次の空欄をうめよ。

(1) 放物線 $y=x^2+ax-2a-4$ は，a の値にかかわらず点 ([ ], [ ]) を通る。

(2) 直線の方程式 $y=2kx+(k-1)$ を k について整理すれば，
([ア]) $k+$ [イ] $=0$ となるから，k のどのような値に対しても，この直線は定点 ([ウ], [エ]) を通る。

数学Ⅰ　第2章　2次関数

2　2次関数の最大・最小

Open Sesame

1　2次関数の最大・最小

基本形 $y=a(x-p)^2+q$ において，
x の変域を数(実数)全体として考える場合

$a>0$ のとき

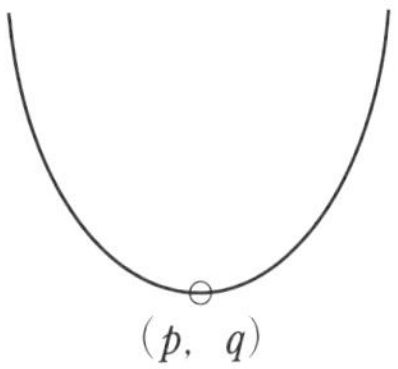

最大値　なし
最小値　q（$x=p$ のとき）

$a<0$ のとき

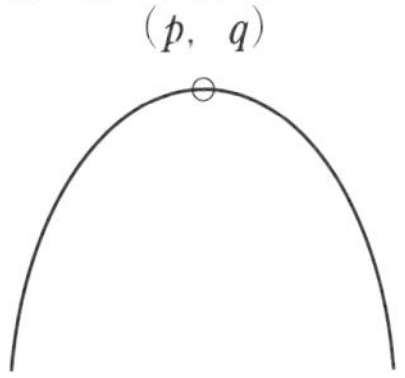

最大値　q（$x=p$ のとき）
最小値　なし

2　定義域 $m \leqq x \leqq n$ における最大・最小

$y=f(x)=a(x-p)^2+q(m \leqq x \leqq n)$ の最大値，最小値は，軸 $x=p$ の位置によって，次のようになる。

$a>0$ のとき

$p<m$ のとき	$m \leqq p<\dfrac{m+n}{2}$ のとき	$\dfrac{m+n}{2} \leqq p<n$ のとき	$n \leqq p$ のとき
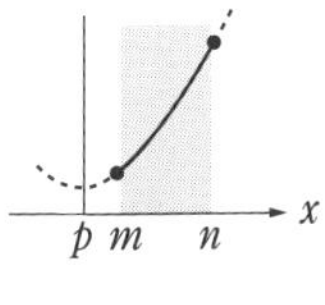	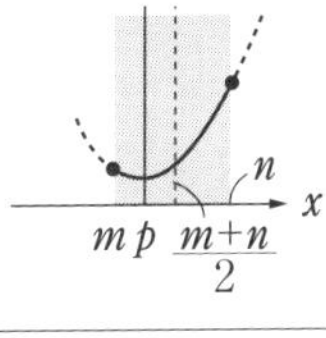	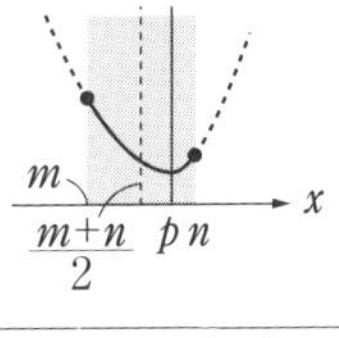	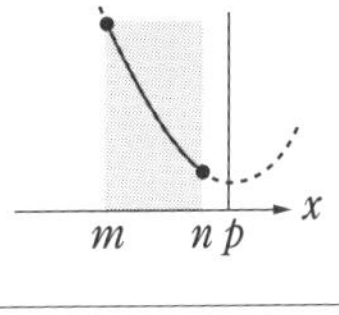
最大値　$f(n)$ **最小値　$f(m)$**	**最大値　$f(n)$** **最小値　$f(p)=q$**	**最大値　$f(m)$** **最小値　$f(p)=q$**	**最大値　$f(m)$** **最小値　$f(n)$**

A

85 次の 2 次関数について，最大値または最小値と，そのときの x の値を求めよ。

(1) $y=x^2-2x+4$

(2) $y=-x^2-4x+1$

86 次の 2 次関数について，最大値，最小値と，そのときの x の値を求めよ。ただし，x の定義域は（　　）に示されている範囲とする。

(1) $y=x^2-8x+17$ $(2 \leqq x \leqq 7)$

(2) $y=-2x^2+3x-2$ $(-1 \leqq x \leqq 2)$

87 2 次関数 $y=3x^2-7x+5$ について，次の問いに答えよ。

(1) グラフの頂点の座標を求めよ。

(2) $-1 \leqq x \leqq 3$ における最大値・最小値と，そのときの x の値を求めよ。

88 2 次関数 $y=x^2-4x+2-k$ の最小値が -10 であるとき，k の値を求めよ。

B

89 2 次関数 $y=x^2-3x+a$ の，$-1 \leqq x \leqq 3$ における最大値が 2 であるとき，a の値を求めよ。

90 a は正の定数とする。2 次関数 $y=ax^2-4ax+6a+3$ …①について，次の問いに答えよ。

(1) ①のグラフの頂点の座標を a を用いて表せ。

(2) 関数①の $0 \leqq x \leqq 3$ の範囲における最大値を求めよ。

91 2 次関数 $f(x)=-ax^2+ax+b$ $(a>0)$ について，次の問いに答えよ。

(1) 放物線 $y=f(x)$ の軸の方程式と頂点の座標を求めよ。

(2) $-2 \leqq x \leqq 2$ における $f(x)$ の最大値が 7，最小値が -18 であるとき，定数 a，b の値を求めよ。

92 関数 $f(x)=x^2+4px-4p+3$ の最小値を $g(p)$ とするとき，$g(p)$ の最大値とそのときの p の値を求めよ。

93 次の関数について，$-2 \leqq x \leqq 1$ のとき，その関数の最大値と最小値を求めよ。
(1) $y=x^2+2x-1$
(2) $y=(x^2+2x-1)^2-2x^2-4x+3$

C

94 a を実数とするとき，x の関数 $f(x)=x^2-2ax+3a+2$ の $0 \leqq x \leqq 2$ における最小値を m とする。次の問いに答えよ。
(1) 次の(i)(ii)(iii)の場合について，m を a を用いて表せ。
(i) $a \leqq 0$　(ii) $0<a \leqq 2$　(iii) $2<a$
(2) $m=\dfrac{13}{4}$ のとき，a の値を求めよ。

95 2次関数 $y=x^2-2x-1$ の $a \leqq x \leqq a+1$ における最大値を $M(a)$，最小値を $m(a)$ とする。$M(a)$ および $m(a)$ を求め，グラフをかけ。

数学Ⅰ 第2章　2次関数

3　2次関数の決定

Open Sesame

2次関数（放物線）の決定パターン

① 3点が与えられたとき…$\boldsymbol{y=ax^2+bx+c}$

② 頂点，軸，最大値，最小値などが与えられたとき
…$\boldsymbol{y=a(x-p)^2+q}$
（最大値，最小値については x の範囲の指定がないときに限る）

③ x 軸との交点 $(\alpha,\ 0)$ $(\beta,\ 0)$ が与えられたとき
…$\boldsymbol{y=a(x-\alpha)(x-\beta)}$

A

96 次の条件を満足する放物線の方程式を求めよ。

(1) 頂点が $(1,\ 3)$ で，点 $(0,\ 7)$ を通る。

(2) 3点 $(-1,\ 8)$，$(0,\ 5)$，$(2,\ 5)$ を通る。

(3) x 軸と2点 $(4,\ 0)$，$(1,\ 0)$ で交わり，y 切片が -4 である。

(4) 軸が $x=3$ で，2点 $(0,\ 18)$，$(5,\ 3)$ を通る。

(5) 頂点の y 座標が7で，2点 $(0,\ 5)$，$(4,\ 5)$ を通る。

B

97 2次関数 $y=x^2+ax+b$ は定義域を $-3 \leqq x \leqq 1$ と定めたとき，$x=-2$ で最小値，$x=1$ で最大値 8 をとるという。a，b の値を求めよ。また，この関数の最小値を求めよ。

98 放物線 $y=ax^2+2x+b$ の頂点が $(1,\ 5)$ であるとき，a と b の値を求めよ。

99 放物線 $y=ax^2+2ax+b$ は点 $(2,\ 4)$ を通り，かつ，その頂点は直線 $y=2x+1$ 上にあるという。a，b の値を求めよ。

数学Ⅰ　第2章　2次関数

4　2次方程式

Open Sesame

1　解の公式

2次方程式 $ax^2+bx+c=0$ $(a \neq 0)$ の解は，

$$x=\frac{-b\pm\sqrt{b^2-4ac}}{2a}$$

特に，b が 2 の倍数のときは，$b=2b'$ とおきかえて次の公式を使う。

2次方程式 $ax^2+2b'x+c=0$ $(a \neq 0)$ の解は，

$$x=\frac{-b'\pm\sqrt{b'^2-ac}}{a}$$

2　$ax^2+bx+c=0$ の実数解と b^2-4ac の符号

$b^2-4ac>0$	$b^2-4ac=0$	$b^2-4ac<0$
異なる2つの実数解 $\dfrac{-b\pm\sqrt{b^2-4ac}}{2a}$	重解 $-\dfrac{b}{2a}$	実数解なし

b^2-4ac は「判別式」とよばれ，D で表す。$(D=b^2-4ac)$

3　$ax^2+2b'x+c=0$ の実数解と b'^2-ac の符号

$b'^2-ac>0$	$b'^2-ac=0$	$b'^2-ac<0$
異なる2つの実数解 $\dfrac{-b'\pm\sqrt{b'^2-ac}}{a}$	重解 $-\dfrac{b'}{a}$	実数解なし

b'^2-ac は，D' または $\dfrac{D}{4}$ で表す。$\left(D'=b'^2-ac\right.$ または $\left.\dfrac{D}{4}=b'^2-ac\right)$

A

100 次の2次方程式を解け。

(1) $x^2-3x+2=0$ (2) $2x^2+3x-2=0$ (3) $3x^2+8x+5=0$

(4) $4x^2-15x+14=0$ (5) $x^2-3x-70=0$ (6) $(x+1)(x+3)=8$

(7) $(x-1)^2=x+5$ (8) $x^2+x-3=0$ (9) $5x^2-6x-4=0$

(10) $2x^2-4x-1=0$ (11) $x^2+7x+2=0$ (12) $3x^2-x-3=0$

101 x の2次方程式 $2x^2-(3a+1)x+2a-1=0$ の1つの解が3であるとき，a の値と，もう1つの解を求めよ。

102 k を正の定数とする。2次方程式 $x^2+kx+2k+5=0$ が重解をもつとき，k の値と重解を求めよ。

103 2次方程式 $3x^2+5x+k=0$ が異なる2つの実数解をもつとき，k の値の範囲を求めよ。

104 2次方程式 $5x^2+7x+k=0$ について，次の問いに答えよ。

(1) $k=1$ のとき，この2次方程式を解け。

(2) この2次方程式が重解をもつように k の値を定め，そのときの重解を求めよ。

B

105 次の2次方程式を解け。

(1) $x^2+3x-5=|x|$ (2) $x^2-4|x-1|-4=0$

106 2次方程式 $x^2-2(k-1)x+k^2-k+2=0$ と $x^2-3x-2k=0$ が共に実数解をもつときの k の値の範囲を求めよ。

107 連続した3つの自然数がある。中央の数を2乗して2倍した数は，残りの2つの数の和の5倍である。中央の数を求めよ。

108 高さが底辺より 3cm 長い三角形があり，面積は 27cm^2 である。この三角形の底辺の長さを求めよ。

109 x についての2つの方程式 $x^2+ax-12=0$，$x^2-4x+3a=0$ がただ1つの共通解をもつとき，a の値と共通解を求めよ。

C

110 方程式 $x^4+2x^3-x^2+2x+1=0$……①について，次の問いに答えよ。

(1) $x+\dfrac{1}{x}=k$ とおいて，$x^2+\dfrac{1}{x^2}$ を k で表せ。

(2) (1)を利用して，方程式①の実数解を求めよ。

数学Ⅰ　第2章　2次関数

5　2次関数と2次方程式

Open Sesame

2次関数のグラフと x 軸との位置関係

2次関数 $y=ax^2+bx+c$ のグラフと x 軸との共有点の x 座標は，2次方程式 $ax^2+bx+c=0$ の解である。

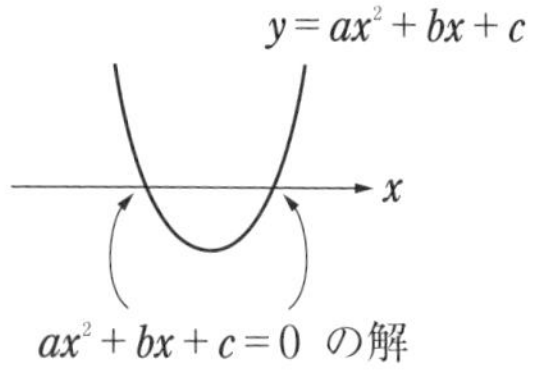

（$a \neq 0$ とする）		$b^2-4ac>0$	$b^2-4ac=0$	$b^2-4ac<0$
$ax^2+bx+c=0$ の解		**2個**	**1個**	**0個**
$y=ax^2+bx+c$ のグラフと x 軸との共有点		**2個**	**1個**	**0個**
$y=ax^2+bx+c$ のグラフと x 軸との位置関係		**交わる**	**接する**	**共有点なし**
	$a>0$			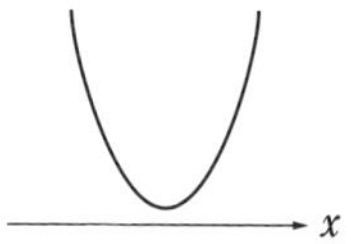
	$a<0$	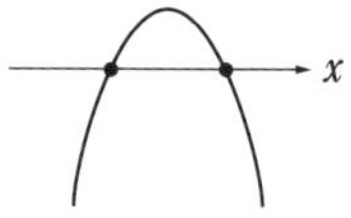	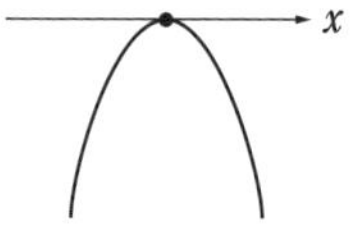	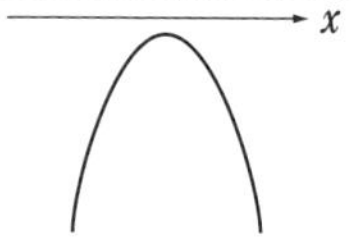

A

111　放物線 $y=3x^2-4x-2$ と x 軸との交点を A，B とするとき，線分 AB の長さは，次のうちのどれか。

①　$\dfrac{\sqrt{10}}{3}$　　②　$\dfrac{4}{3}$　　③　$\dfrac{2\sqrt{10}}{3}$　　④　$\dfrac{4\sqrt{10}}{3}$　　⑤　$\dfrac{4+2\sqrt{10}}{3}$

112 2次関数 $y=x^2-3x-k-2$ のグラフと x 軸が次の関係になる k の値の範囲を求めよ。

(1) 異なる2点で交わる。　(2) 接する。　(3) 共有点をもたない。

B

113 2つの放物線

$y=3x^2-6x+7$……①

$y=x^2+ax+b$ (ただし，$a>0$)……②

がある。次の問いに答えよ。

(1) 放物線①の頂点の座標を求めよ。

(2) 放物線②は x 軸に接し，放物線①の頂点を通る。a，b の値を求めよ。

114 放物線 $y=-x^2+2x+a$ が直線 $y=x$ と異なる2点で交わるとき，定数 a の値の範囲を求めよ。

115 2次関数 $y=ax^2+bx+c$ のグラフの概形が図のようになった。

このとき，a，b，c，b^2-4ac，$a+b+c$，$a-b+c$ の符号は，それぞれ，正，0，負のどれか，次の中から選べ。ただし，グラフは点 $(-1,\ 0)$ を通る。

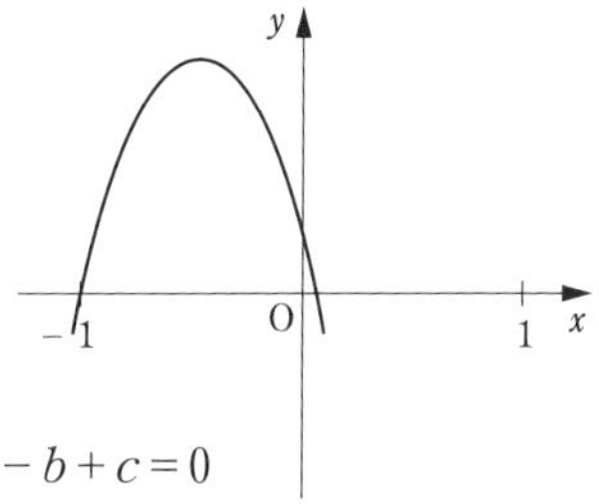

① $a<0$，$b<0$，$c>0$，$b^2-4ac>0$，$a+b+c<0$，$a-b+c=0$

② $a<0$，$b>0$，$c>0$，$b^2-4ac>0$，$a+b+c<0$，$a-b+c<0$

③ $a<0$，$b<0$，$c>0$，$b^2-4ac>0$，$a+b+c=0$，$a-b+c<0$

④ $a<0$，$b>0$，$c>0$，$b^2-4ac>0$，$a+b+c<0$，$a-b+c=0$

⑤ $a<0$，$b<0$，$c>0$，$b^2-4ac>0$，$a+b+c>0$，$a-b+c=0$

C

116 次の空欄をうめよ。

放物線 $y=2x^2-4x+3$ の頂点を原点に移すように平行移動するとき得られる放物線の方程式は $y=$ ［(ア)］ x^2 である。2つの放物線 $y=2x^2$, $y=2x^2-4x+3$ に共通な接線の方程式は $y=$ ［(イ)］ $x+$ ［(ウ)］ である。

117 a がどのような値をとっても，放物線 $y=(x+a)^2+a$ はつねに1つの直線 $y=mx+n$ と接する。このときの m, n の値を求めよ。

数学Ⅰ　第2章　2次関数

6　2次関数と2次不等式

Open Sesame

2次関数のグラフと2次不等式の解との関係

$D=b^2-4ac$ とする

	$D>0$	$D=0$	$D<0$
$y=ax^2+bx+c$ $(a>0)$ のグラフ	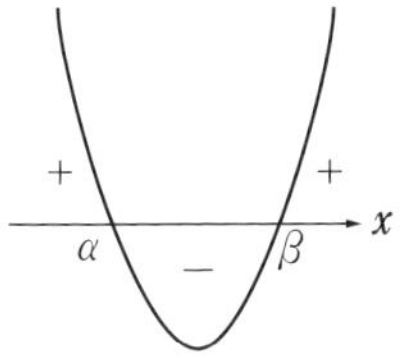	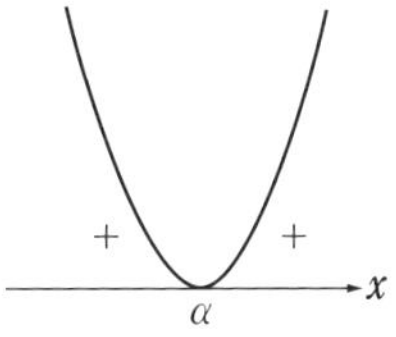	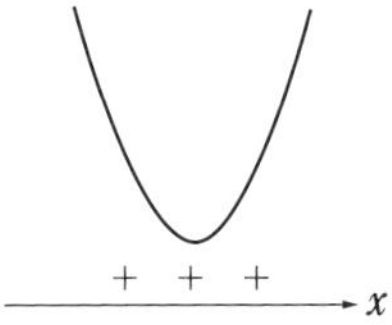
$ax^2+bx+c>0$	$x<\alpha$, $\beta<x$	$x \neq \alpha$	すべての数(実数)
$ax^2+bx+c \geqq 0$	$x \leqq \alpha$, $\beta \leqq x$	すべての数(実数)	すべての数(実数)
$ax^2+bx+c \leqq 0$	$\alpha \leqq x \leqq \beta$	$x=\alpha$	解なし
$ax^2+bx+c<0$	$\alpha<x<\beta$	解なし	解なし

A

118 次の2次不等式を解け。

(1) $x^2-4x+3>0$　(2) $x^2-4x+3<0$

(3) $-x^2+3x+4 \geqq 0$　(4) $3x^2+8x \geqq 3$

(5) $x^2<9$　(6) $x^2-4x+2 \leqq 0$　(7) $2x^2-4x+1>0$

119 2次方程式 $x^2+kx+k+8=0$ が異なる2つの実数解をもつように，定数 k の値の範囲を定めよ。

120 放物線 $y=x^2-2(m-1)x+3-m$（m は定数）が x 軸と異なる2点で交わるとき，定数 m の値の範囲を求めよ。

B

121 次の連立不等式を解け。

(1) $\begin{cases} x^2-6x-7 \leqq 0 \\ x^2-7x+10>0 \end{cases}$　　(2) $(x-2)(2x-3) \leqq x^2 < -x+6$

122 $x^2-5x \leqq 0$……①，$x^2-2x-1>0$……②について，次の問いに答えよ。

(1) 2 次不等式①を満たす x の値の範囲を求めよ。

(2) 2 次不等式②を満たす x の値の範囲を求めよ。

(3) ①と②を同時に満たす x の整数値のうち最小のものを求めよ。

123 周の長さが 60cm の長方形で，面積が 144cm^2 以上のものを作る。長方形の縦の長さを $x$cm とするとき，x の値の範囲は，次のうちのどれか。

① $0<x \leqq 12$

② $30-6\sqrt{21} \leqq x \leqq 30+6\sqrt{21}$

③ $12 \leqq x < 30$

④ $0<x \leqq 6$，$24 \leqq x < 30$

⑤ $6 \leqq x \leqq 24$

124 次の 2 次不等式を解け。

(1) $x^2+2x+3>0$　　(2) $x^2-4x+7<0$　　(3) $x^2-6x+9 \geqq 0$

(4) $x^2-6x+9>0$　　(5) $x^2-6x+9<0$　　(6) $x^2-6x+9 \leqq 0$

125 2 次不等式 $ax^2+bx+3 \leqq 0$ が次の解をもつように，a，b の値を定めよ。

(1) $1 \leqq x \leqq 3$　　(2) $x \leqq -1$，$3 \leqq x$　　(3) $x=3$

126 すべての実数 x に対して，次の 2 次不等式が成り立つとき，定数 a の値の範囲を求めよ。

(1) $x^2-(3a-1)x+a^2>0$

(2) $x(a-x) \leqq (x-1)^2$

(3) $ax^2+4x+a+3>0$

127 2 次関数 $y=(a+1)x^2+(3a-2)x+3a-2$ について，y の値が常に負になるような定数 a の値の範囲を求めよ。

C

128 次の空欄をうめよ。

定数 a，b を実数とする。a がどのような値をとっても，方程式 $x^2+2(a+b)x+2a-b^2+6b-4=0$ が相異なる2つの実数解をもつように b の値を定めると，$b<\boxed{}$，$\boxed{}<b$ となる。

129 次の空欄をうめよ。

2次不等式 $x^2-(a-3)x-3a<0$ …① を満たす x の値の範囲は，

$a<\boxed{\text{ア}}$ ならば，$\boxed{\text{イ}}<x<-3$

$a>\boxed{\text{ウ}}$ ならば，$-3<x<\boxed{\text{エ}}$

である。また，$a=\boxed{\text{オ}}$ のとき，①を満たす実数 x は存在しない。

130 2次不等式 $3x^2-(3a+1)x+a\leqq 0$ がただ1つの整数解をもつような a の値の範囲を求めよ。

数学Ⅰ　第2章　2次関数

7　いろいろな最大・最小問題

A

131　$x+y+5=0$ のとき，xy の最大値を求めよ。

B

132　$2x+y=4$，$x\geqq 0$，$y\geqq 0$ のとき，x^2+xy+y^2 の最大値と最小値を求めよ。

133　幅 14cm の銅板を折り曲げて，$\sqcup$ 形の樋《とい》をつくるとき，断面積を最大にするには深さを何 cm にすればよいか。

134　関数 $y=-2x+8$ のグラフ上に,2 点 A(0, 8), B(4, 0) をとる。点 H は，点 P から x 軸におろした垂線と x 軸との交点である。点 P(x, y) が線分 AB 上を動くとき，次の問いに答えよ。

(1)　線分 PH の長さを x で表せ。

(2)　三角形 OPH の面積を x で表せ。

(3)　三角形 OPH の面積の最大値を求めよ。

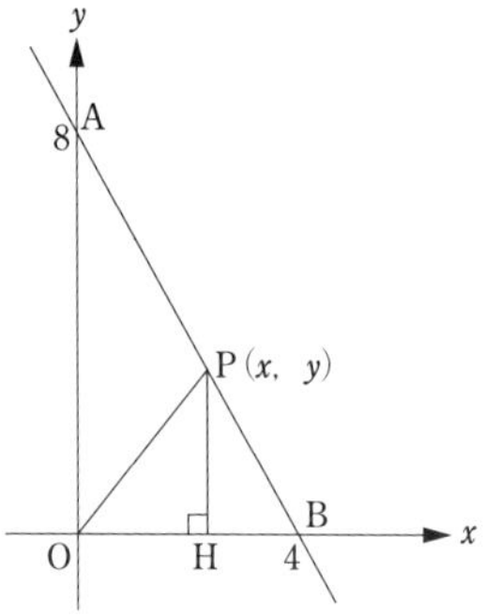

135　ある商品は，価格が現在20円で1日140個の売り上げがあるが，現在より値上げすると，1円値上げするごとに5個ずつ売り上げが減り，また現在より値下げすると，1円値下げするごとに10個ずつ売り上げが増えるという。売り上げ金額を y 円として，次の問いに答えよ。

(1)　現在より x 円値上げしたとき y を x で表せ。

(2)　現在より x 円値下げしたとき y を x で表せ。

(3)　最大の売り上げ金額を得るためには価格をいくらにすればよいか。

136 周囲の長さが 20cm である長方形の縦の長さを $x$cm，対角線の長さを $y$cm とするとき，次の問いに答えよ。

(1) y を x で表せ。

(2) 対角線を 1 辺とする正方形の面積の最小値を求めよ。

137 A は東へ 2m/s で，B は南へ 4m/s で走っている。ある時刻に地点 O から，A は 200m 西，B は 50m 南にいた。2 人の間の距離が最小となるのはこの時刻から何秒後か。

C

138 実数 x，y において $x^2+2xy+2y^2+2x+8y+14$ の最小値，およびそのときの x，y の値を求めよ。

139 x，y の間に $3x^2+2y^2=6x$ の関係がある。このとき，x^2+y^2 の最大値および最小値を求めよ。

140 直線 l_1：$y=x+2$ と直線 l_2：$y=-2x+4$ の交点を A，l_1 と x 軸との交点を B，l_2 と x 軸との交点を C とする。図のように，長方形 DEFG を三角形 ABC に内接するようにとる。次の問いに答えよ。

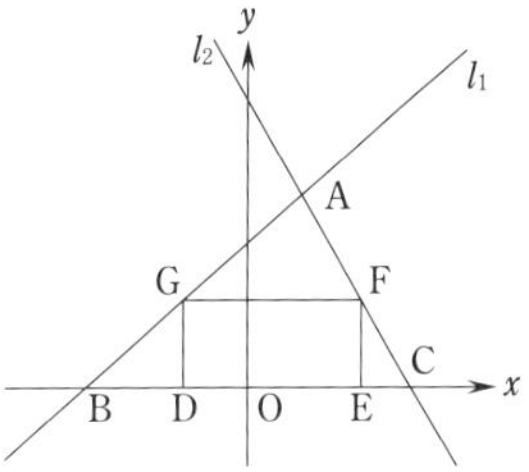

(1) 点 A の座標を求めよ。

(2) 長方形 DEFG が正方形になるときの点 F の座標を求めよ。

(3) 長方形 DEFG の面積を S とする。
　S が最大になるときの点 F の座標，およびそのときの S の値を求めよ。

数学Ⅰ　第2章　2次関数

8　2次方程式の解の配置

Open Sesame

解の配置の基本4パターン

①　1より大きい異なる2つの解をもつ

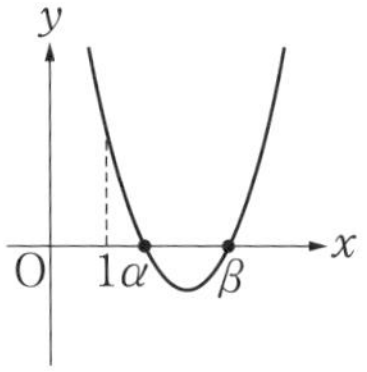

$D>0$
軸>1
$f(1)>0$

②　1より小さい異なる2つの解をもつ

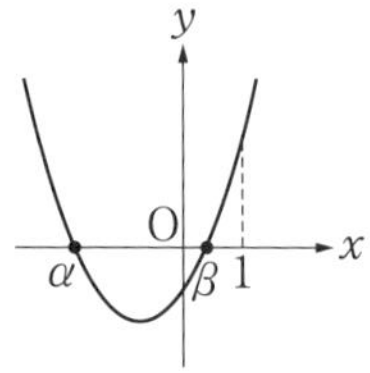

$D>0$
軸<1
$f(1)>0$

③　1より大きい解と1より小さい解をもつ

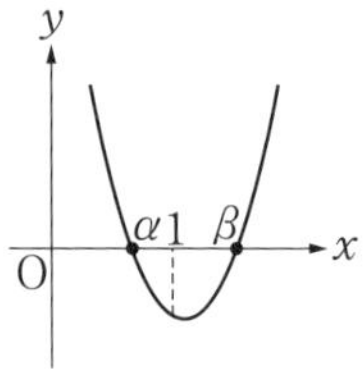

$f(1)<0$

④　0と1の間に異なる2つの解をもつ

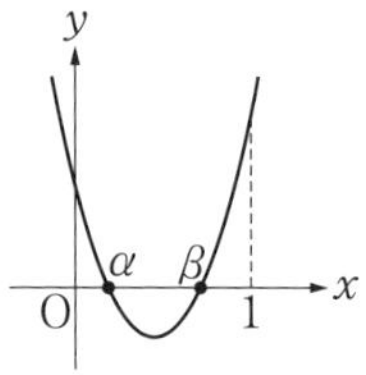

$D>0$
$0<$軸<1
$f(0)>0$
$f(1)>0$

※　具体的な数値は，代表させて，0，1とした。2や3など他の数値になっても同様に考えられる。

B

141　2次方程式 $2x^2-ax+2=0$ が 0 と 1 との間と，1 と 2 との間に，それぞれ解をもつように定数 a の値の範囲を定めよ。

142　x についての2次方程式 $x^2+a(a-3)x+a-4=0$ について，次の問いに答えよ。

(1)　$x=1$ を解にもつとき，a の値を求めよ。

(2)　$x=-2$ を解にもつとき，a の値を求めよ。

(3)　1 より大きな解と -2 より小さな解をもつとき，a の値の範囲を求めよ。

143 2次関数 $y=x^2+kx+k+3$ のグラフについて，次の問いに答えよ。

(1) x 軸と異なる2点で交わるように，定数 k の値の範囲を定めよ。

(2) 頂点の座標を求めよ。

(3) x 軸の正の部分と異なる2点で交わるように，定数 k の値の範囲を定めよ。

144 2次方程式 $x^2-(a+1)x-2a-1=0$ について，次の条件を満たす定数 a の値の範囲を求めよ。

(1) 実数解をもつ。

(2) 異なる2つの負の解をもつ。

(3) 1つの解が正，他の解が負である。

145 2次方程式 $x^2-ax+4=0$ が1より大きい異なる2つの実数解をもつときの a の値の範囲を求めよ。

146 2次方程式 $x^2-2ax+2a^2-5=0$ が 3 より小さい異なる2つの実数解をもつように a の値の範囲を定めよ。

147 x の2次方程式 $x^2+(a-3)x+a^2-2a-3=0$……①について，次の空欄をうめよ。

(1) ①が重解をもつときの a の値と，そのときの重解を求めると，

$a=$ $\boxed{\text{ア}}$ のとき，重解は $x=$ $\boxed{\text{イ}}$

$a=$ $\boxed{\text{ウ}}$ のとき，重解は $x=$ $\boxed{\text{エ}}$

(2) ①が 2 より大きい解と小さい解を1つずつもつときの a の値の範囲は，

$\boxed{\text{オ}} < a < \boxed{\text{カ}}$

(3) ①が 2 より大きい解を2つもつときの a の値の範囲は，

$\boxed{\text{キ}} < a < \boxed{\text{ク}}$

C

148 2次方程式 $x^2-ax+2=0$ が次を満たすとき，定数 a の値の範囲を求めよ。

(1) 1 より小さい解だけをもつ。

(2) 0 と 2 の間に，異なる2つの解をもつ。

数学I 第2章 2次関数

9 絶対値記号を含む関数

Open Sesame

絶対値記号のはずし方

$$\begin{cases} a \geqq 0 \text{ のとき，} |a| = a \\ a < 0 \text{ のとき，} |a| = -a \end{cases}$$

B

149 次の関数のグラフをかけ。

(1) $y=|x-2|$　(2) $y=|x^2-2x-3|$

150 $y=|x^2-4x|$ について，次の問いに答えよ。

(1) グラフをかけ。

(2) $1 \leqq x \leqq 5$ のとき，最大値と最小値を求めよ。

151 次の関数のグラフをかけ（x 軸との交点は求めなくてもよいものとする）。

(1) $y=2|x-3|+x$　(2) $y=x^2-2|x|-3$

(3) $y=|x+2|+|x-1|$　(4) $y=|x^2-1|-2x$

C

152 次の問いに答えよ。

(1) $y=|x^2-3x|+x-3$ のグラフをかけ。

(2) (1)のグラフを利用して，$|x^2-3x|+x-3=a$ の異なる実数解の個数を求めよ。

数学Ⅰ　第3章　図形と計量

1　三角比の値

Open Sesame

三角比の定義

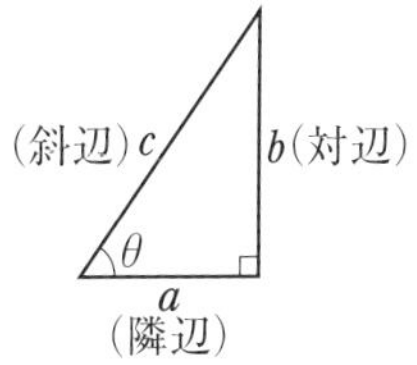

$$\sin\theta = \frac{\text{対辺}}{\text{斜辺}} = \frac{b}{c}$$

$$\cos\theta = \frac{\text{隣辺}}{\text{斜辺}} = \frac{a}{c}$$

$$\tan\theta = \frac{\text{対辺}}{\text{隣辺}} = \frac{b}{a}$$

A

153　図において，

$BC=5$，$AC=3$，$\angle ABC=\theta$，$\angle ACB=90^\circ$

とするとき，$\sin\theta$，$\cos\theta$，$\tan\theta$ の値をそれぞれ求めよ。

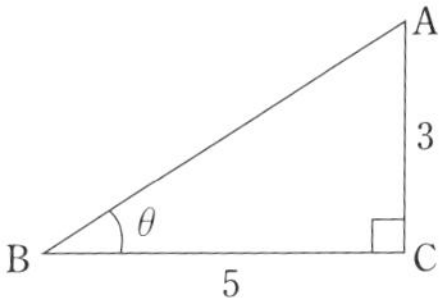

154　次の式の値を求めよ。

(1)　$\sin30^\circ\cos60^\circ+\sin60^\circ\cos30^\circ$　　(2)　$\sin45^\circ\cos45^\circ-\sin120^\circ\cos150^\circ$

(3)　$\sin150^\circ+\tan150^\circ\sin120^\circ$

155　$0^\circ \leqq \theta \leqq 180^\circ$ のとき，次の方程式を解け。

(1)　$2\sin\theta=1$　　(2)　$\cos\theta=\dfrac{1}{\sqrt{2}}$　　(3)　$\cos\theta\left(\sin\theta-\dfrac{\sqrt{3}}{2}\right)=0$

B

156　$0^\circ \leqq \theta \leqq 180^\circ$ のとき，次の不等式を解け。

(1)　$\sin\theta \geqq \dfrac{1}{2}$　　(2)　$2\cos\theta>-1$　　(3)　$\tan\theta \leqq 1$

157 x の2次方程式 $x^2+4\cos\theta\cdot x+1=0$ が実数解をもつような θ の値の範囲を求めよ。ただし，$0°\leqq\theta\leqq180°$ とする。

158 2つの直線 $y=\sqrt{3}x$ と $y=-x$ がなす角 θ を求めよ。ただし，$0°<\theta<90°$ とする。

159 下図の $\triangle$ABC において，AD$=2$ であるとき，下の(1)〜(4)を求めよ。

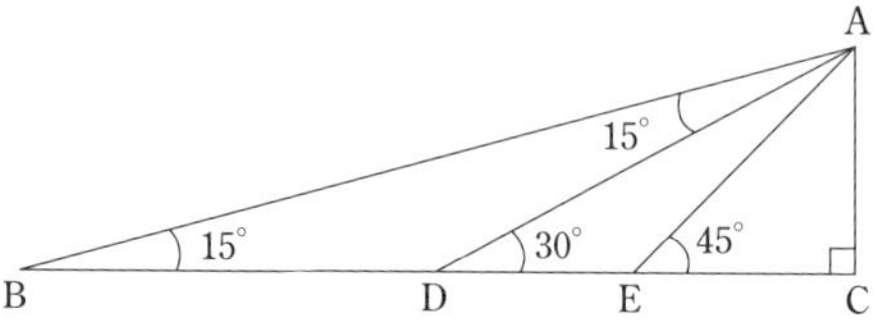

(1) 辺 DC の長さ　(2) 辺 AB の長さ

(3) $\sin15°$ の値　(4) $\tan15°$ の値

160 直角三角形 ABC において，$\angle$CAB$=\angle$ACD$=22.5°$，$\angle$ABC$=90°$，BC$=5$ とする。このとき，次の問いに答えよ。

(1) 辺 DC の長さを求めよ。

(2) 辺 AB の長さを求めよ。

(3) $\triangle$ABC の面積を求めよ。

(4) $\sin22.5°$ の値を求めよ。

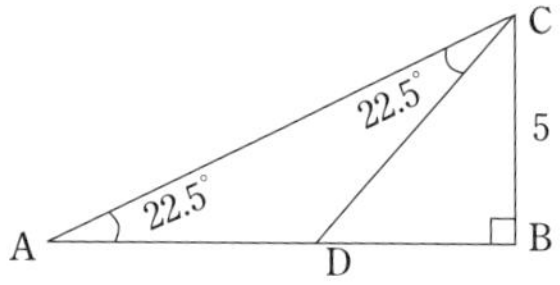

161 右図について，次の問いに答えよ。

(1) x の長さを求めよ。

(2) $\cos36°$ の値を求めよ。

(3) $\sin18°$ の値を求めよ。

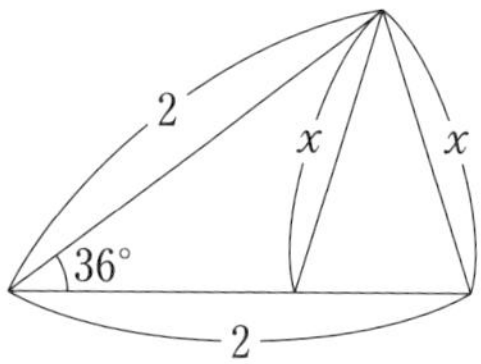

C

162 1辺の長さが1の正五角形 ABCDE において，AC と BE の交点を F とするとき，次の問いに答えよ。

(1) $\angle$BFC の大きさを求めよ。

(2) 対角線 AC の長さを求めよ。

数学Ⅰ　第3章　図形と計量

2　三角比の相互関係

Open Sesame

1　三角比の相互関係式

$\sin^2\theta+\cos^2\theta=1$　　$\tan\theta=\dfrac{\sin\theta}{\cos\theta}$　　$1+\tan^2\theta=\dfrac{1}{\cos^2\theta}$

2　$180°-\theta$ と $90°\pm\theta$ の三角比

$$\begin{cases}\sin(180°-\theta)=\sin\theta\\ \cos(180°-\theta)=-\cos\theta\\ \tan(180°-\theta)=-\tan\theta\end{cases}\quad \begin{cases}\sin(90°-\theta)=\cos\theta\\ \cos(90°-\theta)=\sin\theta\\ \tan(90°-\theta)=\dfrac{1}{\tan\theta}\end{cases}\quad \begin{cases}\sin(90°+\theta)=\cos\theta\\ \cos(90°+\theta)=-\sin\theta\\ \tan(90°+\theta)=-\dfrac{1}{\tan\theta}\end{cases}$$

A

163 次の問いに答えよ。

(1) θ が鋭角で，$\cos\theta=\dfrac{12}{13}$ のとき，$\sin\theta$，$\tan\theta$ の値を求めよ。

(2) θ が鈍角で，$\tan\theta=-\sqrt{2}$ のとき，$\cos\theta$，$\sin\theta$ の値を求めよ。

164 $\sin\theta=\dfrac{1}{5}$ のとき，次の値を求めよ。ただし，$0°<\theta<90°$ とする。

(1) $\cos\theta$　(2) $\tan\theta$　(3) $\sin(90°-\theta)$

(4) $\cos(90°+\theta)$　(5) $\cos(180°-\theta)$　(6) $\tan(90°-\theta)$

B

165 $\dfrac{\cos^2\theta}{1-\sin\theta}+\dfrac{\cos^2\theta}{1+\sin\theta}$ の値を求めよ。

166 次の値を求めよ。

(1) $\cos x\sin(90^\circ+x)-\cos(90^\circ+x)\sin(180^\circ-x)$

(2) $\sin25^\circ\cos65^\circ-\sin115^\circ\cos155^\circ$

(3) $(\cos100^\circ-\cos170^\circ)^2+(\sin80^\circ+\cos80^\circ)^2$

167 $\sin5^\circ=a$ とするとき，次の(1)，(2)を a で表せ。

(1) $\sin95^\circ$　(2) $\tan175^\circ$

168 次の空欄をうめよ。

$0^\circ\leqq\theta\leqq180^\circ$ とする。$\sin\theta+\cos\theta=\dfrac{1}{2}$ のとき，$\sin\theta\cos\theta=$ [(1)]，$\tan\theta+\dfrac{1}{\tan\theta}=$ [(2)] である。

また，$\sin\theta\cos\theta<0$ より，$\sin\theta-\cos\theta=$ [(3)] である。

169 $0^\circ\leqq\theta\leqq180^\circ$ のとき，次の方程式，不等式を解け。

(1) $\cos\theta+\sin^2\theta=\cos^2\theta$

(2) $2\cos^2\theta+\sin\theta\geqq2$

170 θ が $0^\circ\leqq\theta\leqq180^\circ$ の範囲を動くとき，$\sin^2\theta-\cos\theta$ の最大値，最小値と，そのときの θ の値を求めよ。

数学Ⅰ　第3章　図形と計量

3　正弦定理と余弦定理

Open Sesame

1　正弦定理

$\dfrac{a}{\sin A}=\dfrac{b}{\sin B}=\dfrac{c}{\sin C}=2R$（$R$ は外接円の半径）

2　余弦定理

$a^2=b^2+c^2-2bc\cdot\cos A$，$\cos A=\dfrac{b^2+c^2-a^2}{2bc}$

A

171　△ABC において，次の問いに答えよ。

(1)　∠A＝45°，∠B＝105°，$c=20$ のとき a の値を求めよ。

(2)　$a=5$，$b=6$，∠C＝60° のとき，c の値を求めよ。

(3)　$a=8$，$b=13$，$c=7$ のとき，最大角の大きさを求めよ。

(4)　$a=10$，∠A＝135° のとき，外接円の半径 R を求めよ。

172　次の空欄をうめよ。

三角形 ABC において，BC＝2，CA＝3，∠B＝60° のとき，辺 AB の長さは ［　　］ である。また，この三角形に外接する円の面積は ［　　］ である。

173　AB＝8，BC＝5，CA＝7 の △ABC がある。次の問いに答えよ。

(1)　$\cos C$ を求めよ。

(2)　$\sin C$ を求めよ。

(3)　△ABC の外接円の半径を求めよ。

B

174 AB＝2，∠ABC＝30°，∠ACB＝90° の直角三角形 ABC がある。辺 BC 上に AC＝DC となるように点 D をとる。このとき，次の空欄をうめよ。

(1) AC＝□，BC＝□ である。

(2) ∠ADC＝□ である。

(3) 三角形 ABD の外接円の半径は □ である。

(4) sin∠BAD＝□ である。

175 A，B，C，D の 4 名の自宅間の距離や角度を測定したところ，A 宅と B 宅の距離 AB＝100m，∠BAD＝75°，∠BAC＝45°，∠ABD＝60°，∠ABC＝90° であった。このとき，次の問いに答えよ。

(1) A 宅と D 宅の距離 AD を求めよ。

(2) A 宅と C 宅の距離 AC を求めよ。

(3) C 宅と D 宅の距離 CD を求めよ。

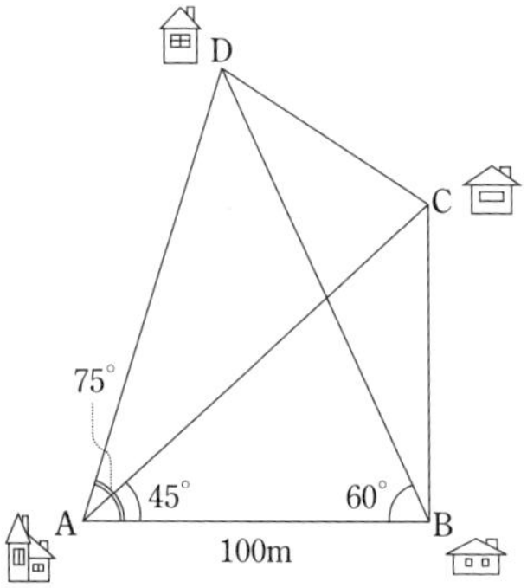

176 次の等式が成り立つとき，三角形 ABC はどのような形か。

(1) $2\cos A\sin B=\sin C$

(2) $a=b\cos C-c\cos B$

177 △ABC において，次の問いに答えよ。

(1) $a:b:c=4:5:7$ のとき，$\sin A:\sin B:\sin C$ を求めよ。

(2) $A:B:C=1:2:3$ のとき，$a:b:c$ を求めよ。

(3) $a:b:c=2:3:4$ のとき，$\cos A:\cos B:\cos C$ を求めよ。

C

178 △ABC において，$a=1+\sqrt{3}$，$b=2$，∠C＝60° のとき，残りの要素 c，∠A，∠B を求めよ。さらに，正弦定理を利用して，sin75° の値を求めよ。

数学Ⅰ　第3章　図形と計量

4　三角形の面積

Open Sesame

① $S=\dfrac{1}{2}bc\sin A=\dfrac{1}{2}ca\sin B=\dfrac{1}{2}ab\sin C$

② $S=\sqrt{s(s-a)(s-b)(s-c)}$ $\left(ただし，s=\dfrac{a+b+c}{2}\right)$（ヘロンの公式）

③ $S=\dfrac{abc}{4R}$（R は外接円の半径）

④ $S=\dfrac{1}{2}r(a+b+c)$（r は内接円の半径）

A

179　次の △ABC の面積を求めよ。

(1)　$\angle A=60^\circ$，$b=8$，$c=10$　　(2)　$a=3$，$b=5$，$c=7$

180　平行四辺形 ABCD において，AB＝6，BC＝8，$\angle A=150^\circ$ のとき，その面積を求めよ。

181　半径 1 の円に内接する正八角形がある。次の問いに答えよ。

(1)　正八角形の面積を求めよ。

(2)　正八角形の一辺と円で囲まれた半月形の部分の面積を求めよ。

B

182　△ABC において，AB＝5，AC＝8，$\angle BAC=60^\circ$ とするとき，次の問いに答えよ。

(1)　辺 BC の長さと，△ABC の面積 S を求めよ。

(2)　△ABC の外接円の半径 R と，内接円の半径 r を求めよ。

183 $\mathrm{AB}=3$，$\mathrm{BC}=7$，$\mathrm{CA}=5$ の $\triangle\mathrm{ABC}$ について，次の値を求めよ。

(1) $\cos A$　(2) $\angle\mathrm{A}$　(3) 面積 S

(4) 外接円の半径 R　(5) 内接円の半径 r

184 次の空欄をうめよ。

$\triangle\mathrm{ABC}$ において，$\mathrm{AB}=4$，$\mathrm{BC}=2$，$\mathrm{CA}=3$ であるとき，$\cos A=$ $\boxed{\text{(ア)}}$ である。これより，$\sin A=$ $\boxed{\text{(イ)}}$ が導かれる。従って，$\triangle\mathrm{ABC}$ の外接円の半径 R は $R=$ $\boxed{\text{(ウ)}}$ である。$\sin A$ の値がわかっているから，$\triangle\mathrm{ABC}$ の面積 S は $S=$ $\boxed{\text{(エ)}}$ である。一方，内接円の半径を r とすると，$S=$ $\boxed{\text{(オ)}}$ r であるから，$r=$ $\boxed{\text{(カ)}}$ である。

185 $\triangle\mathrm{ABC}$ において，$\angle\mathrm{A}$ の二等分線が BC と交わる点を D とする。$\angle\mathrm{A}=120°$，$\mathrm{AB}=24$，$\mathrm{AC}=40$ のとき，$\triangle\mathrm{ABC}$ の面積と，AD の長さを求めよ。

186 円に内接する四角形 ABCD において，$\angle\mathrm{ABC}=120°$，$\mathrm{AB}=5$，$\mathrm{BC}=6$，$\mathrm{CD}=9$ であるとき，DA の長さと，四角形 ABCD の面積を求めよ。

187 円に内接する四角形 ABCD で，$\mathrm{AB}=\mathrm{BC}=3$，$\mathrm{CD}=5$，$\mathrm{DA}=8$ とする。このとき，次の値を求めよ。

(1) $\angle\mathrm{A}$ の大きさ　(2) BD の長さ　(3) $\sin\angle\mathrm{BDC}$ の値

(4) 四角形 ABCD の外接円の半径　(5) 四角形 ABCD の面積

188 次の空欄をうめよ。

$\triangle\mathrm{ABC}$ において，$\mathrm{BC}=20$，$\mathrm{CA}=15$，$\mathrm{AB}=10$ とし，$\angle\mathrm{A}$ の二等分線が辺 BC と交わる点を D とする。このとき，$\mathrm{BD}:\mathrm{DC}=$ $\boxed{}$ であるから $\mathrm{BD}=$ $\boxed{}$，また $\cos B=$ $\boxed{}$ より $\mathrm{AD}=$ $\boxed{}$ である。

189 四角形 ABCD は平行四辺形ではないとする。$\angle\mathrm{A}=\angle\mathrm{C}=60°$，$\mathrm{AB}=\mathrm{CD}=8$，$\mathrm{AD}=5$ のとき，2つの線分 BD，BC の長さと，四角形 ABCD の面積を求めよ。

C

190 $\mathrm{AD}=3$，$\mathrm{BC}=7$，$\angle\mathrm{B}=45°$，$\angle\mathrm{C}=60°$ である台形 ABCD の面積を求めよ。

数学Ⅰ 第3章　図形と計量

5　空間図形への応用

A

191 右図のような直方体 ABCD－EFGH において，AB＝2，BF＝1，FG＝4 とし，∠FAC＝θ とおく。次の問いに答えよ。

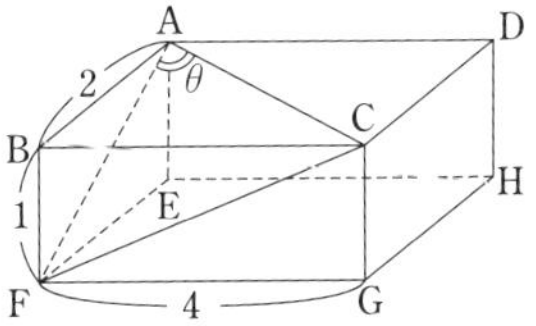

(1) 線分 AF，FC，CA の長さを求めよ。

(2) $\cos\theta$ の値を求めよ。

(3) △AFC の面積を求めよ。

192 次の空欄をうめよ。

(1) 半径 6 の球の体積は $\boxed{\quad}$ で，表面積は $\boxed{\quad}$ である。

(2) 2つの球 A，B の表面積の比が 1：2 であるとき，体積の比は 1：$\boxed{\quad}$ である。すると，A の表面積が 12π であれば，A の体積は $\boxed{\quad}$，B の体積は $\boxed{\quad}$ となる。

B

193 ある地点 A から塔の頂上を見ると，仰角が 30° で，A から 50m 塔に近づいた地点 B から塔の頂上を見ると，仰角が 45° であった。塔の高さを求めよ。ただし，観測したときの目の高さを 1.5m とする。

194 1辺の長さが 1 の正四面体 OABC がある。次の問いに答えよ。

(1) △ABC の面積を求めよ。

(2) 頂点 O から △ABC に垂線 OH を下ろしたとき，垂線 OH の長さを求めよ。

(3) 正四面体 OABC の体積を求めよ。

195 次の空欄をうめよ。

直方体 ABCD－EFGH において，$AB=\sqrt{6}$，$AD=\sqrt{2}$，$AE=2\sqrt{3}$ であるとする。$\angle AFC$ を θ とするとき，$\cos\theta=$ [(ア)] であり，$\triangle AFC$ の面積は [(イ)] であり，四面体 BAFC の体積は [(ウ)] である。また，B から平面 AFC に下ろした垂線の長さは [(エ)] である。

C

196 次の空欄をうめよ。

四面体 O－ABC がある。OC は面 ABC に垂直であり，$OA=8$，$AB=5$，$\angle OAB=60°$，$BC=5$ である。このとき，

$OB=$ [ア]，$OC=$ [イ]，

O－ABC の体積は [ウ]，

C から $\triangle OAB$ におろした垂線の長さは [エ]

である。

197 平らな土地に立っている塔の高さを知るため，その土地の中で次のような観測をした。まず点 A において塔の頂点 P を見ると，P は A の真東にあって，A から P を見上げる角度は 45° であった。次に，A から真南へ 200m 移動した点 B においては，塔の頂点 P を見上げる角度が 30° であった。塔の，地面からの高さは何 m か。

198 垂直に立っている塔の下端を P とする。100m 離れた 2 地点 A，B から P の方向を見たら，$\angle PAB=75°$，$\angle PBA=45°$ であった。そして，点 A で塔を見上げたら仰角が 30° であった。この塔の高さを求めよ。

数学Ⅰ　第4章　データの分析

1　データの分布と代表値

Open Sesame

データの代表値

① **平均値**

n 個のデータ x_1, x_2, x_3, …, x_n の平均値を $\overline{x}$ とすると,

$$\overline{x}=\frac{1}{n}(x_1+x_2+x_3+\cdots+x_n)$$

② **中央値（メジアン）**

データを大きさの順に並べたとき，その中央にくる値。

③ **最頻値（モード）**

データにおいて，最も個数の多い値。

度数分布表では，度数が最大である階級の階級値。

A

199 10個の数 6, 8, 5, 9, 8, 6, 7, 6, 9, 6 について，次の値を求めよ。

① 平均値　② 中央値　③ 最頻値

200 次のデータは，ある月の A 市の今日までの5日間の最高気温の記録である。次の問いに答えよ。

8.3　8.7　7.5　9.6　6.9　(℃)

(1) 中央値と平均値を求めよ。

(2) 翌日の最高気温が a℃だったとき，6日間の平均値が 8.3℃だった。a の値と，そのときの中央値を求めよ。

201 同じマンションに住んでいる14人の高校生を対象として一週間の読書時間の調査をしたところ，次のようなデータを得ることができた。ただし，A 君の読書時間だけがわからなくなってしまい，（　）で表示してあるが，14人の読書時間の中央値が6.5時間であることがわかっている。このとき，次の空欄をうめよ。

3　5　7　10　1　2　（　）　8　9　10　12　0　4　7　（時間）

(1) A 君の読書時間は □ 時間である。

(2) 14人の高校生の読書時間の平均は □ 時間である。

B

202 次の表は10人の生徒があるゲームをしたときの，得点と人数の度数分布表である。次の問いに答えよ。

得点	0	1	2	3	4	5	計
人数	1	2	x	y	1	1	10

(1) 得点の平均値が2.3点のとき，x，y の値を求めよ。

(2) 得点の中央値が2.5点のとき，x，y の値を求めよ。

203 ある試験を600人が受験した。受験者全体の平均点は65点，合格者の平均点は70点，不合格者の平均点は55点である。合格者の人数を求めよ。

204 50個の値からなるデータがあり，そのうちの20個の平均値は 4，残り30個の平均値は 8 である。このとき，このデータの平均値を求めよ。

数学Ⅰ　第4章　データの分析

2　データの散らばりと四分位数

Open Sesame

1　データの散らばり

① **範囲（レンジ）**

データの最大値から最小値を引いた差。

② **四分位数**

データを大きさの順に並べたとき，4 等分する位置にくる値。

小さい方から順に，第 1 四分位数，第 2 四分位数，第 3 四分位数とよび，それぞれ Q_1，Q_2，Q_3 で表す。Q_2 は中央値（メジアン）と同じ値である。

③ **四分位範囲**

Q_3-Q_1 を四分位範囲とよぶ。

発展 四分位範囲の半分 $\dfrac{Q_3-Q_1}{2}$ を四分位偏差とよぶ。

2　箱ひげ図

データの最小値，Q_1，Q_2，Q_3，最大値を，箱と線（ひげ）で表す図。

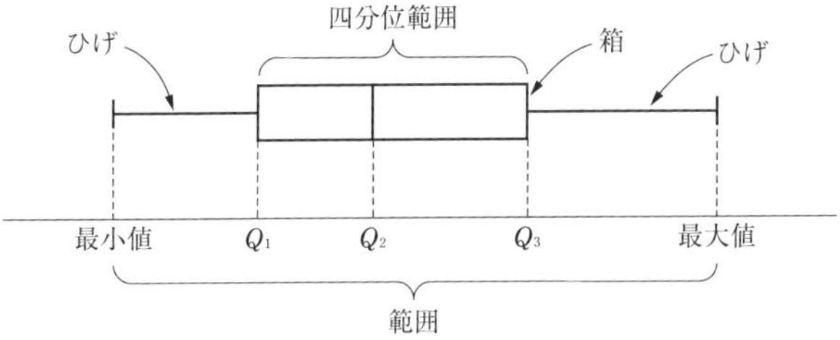

3　外れ値

データの中で，他から極端に離れた値がある場合，その値を外れ値とよぶ。

箱ひげ図における外れ値の目安は，次の①または②を満たすことである。

① 第 1 四分位数 Q_1 より，四分位範囲の 1.5 倍以上小さい値である

② 第 3 四分位数 Q_3 より，四分位範囲の 1.5 倍以上大きい値である

A

205 次のデータは10人の男子生徒の体重を，軽い順に並べたものである。
このデータについて以下の値，数等を，それぞれ①〜④の中から選べ。

43　55　56　58　59　61　63　64　65　84　(単位kg)

(1)	中央値	①　57	②　58	③　59	④　60
(2)	第 1 四分位数	①　56	②　57	③　58	④　59
(3)	第 3 四分位数	①　62	②　64	③　66	④　68
(4)	範囲	①　41	②　51	③　60	④　65
(5)	四分位範囲	①　2	②　6	③　8	④　12

206 次のデータは，ある地点における，午前 8 時から午前 9 時までの 1 時間の車の交通量を 9 日にわたり調べたものである。このデータにあてはまる箱ひげ図は，次のうちどれか。

交通量(台)：29, 17, 23, 12, 15, 31, 35, 26, 21

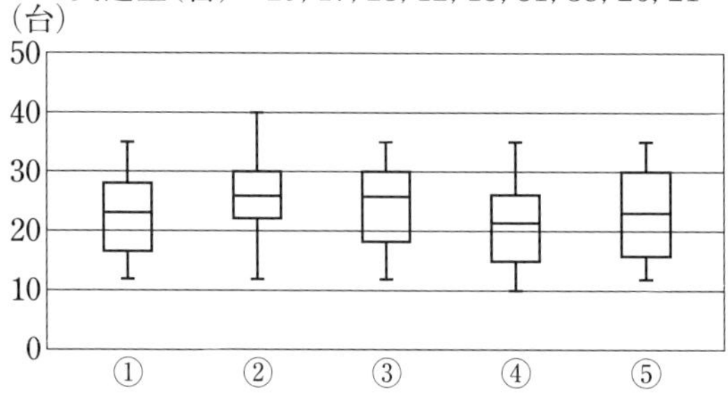

B

207 右の図は，100人の数学のテストの得点を箱ひげ図に表したものである。この箱ひげ図から読み取れるものを，次の㋐～㋕の中からすべて選ぶと(1)～(5)のうちどれになるか。

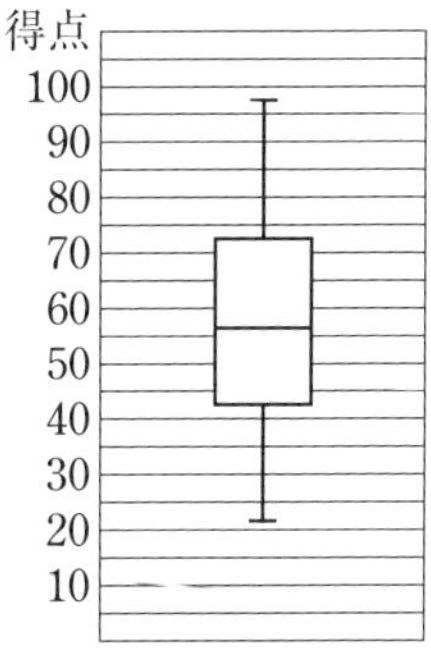

㋐　データの範囲は70点より大きく，80点未満である。

㋑　60点以上の生徒は50人以上いる。

㋒　60点未満の生徒は50人以上いる。

㋓　最頻値（モード）は55点である。

㋔　平均は55点である。

㋕　四分位偏差は12.5より大きく，17.5より小さい。

(1)　㋐㋑㋕　　(2)　㋐㋒㋔　　(3)　㋐㋑㋔　　(4)　㋑㋓㋔

(5)　㋐㋒㋕

数学Ⅰ　第4章　データの分析

3　分散と標準偏差

Open Sesame

n 個のデータ：x_1，x_2，x_3，…，x_n の平均値を $\overline{x}$ とする。

1　偏差

データの各値から平均値をひいた値である。

$x_1-\overline{x}$，$x_2-\overline{x}$，$x_3-\overline{x}$，…，$x_n-\overline{x}$

偏差をすべて加えると 0 になる。

2　分散

偏差の 2 乗の平均値で，s^2 で表す。

分散 $s^2=\dfrac{1}{n}\{(x_1-\overline{x})^2+(x_2-\overline{x})^2+(x_3-\overline{x})^2+\cdots+(x_n-\overline{x})^2\}$

また，分散 $s^2=$「2 乗の平均値」$-$(平均値)^2 という関係もある。

3　標準偏差

分散の正の平方根で，s で表す。

標準偏差 $s=\sqrt{\text{分散}}$

4　変量の変換

変量 x の平均値，分散，標準偏差をそれぞれ $\overline{x}$，$s_x{}^2$，s_x とする。

a，b を定数として，$y=ax+b$ で定義される変量 y の平均値，分散，標準偏差をそれぞれ $\overline{y}$，$s_y{}^2$，s_y とすると，次の関係が成り立つ。

$\overline{y}=a\overline{x}+b$，$s_y{}^2=a^2s_x{}^2$，$s_y=|a|s_x$

発展 偏差値

$50+\dfrac{x-\overline{x}}{s}\times 10$ で得られる値を「x の偏差値」とよぶ。

試験の得点の場合は，

x 点の偏差値 $=50+\dfrac{x-\text{平均点}}{\text{標準偏差}}\times 10$

A

208 6 個のデータ 8，19，13，7，11，14 について，次の(1)〜(3)を求めよ。

(1) 平均値　(2) 分散　(3) 標準偏差

B

209 8 個のデータ 13, 21, 3, 29, 5, 19, 13, a の平均値が 15 であるとき，次の問いに答えよ。

(1) a の値を求めよ。

(2) 四分位範囲を求めよ。

(3) 標準偏差を求めよ。(必要であれば，$\sqrt{2}=1.4$, $\sqrt{3}=1.7$, $\sqrt{5}=2.2$, $\sqrt{6}=2.4$, $\sqrt{7}=2.6$ として計算すること)

210 下図は，1000人の高校生が国語，数学，英語の 3 教科の試験を受験したときの得点分布を表すヒストグラムであり，試験はどの教科も100点満点である。このヒストグラムを見て，次の空欄をうめよ。

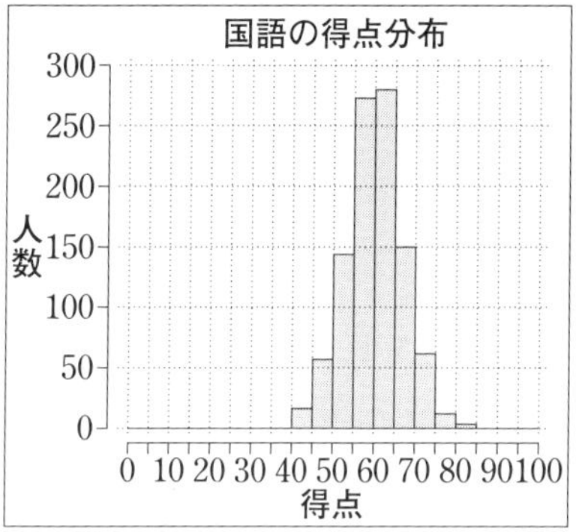

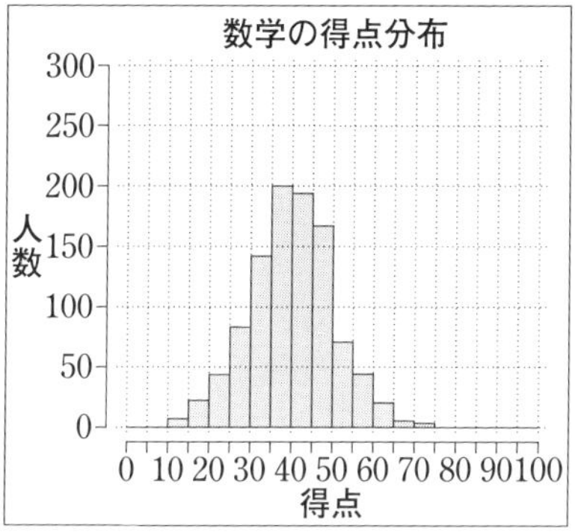

(1) 教科の中で最も平均点が高いと考えられる教科は［　　］である。

(2) 教科の中で最も分散が大きいと考えられる教科は［　　］である。

(3) これらのヒストグラムで，最頻値が最も小さい教科は［　　］である。

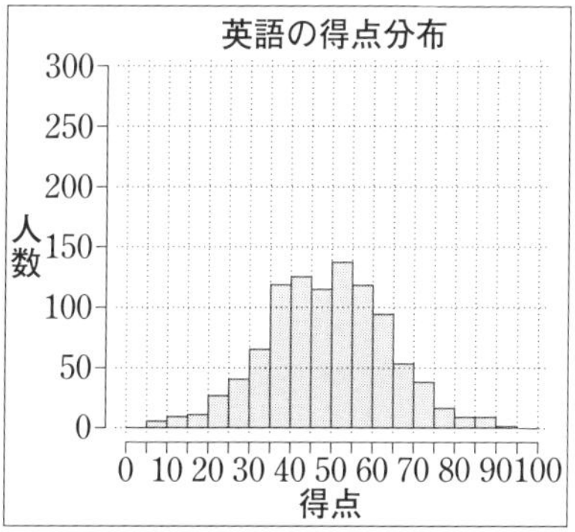

211 ある試験の10人の得点の平均が25点で，分散が28.6であった。次の問いに答えよ。

(1) 10人のうち 8 人の得点が次の通りであったとき，残りの 2 人の得点の合計を求めよ。

16　19　21　23　25　28　31　35　(点)

(2) このときの残りの 2 人の得点を求めよ。

C

212 9 名の生徒について 1 分間の心拍数を測定したところ，下表の結果を得た。

生徒番号	1	2	3	4	5	6	7	8	9
心拍数	x	y	z	78	65	72	67	74	70

9 名の平均を70，中央値を71，分散を$\frac{76}{3}$とし，$x<y<z$ とするとき，次の空欄をうめよ。

(1) 9 名のデータを値の小さい順に並べ換えると，中央値より左側に $\boxed{\text{ア}}$ 名，右側に $\boxed{\text{イ}}$ 名のデータが並ぶ。上の表より，x，y，z 以外の 6 名のデータは，中央値より左側に $\boxed{\text{ウ}}$ 名，右側に $\boxed{\text{エ}}$ 名のデータが並ぶので，$y=$ $\boxed{\text{オ}}$ である。

(2) $X=x-70$，$Z=z-70$ とすると，$X+Z=$ $\boxed{\text{カ}}$ である。また，分散が$\frac{76}{3}$であるから，$X^2+Z^2=$ $\boxed{\text{キ}}$ である。

(3) $x=$ $\boxed{\text{ク}}$，$z=$ $\boxed{\text{ケ}}$ である。

(4) 9 名のデータの範囲は $\boxed{\text{コ}}$ で，四分位範囲は $\frac{\boxed{\text{サ}}}{\boxed{\text{シ}}}$ である。

213 15個の値からなるデータがあり，そのうちの 5 個の平均値は 3，分散は11，残りの10個の平均値は 6，分散は14である。次の問いに答えよ。

(1) このデータの平均値を求めよ。

(2) このデータの分散を求めよ。

数学I　第4章　データの分析

4　データの相関

Open Sesame

1　散布図と相関

①　散布図

10人の右手の握力と，同じ10人の左手の握力のように，1対1に対応する2つの変量を考える。

変量 x：x_1，x_2，x_3，…，x_n

変量 y：y_1，y_2，y_3，…，y_n

座標平面上に，点 $(x_1,\ y_1)$，$(x_2,\ y_2)$，…，$(x_n,\ y_n)$ を記入したものを散布図とよぶ。

②　正の相関

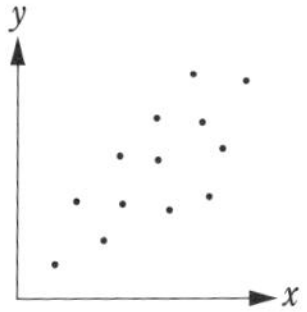

「一方の値が大きくなると，もう一方の値も大きくなる」という傾向があるとき，「正の相関がある」という。正の相関があるとき，散布図は右上がりの分布になる。

③　負の相関

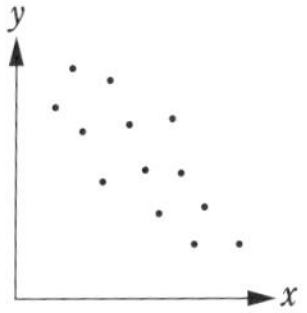

「一方の値が大きくなると，もう一方の値は小さくなる」という傾向があるとき，「負の相関がある」という。負の相関があるとき，散布図は右下がりの分布になる。

2　共分散と相関係数

①　共分散 s_{xy}

変量 x の偏差：$x_1-\overline{x}$，$x_2-\overline{x}$，…，$x_n-\overline{x}$（$\overline{x}$ は x の平均値）

変量 y の偏差：$y_1-\overline{y}$，$y_2-\overline{y}$，…，$y_n-\overline{y}$（$\overline{y}$ は y の平均値）

対応する偏差どうしの積の平均値を共分散とよび，s_{xy} で表す。

$$s_{xy}=\frac{1}{n}\{(x_1-\overline{x})(y_1-\overline{y})+(x_2-\overline{x})(y_2-\overline{y})+\cdots+(x_n-\overline{x})(y_n-\overline{y})\}$$

②　相関係数 r

x，y の共分散 s_{xy} を，x の標準偏差 s_x と y の標準偏差 s_y で割った値を相関係数とよび，r で表す。

$$r=\frac{s_{xy}}{s_x \times s_y}$$

相関係数 r は，-1 以上 1 以下の値をとる ($-1 \leqq r \leqq 1$)。
また，正の相関があるとき r は正の値をとり，負の相関があるとき r は負の値をとる。

A

214 右のデータについて，次の問いに答えよ。

x	6	8	7	10	9
y	5	6	7	9	8

(1) x の平均値 $\overline{x}$ と，y の平均値 $\overline{y}$ を求めよ。
(2) x と y の共分散 s_{xy} を求めよ。

215 あるクラスで英語と数学の試験を行い，その得点を調べたところ，英語の標準偏差が10，数学の標準偏差が15，英語と数学の共分散が-105になった。英語と数学の相関係数を求めよ。

B

216 次のデータは，2 つの変量 x，y についてのものである。

x	2	3	6	9	5
y	3	5	6	9	7

このデータについて，次の値を求めよ。ただし，$\sqrt{6}=2.5$ とする。
(1) 共分散
(2) 相関係数

217 下の散布図は6人の学生に対して，夏休み中の1日あたりの勉強時間と学力テストの得点を調査した結果である。次の文章中の $\boxed{\ 1\ }$ ～ $\boxed{\ 11\ }$ に適する数字を，下の選択肢①～⓪のうちからそれぞれ一つ選べ。ただし，重複して使用してもよい。なお，小数で解答する場合，割り切れないときは小数第3位を四捨五入すること。

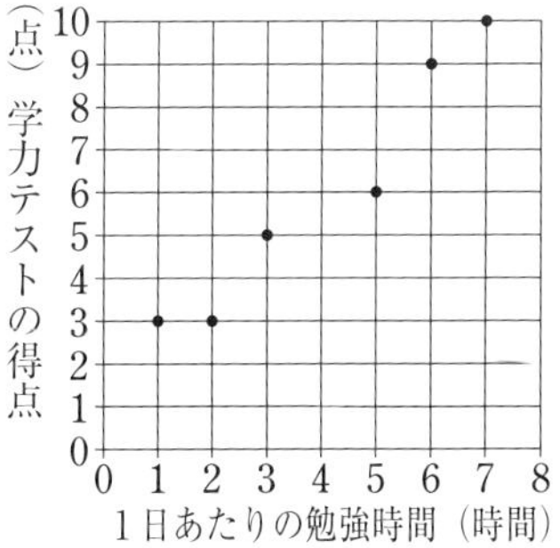

(1) テストの得点のデータの平均値は $\boxed{\ 1\ }$ 点である。

(2) テストの得点のデータの中央値は $\boxed{\ 2\ }.\boxed{\ 3\ }$ 点である。

(3) 勉強時間のデータの分散は $\dfrac{\boxed{\ 4\ }\boxed{\ 5\ }}{\boxed{\ 6\ }}$ である。

(4) 勉強時間のデータとテストの得点のデータの共分散は $\dfrac{\boxed{\ 7\ }\boxed{\ 8\ }}{\boxed{\ 9\ }}$ である。

(5) 勉強時間のデータとテストの得点のデータの相関係数を r とすると，$r^2=0.\boxed{\ 10\ }\boxed{\ 11\ }$ である。

〔選択肢〕

① 1　② 2　③ 3　④ 4　⑤ 5

⑥ 6　⑦ 7　⑧ 8　⑨ 9　⓪ 0

数学I　第4章　データの分析

5　仮説検定の考え方

Open Sesame

1　仮説検定

ある仮説を立て，その仮説が正しいと判断できるかどうかを統計的に調べる手法を仮説検定という。

2　仮説検定の手順

計測などで得られた結果を根拠として仮説 A を立て，次の手順で仮説 A が正しいと判断できるかどうかを調べていく。

① 仮説 A に反する仮説 B を立てる。(この仮説 B を帰無仮説とよぶ)

② 仮説 B が正しいという前提で，仮説 A の根拠とした結果が起こり得る確率を求める。

Ⅰ　②で求めた確率が 0.05（5%）より小さいとき

⇒仮説 B を誤りとし，仮説 A は正しいと判断する。

Ⅱ　②で求めた確率が 0.05（5%）より大きいとき

⇒仮説 B を誤りとすることはできず，仮説 A は正しいと判断することもできない。

注1）上の 0.05（5%）は有意水準とよばれ，0.01（1%）など他の値に設定することもある。有意水準の値が小さいほど，判断の信頼度が高くなる。

注2）上のⅡでは，仮説 A が正しくないと判断したわけではない。正しいか正しくないか，どちらであるか判断できない，ということである。これは重要だから注意しよう。

A

218 ある製品は現在，旧製品と新製品が販売されている。25 人に両方を使ってもらい，どちらが使いやすいか答えてもらったところ，8 人が旧製品の方が使いやすいと答え，17 人が新製品の方が使いやすいと答えた。

この結果から，新製品の方が使いやすいと判断できるかどうかを調べるために，

「25 枚の硬貨を同時に投げて表が出た硬貨の枚数を調べる」

という操作を 200 回繰り返したところ，次の度数分布表のようになった。

表の枚数	11	12	13	14	15	16	17	18	19	20	…	25	計
回数（度数）	27	30	31	26	19	12	6	2	1	0	…	0	200

ただし，表の枚数が 0 から 10 枚までについては省略してある。また，表の枚数が 20 枚から 25 枚までの回数（度数）はすべて 0 である。次の問いに答えよ。

(1) 次の空欄に当てはまる数値を答えよ。

度数分布表において，表の枚数が 17 枚以上である回数（度数）は [ア] であるから，表の枚数が 17 枚以上となる確率（相対度数）は [イ] である。

次に，

A：新製品の方が使いやすい。

という仮説を立て，それに反する仮説

B：旧製品と新製品に使いやすさの差はない。

を立てる。

仮説 B が正しい場合，新製品の方が使いやすいと答える人が 17 人以上となる確率は，[イ] である

(2) 次の空欄に当てはまる語句を，下の①～⑦から選べ。

(i) 基準となる確率を 0.05 とした場合，仮説 B は [ウ]。よって，[エ]。

(ii) 基準となる確率を 0.01 とした場合，仮説 B は [オ]。よって，[カ]。

① 肯定される　② 肯定できない　③ 否定される　④ 否定できない

⑤ 仮説 A は正しいといえるので，新製品の方が使いやすいと判断できる

⑥ 仮説 A は正しいとはいえないので，新製品の方が使いやすいとは判断できない

⑦ 仮説 A は正しいとはいえないので，新製品は旧製品と使いやすさに差はないと判断できる

B

219 次の表は，10 個のサイコロを投げて 1 の目が出たサイコロの個数を調べる，という操作を 500 回繰り返したときの結果を表している。x の平均値が 1.67 のとき，次の問いに答えよ。

x	0	1	2	3	4	5	6	7	8	9	10	計
回数	81	a	b	78	27	7	1	0	0	0	0	500

(1) a と b の値を求めよ。

(2) 日本のプロ野球は，パシフィックリーグ，セントラルリーグ各 6 チームが優勝を争う。ある戦力分析ソフトに，今後 5 年間，毎年，両リーグの優勝チームを予想してもらうことにした。デタラメに予想するより，このソフトに予想してもらった方が優勝チームを当てる確率が高いといえるためには，10 回の予想のうち何回以上的中させる必要があるか。上の表を利用し，基準となる確率を 0.05 として答えよ。

数学A　第5章　場合の数と確率

1　集合の要素の個数

Open Sesame

集合の要素の個数

有限集合 A, B, C の要素の個数を $n(\mathrm{A})$, $n(\mathrm{B})$, $n(\mathrm{C})$ で表すと,

$$\boldsymbol{n}(\mathbf{A}\cup\mathbf{B})=\boldsymbol{n}(\mathbf{A})+\boldsymbol{n}(\mathbf{B})-\boldsymbol{n}(\mathbf{A}\cap\mathbf{B})$$

発展

$$\boldsymbol{n}(\mathbf{A}\cup\mathbf{B}\cup\mathbf{C})=\boldsymbol{n}(\mathbf{A})+\boldsymbol{n}(\mathbf{B})+\boldsymbol{n}(\mathbf{C})-\boldsymbol{n}(\mathbf{A}\cap\mathbf{B})-\boldsymbol{n}(\mathbf{B}\cap\mathbf{C})-\boldsymbol{n}(\mathbf{A}\cap\mathbf{C})+\boldsymbol{n}(\mathbf{A}\cap\mathbf{B}\cap\mathbf{C})$$

A

220 次の空欄をうめよ。

全体集合 U とその部分集合 A, B がある。

$n(\mathrm{U})=30$, $n(\mathrm{A})=12$, $n(\mathrm{B})=10$, $n(\mathrm{A}\cap\mathrm{B})=5$

であるとき, $n(\mathrm{A}\cup\mathrm{B})=$ [(1)], $n(\overline{\mathrm{A}}\cap\overline{\mathrm{B}})=$ [(2)], $n(\overline{\mathrm{A}}\cup\overline{\mathrm{B}})=$ [(3)] である。

ただし, $n(\mathrm{X})$ は集合 X の要素の個数を表す。

221 世帯数が 98 のある町内会で A 新聞をとっている世帯が 41, B 新聞をとっている世帯が 38, A, B 2つの新聞をとっている世帯が 13 あるという。次の問いに答えよ。

(1) A, B のうち, 少なくとも1つをとっている世帯数はいくらか。

(2) A, B のどちらもとっていない世帯数はいくらか。

222 1 から100までの整数で, 2 の倍数の集合を A, 3 の倍数の集合を B とするとき, 次の個数をそれぞれ求めよ。

(1) $n(\mathrm{A})$　(2) $n(\mathrm{B})$　(3) $n(\mathrm{A}\cap\mathrm{B})$　(4) $n(\mathrm{A}\cup\mathrm{B})$　(5) $n(\overline{\mathrm{A}}\cap\mathrm{B})$

B

223 集合 A の要素の数を $n(\mathrm{A})$ で表すものとする。全体集合を U とし，その部分集合を P，Q とする。$n(\mathrm{U})=100$，$n(\mathrm{P})=70$，$n(\mathrm{Q})=50$ のとき，$n(\mathrm{P}\cap\mathrm{Q})$ のとりうる最大値と最小値を求めよ。

224 次の空欄をうめよ。

海外旅行者100人のうち，赤痢の感染者が75人，マラリアの感染者が80人であった。赤痢とマラリアの両方に感染している人は多くても [(1)] 人以下で，少なくても [(2)] 人以上である。

225 100以上200以下の自然数について，次の問いに答えよ。

(1) 8 で割り切れて，12で割り切れない数は何個あるか。

(2) 8 でも12でも割り切れない数は何個あるか。

C

226 100人を対象として英・数・国のテストを実施した。英語が80点以上の者28人，数学が80点以上の者24人，国語が80点以上の者34人，少なくとも 1 科目が80点以上の者62人，少なくとも 2 科目が80点以上の者が英・数 8 人，英・国 9 人，国・数10人であった。次の者の人数を求めよ。

(1) 3 科目とも80点未満の者

(2) 3 科目とも80点以上の者

(3) 2 科目だけ80点以上の者

数学A　第5章　場合の数と確率

2　和の法則と積の法則

Open Sesame

1　和の法則

事柄 A, B が同時に起こらないとき，A の起こり方が $\boldsymbol{m}$ **通り**，B の起こり方が $\boldsymbol{n}$ **通り**ならば，A, B のいずれかが起こる場合の数は $\boldsymbol{m+n}$ **通り**である。

2　積の法則

事柄 A, B について，A の起こり方が $\boldsymbol{m}$ **通り**，その各々について，B の起こり方が $\boldsymbol{n}$ **通り**ならば，A と B がともに起こる場合の数は $\boldsymbol{mn}$ **通り**である。

3　約数の個数と総和

自然数 N を素因数分解した結果が $N=p^aq^br^c\cdots\cdots$ であるとき，N の正の約数の個数と総和は，次の式で表される。

個数 $=(a+1)(b+1)(c+1)\cdots\cdots$

総和 $=(1+p^1+p^2+\cdots+p^a)(1+q^1+q^2+\cdots+q^b)(1+r^1+r^2+\cdots+r^c)\cdots\cdots$

A

227　右図のような道路があるとき，次の問いに答えよ。

(1)　A から C へ行く道順は何通りあるか。

(2)　AB 間を往復する道順は何通りあるか。次の(i)，(ii)の場合について求めよ。

(i)　往路と復路で同じ道を通ってもよい場合

(ii)　往路と復路で違う道を通る場合

228　大中小の 3 個のサイコロを投げるとき，出た目がすべて異なる場合の数を求めよ。

229　432 の正の約数は何個あるか。また，その総和はいくらか。

B

230 大小2つのサイコロを同時に投げるとき，目の和が3の倍数になる場合の数を求めよ。

231 10円，50円，100円の3種類の硬貨を使って230円を支払う方法は何通りあるか。ただし，それぞれの硬貨は，0枚の場合も含めて何枚使ってもよいものとする。

C

232 次の空欄をうめよ。

1から300までの整数を全体集合として，6の倍数の集合をA，300の約数の集合をBとする。集合Aの要素の個数は[(ア)]，集合Bの要素の個数は[(イ)]，$A \cup B$の要素の個数は[(ウ)]である。

数学A 第5章　場合の数と確率

3　順列

Open Sesame

1　順列

異なる n 個のものから r 個とって，一列に並べた順列の総数は，

$$ {}_n\mathrm{P}_r = \underbrace{n(n-1)(n-2)\cdots\cdots(n-r+1)}_{r\text{ 個の積}} = \frac{n!}{(n-r)!} \quad (n \geqq r) $$

特に ${}_n\mathrm{P}_n = n!$　$\left(\begin{aligned} &\text{ただし，} n! = n(n-1)(n-2)\cdots\cdots 3\cdot 2\cdot 1 \\ &\qquad\quad = 1\cdot 2\cdot 3\cdots\cdots(n-1)n \\ &\qquad 0! = 1 \end{aligned} \right)$

2　種々の順列

① **同じものを含む順列**　n 個のもののうち，p 個は同じもの，q 個は他の同じもの，r 個はまた他の同じもの，……であるとき，n 個のもの全部を並べた順列の総数は，

$$ \frac{n!}{p!q!r!\cdots\cdots} \quad (\text{ただし，} n = p + q + r + \cdots\cdots) $$

② **円順列**　異なる n 個のものの円順列の総数は，

$(n-1)!$

③ **数珠《じゅず》順列**　異なる n 個のものの数珠順列の総数は，

$(n-1)! \div 2$

④ **重複順列**　異なる n 個のものから重複を許して r 個とる順列の総数は，

n^r

A

233　次の文字全部を一列に並べる方法はそれぞれ何通りあるか。

(1)　KANGO

(2)　HAMAMATU

234 異なる 7 個の玉について，次の問いに答えよ。

(1) 7 個の玉を円形に並べる方法は何通りあるか。

(2) 7 個の玉をつなげて首飾りをつくる方法は何通りあるか。

235 4 人を A，B，C の 3 つの部屋に入れる方法は何通りあるか。ただし，空室があってもよいものとする。

B

236 6 個の数字 0，1，2，3，4，5 から異なる 3 個を選んで 3 桁の整数をつくりたい。このとき，次の問いに答えよ。

(1) 全部で何通りできるか。

(2) 偶数はいくつあるか。

237 6 個の数字 0，1，2，3，4，5 から異なる 3 個を選んで 3 桁の整数をつくりたい。このとき，次の問いに答えよ。

(1) 350 より大きい整数はいくつあるか。

(2) 小さいほうから数えて50番目の整数は何か。

238 男子 4 人，女子 3 人が横一列に並ぶとき，次の問いに答えよ。

(1) 女子 3 人が互いに隣り合う並び方は何通りあるか。

(2) 両端が女子となる並び方は何通りあるか。

(3) 少なくとも一方の端が女子である並び方は何通りあるか。

239 男子 5 人，女子 2 人が 1 列に並ぶとき，男子が両端に並び，かつ女子 2 人が隣り合う並び方は何通りあるか。

240 おとな 3 人，子ども 3 人がいるとき，次の問いに答えよ。

(1) おとなと子どもを交互に 1 列に並べる方法は何通りあるか。

(2) 子ども 3 人が隣り合って，輪をつくる方法は何通りあるか。

(3) おとなと子どもが交互に並んで，輪をつくる方法は何通りあるか。

241 男子4人，女子3人が1列に並ぶとき，女子どうしが隣り合わない並び方は何通りあるか。

242 0，1，2，3，4 の5個の数字から異なる3個の数字を使ってできる3桁の整数のうち，3 の倍数は全部で何個あるか。

243 0 から 4 までの数字を使って3桁の 4 の倍数をつくりたい。同じ数字を何度でも使ってよいものとすると，何通りの数ができるか。

244 8個の数 5，5，5，5，6，6，6，0 を1列に並べてつくられる8桁の整数は，何個できるか。

C

245 赤2個，青3個，黄1個の合計6個のオハジキがある。この中の5個を一列に並べる方法は何通りあるか。

246 右図のような5個の領域を赤,黄,緑の3色で塗り分ける。ただし,境界を接する領域は同じ色で塗らない。このとき,塗り分け方は何通りあるか。

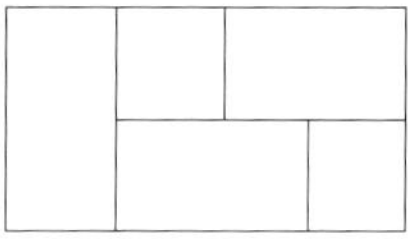

247 立方体の6つの面に 1 から 6 までの数字を1つずつ書いたものをつくるとき，異なるものはいくつできるか。

数学A　第5章　場合の数と確率

4　組合せ

Open Sesame

1　組合せの総数

異なる n 個のものから r 個とる組合せの総数は,

$${}_n\mathrm{C}_r=\frac{{}_n\mathrm{P}_r}{r!}=\frac{n!}{r!(n-r)!}=\frac{n(n-1)\cdots\cdots(n-r+1)}{r(r-1)\cdots\cdots2\cdot1}\quad(n\geqq r)$$

2　${}_n\mathrm{C}_r$ の性質

① ${}_n\mathrm{C}_r={}_n\mathrm{C}_{n-r}$

② ${}_n\mathrm{C}_r={}_{n-1}\mathrm{C}_r+{}_{n-1}\mathrm{C}_{r-1}$

③ ${}_n\mathrm{C}_n=1$, ${}_n\mathrm{C}_1=n$, ${}_n\mathrm{C}_0=1$

A

248 男子10人, 女子5人の中から3人を選ぶとき, 次の問いに答えよ。

(1) 全部で何通りの選び方があるか。

(2) 男子2人, 女子1人を選ぶ選び方は何通りあるか。

249 A, B, C, D, E, F, G, H, I のアルファベットから次の選び方をするとき, それぞれ何通りの選び方があるか。

(1) 3つ選ぶ。

(2) (1)のとき, 母音を少なくとも1つ含む。

250 集合 $A=\{1, 2, 3, 4, 5, 6, 7, 8\}$ について, 次の問いに答えよ。

(1) A の部分集合のうち, 要素の数が4であるものは何個あるか。

(2) A の部分集合は全部で何個あるか。

B

251 次を満たす n の値を求めよ。

(1) ${}_nC_2=10$

(2) ${}_nC_{n-2}+{}_nC_{n-1}=21$

252 8人の生徒を次のようなグループに分ける方法は何通りあるか。

(1) 1人，3人，4人の3つのグループ

(2) 3人，3人，2人の3つのグループ

(3) 2人ずつの4つのグループ

253 次の空欄をうめよ。

12人の学生を4人ずつ3グループに分ける方法は [(1)] 通りで,特定の3人 A，B，C が互いに異なるグループに入るように，4人ずつ3グループに分ける方法は [(2)] 通りである。

254 $x+y+z=10$ を満たす整数の組は何組あるか。ただし，$x\geqq 0$，$y\geqq 0$，$z\geqq 0$ とする。

255 りんご，みかん，なしの3種類の果物がある。これらの果物を，あわせて5個かごに盛るとき，次の問いに答えよ。

(1) 全部で何通りの選び方があるか。

(2) 少なくとも1個ずつ選ぶときの選び方は何通りあるか。

256 右の図のような格子状の街路の町があり, A 地点から B 地点に最短経路で移動する道順を考える。次の問いに答えよ。

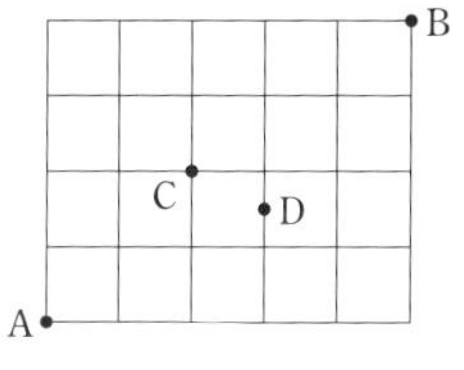

(1) 道順は全部で何通りあるか。

(2) 交差点 C を通る道順は何通りあるか。

(3) D 地点が通行止めのとき，道順は何通りあるか。

257 正十角形について，次の問いに答えよ。

(1) 対角線は何本あるか。

(2) 3つの頂点を結んでできる三角形は何個あるか。

(3) 3つの頂点を結んでできる三角形のうち，正十角形と辺を共有しないものは何個あるか。

258 平面上に6本の直線があってどの2直線も平行でなく，どの3直線も同一の点で交わらないとする。それらの直線の交点はいくつあるか。

259 4本の平行線とそれらに交わる5本の平行線がある。この9本の直線のうちの4本で囲まれる平行四辺形は全部で何個あるか。

C

260 正方形の各辺を四等分する辺上の点を通り，その辺に垂直な線を引けば，その正方形内にいろいろな形の長方形ができる。次の問いに答えよ。

(1) 長方形は全部で何個できるか。

(2) (1)の中で，正方形とならないものは何個あるか。

261 GOUKAKU の7文字を一列に並べるとき，次の問いに答えよ。

(1) 並べ方は全部で何通りあるか。

(2) G，O，A の文字がこの順で並ぶ並べ方は何通りあるか。

数学A　第5章　場合の数と確率

5　確率とその基本法則

Open Sesame

1　試行と事象

試行…同じ状態のもとで繰り返すことができ，その結果が偶然だけに支配される実験や観測など

事象…試行の結果起こる事柄

2　確率の定義

起こりうるすべての場合が n 通りで，それらの，「①どの2つも重複して起こらない」「②どの場合の起こることも同様に確からしい」とき，ある事象 A が起こる場合が a 通りならば，A の起こる確率 $P(\mathrm{A})$ は，

$$P(\mathrm{A})=\frac{a}{n}$$

3　確率の基本定理

①　**基本性質**　U：全事象　A：任意の事象　ϕ：空事象とする。

$$0 \leqq P(\mathrm{A}) \leqq 1,\ P(\mathrm{U})=1,\ P(\phi)=0$$

②　**加法定理**

A と B が互いに**排反事象**であるとき

$$P(\mathrm{A} \cup \mathrm{B})=P(\mathrm{A})+P(\mathrm{B})$$

一般に　$P(\mathrm{A} \cup \mathrm{B})=P(\mathrm{A})+P(\mathrm{B})-P(\mathrm{A} \cap \mathrm{B})$

③　**余事象の確率**

$\overline{\mathrm{A}}$…A **の余事象**（A が起こらないという事象）

$$P(\overline{\mathrm{A}})=1-P(\mathrm{A})$$

A

262 赤玉５個，白玉３個が入った袋から，玉を３個同時に取り出すとき，次の確率を求めよ。

(1) ３個とも赤玉である。

(2) 赤玉１個，白玉２個である。

(3) 少なくとも１個は赤玉である。

263 50本のうち６本があたりであるくじがある。このくじから同時に３本をひくとき，１本以上があたりとなる確率を求めよ。

264 ２個のサイコロを投げるとき，次の確率を求めよ。

(1) 出た目の和が ７ となる確率

(2) ともに奇数の目が出る確率

B

265 サイコロを２回投げて，１回目に出る目の数を a，２回目に出る目の数を b とする。このとき，２次方程式 $x^2+ax+b=0$ が重解をもつ確率を求めよ。

266 男子４人，女子２人が円卓のまわりにすわるとき，女子２人が隣り合わない確率を求めよ。

267 1，2，3，4，5，6 の６個の数字を１個ずつ使って３桁の数を作るとき，次の問いに答えよ。

(1) ５ の倍数になる確率を求めよ。

(2) ９ の倍数になる確率を求めよ。

(3) 350以上の数になる確率を求めよ。

C

268 1, 2, 3, 4, 5 を記入したカードが1枚ずつ計5枚ある。このカードをすべて並べるとき，1 が 2 より左にあり，3 が 2 より右にある確率を求めよ。

269 袋の中に赤玉3個，白玉4個，青玉5個の同じ形の12個の玉が入っている。いま袋の中をよくかき混ぜて4個の玉を取り出すとき，次の確率を求めよ。

(1) 取り出した玉の色が青だけである。

(2) 取り出した玉の色が少なくとも2種類である。

(3) 取り出した玉の色が3種類である。

270 袋の中に10個の玉が入っている。このうち，n 個が白玉で，残りは赤玉である。次の問いに答えよ。

(1) この袋から2個の玉を取り出すとき，白玉を2個取り出す確率が $\frac{1}{3}$ となるように n の値を定めよ。

(2) この袋から3個の玉を取り出すとき，同色の玉を2個だけ取り出す確率が $\frac{4}{5}$ となるように n の値を定めよ。

数学A　第5章　場合の数と確率

6　独立試行と確率

Open Sesame

1　独立試行の確率

2つの独立な試行 T_1, T_2 をまとめた試行 T において，試行 T_1 では事象 A が起こり，試行 T_2 では事象 B が起こるという一連の事象を C とすると，

$$P(C)=P(A)\cdot P(B)$$

2　反復試行の確率

1回の試行で，事象 A の起こる確率を p とする。この試行を n 回行うとき，事象 A がちょうど r 回起こる確率は，

$${}_n C_r p^r q^{n-r}\quad(ただし，q=1-p)$$

A

271　ある問題を A，B が解くことのできる確率は，それぞれ $\frac{1}{2}$，$\frac{2}{3}$ である。2人がこの問題を解くとき，次の確率を求めよ。

(1)　A，B ともに解くことのできる確率

(2)　A，B の少なくとも1人が解くことのできる確率

(3)　A，B のいずれか1人だけが解くことのできる確率

272　A，B の2つの袋があり，A の袋には，白球2個，赤球4個が入っている。B の袋には白球と赤球が3個ずつ入っている。それぞれの袋から2個ずつ取り出したとき，4個とも白球である確率を求めよ。

273　次の確率を求めよ。

(1)　サイコロを3回投げるとき，1の目が1回目だけに出る確率

(2)　サイコロを3回投げるとき，1の目が1回だけ出る確率

(3)　サイコロを4回投げるとき，1の目が2回だけ出る確率

274 A，B 2 人があるゲームを 3 回行う。1 回のゲームで A が勝つ確率は $\frac{3}{5}$ で引き分けはないものとする。次の問いに答えよ。

(1) A が 3 回とも勝つ確率を求めよ。

(2) A が 2 勝 1 敗となる確率を求めよ。

B

275 3 個のさいころを投げる。次の確率を求めよ。

(1) 出た目の積が 6 となる確率

(2) 出た目の積が 3 の倍数となる確率

276 4 個のサイコロを同時に投げるとき，次の確率を求めよ。

(1) 出た目の最大値が 4 以下になる確率

(2) 出た目の最大値が 4 になる確率

277 次の空欄をうめよ。

5 枚の硬貨を同時に投げるとき，5 枚とも表が出る確率は [(ア)]，表が 3 枚出る確率は [(イ)]，表が奇数枚出る確率は [(ウ)] である。また，裏が少なくとも 1 枚出る確率は [(エ)] である。

278 点 A が数直線上を原点から出発する。サイコロを投げて，5 または 6 の目が出たときは右へ 2 だけ進み，他の目が出たときは左へ 1 だけ進むものとする。サイコロを 6 回投げたとき，ちょうど原点に戻る確率を求めよ。

279 1 枚の硬貨を何回か投げて表の回数が 3 になったところでやめることにする。ちょうど10回投げたところでやめることになる確率を求めよ。

280 A，B 2チームが対戦を繰り返すゲームがあり，どちらかが3勝した時点で対戦を打ち切り，3勝したチームを優勝とする。1回の対戦で A，B の勝つ確率がそれぞれ $\frac{3}{4}$，$\frac{1}{4}$ として，次の問いに答えよ。

(1) A が3勝0敗で優勝する確率を求めよ。

(2) A が3勝1敗で優勝する確率を求めよ。

(3) A が優勝する確率を求めよ。

281 A 君，B 君の2人がジャンケンを行う。次の空欄をうめよ。

(1) 1回行うとき，A 君が勝つ確率は [　　]，B 君が勝つ確率は [　　]，引き分けの確率は [　　] である。

(2) 3回行うとき，3回目で初めて勝敗が決まる確率は [　　] である。

282 次の空欄をうめよ。

3人でジャンケンを1回行うとき，1人だけが勝つ確率は [(ア)] である。また，4人でジャンケンを1回行うとき，1人だけが勝つ確率は [(イ)]，2人だけが勝つ確率は [(ウ)]，引き分ける確率は [(エ)] である。

C

283 A，B，C 3人がジャンケンを行うとき，次の問いに答えよ。

(1) 1回のジャンケンを行うとき，

(ア) 1人だけが勝つ確率を求めよ。

(イ) 2人が勝ち残る確率を求めよ。

(ウ) あいこ（引き分け）になる確率を求めよ。

(2) 3回のジャンケン終了後に，1人だけが勝ち残っている確率を求めよ。

284 大中小3個のサイコロを同時に投げるとき，次の問いに答えよ。

(1) 3個のサイコロの目が同じになる確率を求めよ。

(2) 3個のサイコロの目の和が奇数になる確率を求めよ。

(3) 3個のサイコロの目の和が 5 以上になる確率を求めよ。

(4) 3個のサイコロの目の積が12になる確率を求めよ。

数学A　第5章　場合の数と確率

7　条件つき確率

Open Sesame

1　条件つき確率

事象Aが起こったときに事象Bの起こる確率を，Aが起こったときのBの起こる条件つき確率といい，$P_A(B)$ で表し，その確率は次の式で定義される。

$$P_A(B)=\frac{n(A\cap B)}{n(A)}=\frac{P(A\cap B)}{P(A)}$$

2　確率の乗法定理

2つの事象A，Bがともに起こる確率 $P(A\cap B)$ は，

$$P(A\cap B)=P(A)\times P_A(B)$$

B

285　10本のくじの中に当たりくじが3本ある。引いたくじは元に戻さないで，A，Bの2人がこの順に1本ずつひくとき，次の問いに答えよ。

(1)　Aがはずれで B が当たる確率を求めよ。

(2)　Aが当たったとき，B も当たる条件つき確率を求めよ。

(3)　B が当たる確率を求めよ。

286　壺 A に当たりくじと外れくじが5本ずつ入っている。また，壺 B に当たりくじ2本と外れくじ8本ずつが入っている。ジョーカーを除く52枚のトランプから1枚を引き，絵札なら壺 A から，絵札でなければ壺 B からくじを引くとき，当たりくじを引く確率を求めよ。

C

287 空欄にあてはまるものを，それぞれの解答群の中から選べ。

事象 A，B の起こる確率はそれぞれ $P(\mathrm{A})=\dfrac{1}{4}$，$P(\mathrm{B})=\dfrac{1}{5}$ である。今，$P_{\mathrm{A}}(\mathrm{B})=\dfrac{1}{3}$ とするとき，次の確率を求めよ。

(i) $P(\mathrm{A}\cap\mathrm{B})=$ [1]　(ii) $P_{\mathrm{B}}(\mathrm{A})=$ [2]　(iii) $P(\overline{\mathrm{A}}\cap\mathrm{B})=$ [3]

[1]　① $\dfrac{1}{3}$　② $\dfrac{1}{12}$　③ $\dfrac{7}{12}$　④ $\dfrac{1}{15}$　⑤ $\dfrac{2}{15}$

[2]　① $\dfrac{1}{2}$　② $\dfrac{1}{3}$　③ $\dfrac{4}{5}$　④ $\dfrac{5}{12}$　⑤ $\dfrac{7}{12}$

[3]　① $\dfrac{1}{5}$　② $\dfrac{1}{12}$　③ $\dfrac{1}{15}$　④ $\dfrac{1}{18}$　⑤ $\dfrac{7}{60}$

288 次の空欄をうめよ。

ある試験の受験者の中で，女性は70%，得点が60点以上の人は40%，得点が60点未満の男性は20%である。受験者全員から1人を選ぶとき，その人が60点以上の女性である確率は [①]，選ばれた人が女性であったとき，その人の得点が60点以上である確率は [②] である。

289 袋の中に赤球7個，白球5個が入っている。この袋の中から3個を取り出し，印をつけてもとに戻し，次に，この袋から1個を取り出す。次の空欄をうめよ。

(1) 初めに取り出した3個がすべて赤球である確率は $\dfrac{\boxed{\text{ア}}}{\boxed{\text{イウ}}}$ である。

(2) 2回目に印がついた球を取り出す確率は $\dfrac{\boxed{\text{エ}}}{\boxed{\text{オ}}}$ である。

(3) 2回目に印がついた赤球を取り出す確率は $\dfrac{\boxed{\text{カ}}}{\boxed{\text{キク}}}$ である。

(4) 2回目に取り出した球に印がついていた。このときその球が赤球である確率は $\dfrac{\boxed{\text{ケ}}}{\boxed{\text{コサ}}}$ である。

数学A　第5章　場合の数と確率

8　期待値

Open Sesame

ある試行において，変数 X が x_1，x_2，……，x_n のうちどれか1つの値をとり，それぞれの値をとる確率が p_1，p_2，……，p_n であるとき，変数 X の期待値 $E(X)$ は

$$\boldsymbol{E(X)=x_1p_1+x_2p_2+\cdots\cdots+x_np_n \quad (p_1+p_2+\cdots\cdots+p_n=1)}$$

A

290　1等賞金1000円のくじ10本，2等賞金500円のくじ20本，3等賞金200円のくじ30本，はずれ40本の福引きくじがある。このくじの賞金の期待金額を求めよ。

291　赤球5個と白球3個が入った袋から，球を同時に2個取り出す。赤球1個300点，白球1個100点の得点が与えられるとき，得点の期待値を求めよ。

292　お小遣いを毎日100円もらうのと，赤球4個，白球8個の入った袋から3個の球を同時に取り出して，赤球が1個だけ出た日は50円，赤球が2個出た日は300円，赤球が3個出た日は1000円もらうのとでは，どちらが有利か。ただし，赤球が1個も出ない日は0円とする。

293　赤球3個，白球4個が入っている袋から3個の球を同時に取り出すとき，そこに含まれる赤球の個数の期待値を求めよ。

294　2つのサイコロを同時に振るとき，3の目の出る個数を X とする。X の期待値を求めよ。

295　100円硬貨を5枚投げて，表の出た硬貨だけもらえるとする。このときの期待金額を求めよ。

B

296 数値線上に点 M がある。点 M は，サイコロを投げて偶数の目が出ると正の方向へ 2 だけ移動し，奇数の目が出ると負の方向へ 1 だけ移動する。最初，点 M は原点 O にあるとして，サイコロを 3 回投げたときの点 M の座標を X とする。このとき，次の問いに答えよ。

(1) 点 M の座標 X が取りうるすべての値を求めよ。

(2) 点 M の座標 X が 0 となる確率を求めよ。

(3) 座標 X の期待値を求めよ。

297 A，B の 2 人があるゲームを行い，先に 3 勝した方が優勝とする。引き分けはなく，1 回のゲームで A，B が勝つ確率はそれぞれ $\frac{1}{2}$ とする。次の問いに答えよ。

(1) 3 回目で優勝が決まる確率を求めよ。

(2) 4 回目で優勝が決まる確率を求めよ。

(3) 優勝が決まるまでに行われるゲームの回数の期待値を求めよ。

298 袋の中に，赤球 4 個，白球 8 個が入れてある。この袋の中をよくかき混ぜて 1 つの球を取り出し，球の色を確かめてもとに戻す。これを 4 回繰り返すとき，4 回のうち赤球が出る回数を x とし，x の値に対して得点 x^2 が与えられるものとする。次の空欄をうめよ。

(1) 1 回球を取り出すとき，赤球が出る確率は [(ア)]，白球が出る確率は [(イ)] である。

(2) 得点が 0 である確率は [(ウ)]，得点が 4 点である確率は [(エ)] である。

(3) 得点の期待値は [(オ)] である。

299 箱の中に，1 のカードが 2 枚，2 のカードが 3 枚，3 のカードが 1 枚入っている。同時に 2 枚のカードを取り出して 2 枚のカードの数字の合計を求める。次の問いに答えよ。

(1) 合計が 3 となる確率を求めよ。

(2) 合計の期待値を求めよ。

数学A　第6章　図形の性質

1　三角形の辺と角

Open Sesame

1　三角形の辺と角の大小

$\triangle$ABC において，BC$=a$，CA$=b$，AB$=c$ とするとき，

① $\boldsymbol{a>b} \iff \angle\mathbf{A}>\angle\mathbf{B}$

② **三角形の成立条件**

$$|b-c|<a<b+c$$

a，b，c のうち，c が最大とわかっているときは，

$$a+b>c$$

③ **三角形の定理**

$$\angle\mathrm{A}=90^\circ \iff a^2=b^2+c^2$$

また，

$$\angle\mathrm{A}<90^\circ \iff a^2<b^2+c^2$$

$$\angle\mathrm{A}>90^\circ \iff a^2>b^2+c^2$$

2　平行線と線分の比

① 右図において

$$\mathrm{BC}\,/\!/\,\mathrm{DE} \iff \begin{cases} \dfrac{\mathrm{AD}}{\mathrm{AB}}=\dfrac{\mathrm{AE}}{\mathrm{AC}} \\ \dfrac{\mathrm{AD}}{\mathrm{DB}}=\dfrac{\mathrm{AE}}{\mathrm{EC}} \end{cases}$$

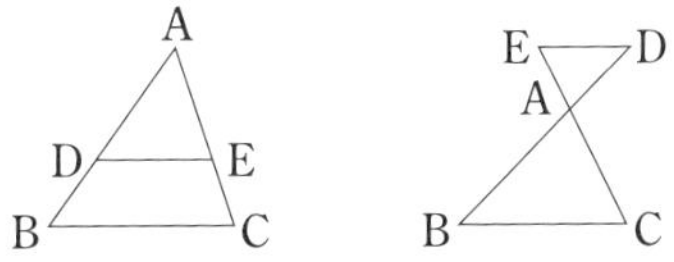

$$\mathrm{BC}\,/\!/\,\mathrm{DE} \Longrightarrow \frac{\mathrm{AD}}{\mathrm{AB}}=\frac{\mathrm{DE}}{\mathrm{BC}}$$ （逆は成り立たない）

② 右図において

$$l\,/\!/\,m\,/\!/\,n \iff \frac{\mathrm{AB}}{\mathrm{BC}}=\frac{\mathrm{DE}}{\mathrm{EF}}$$

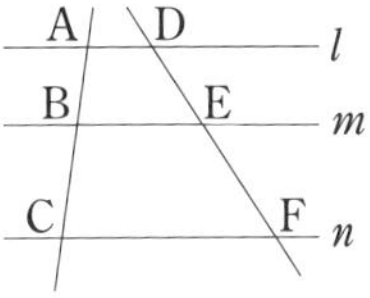

③ **中点連結定理**

$\triangle$ABC において

辺 AB，AC の中点をそれぞれ M，N とすると，

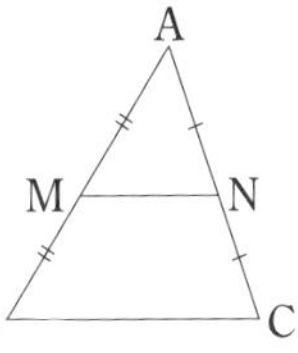

$$MN \parallel BC,\quad MN = \frac{1}{2}BC$$

3　角の二等分線の性質

①　内角の二等分線

△ABC において，∠A の二等分線と辺 BC との交点を P とすると，

AB：AC＝BP：CP

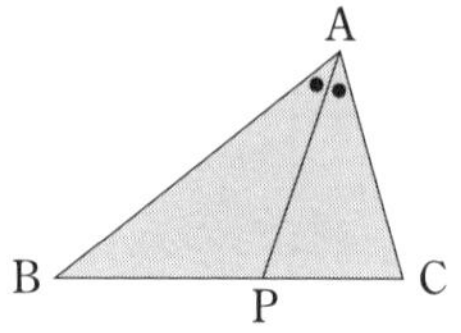

②　外角の二等分線

AB≠AC である △ABC において，∠A の外角の二等分線と辺 BC の延長線との交点を Q とすると，

AB：AC＝BQ：CQ

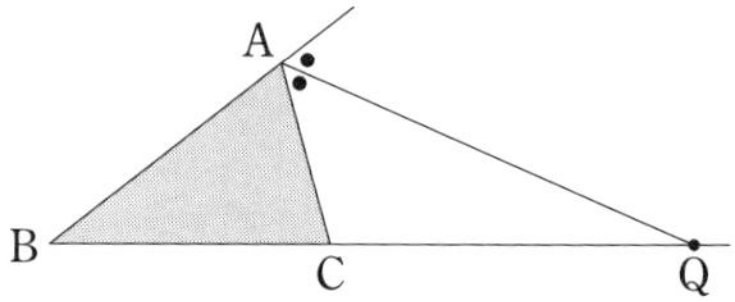

B

300　三辺の長さが x，$x+1$，$x+2$ である三角形がある。x の取り得る値の範囲を求めよ。また，直角三角形になるときの x の値を求めよ。

301　右図において，AB∥CD∥EF，BD＝3，DF＝5，AB＝4 のとき，EF の長さを求めよ。

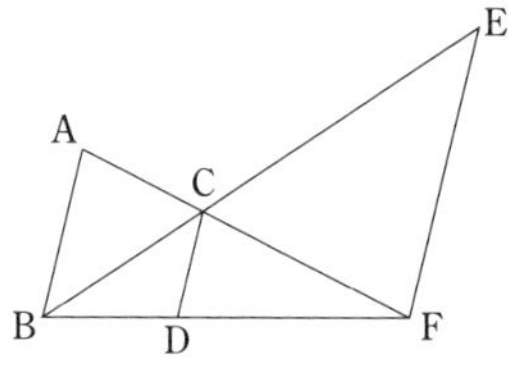

302　右の図のように，AB＝8cm，BC＝12cm，CA＝6cm の △ABC において，AD が ∠A の二等分線であるとき，線分 BD の長さを求めよ。

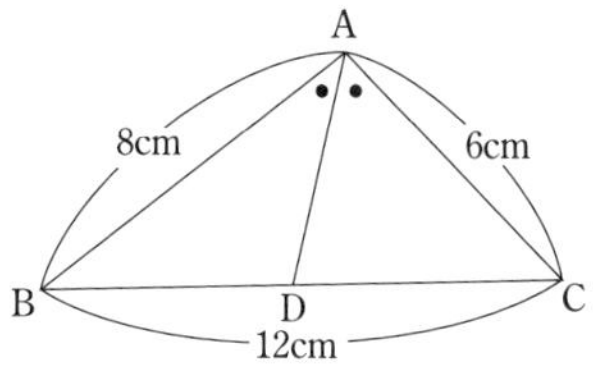

303 次の空欄をうめよ。

AB＝6，BC＝4，CA＝5 である △ABC において，∠BAC の二等分線を AD とすると，

$\dfrac{\mathrm{BD}}{\mathrm{DC}} = \boxed{\ (1)\ }$ であるので $\mathrm{BD} = \boxed{\ (2)\ }$ となる。

さらに，∠ABC の二等分線と AD との交点を I とおくと，$\dfrac{\mathrm{AI}}{\mathrm{ID}} = \boxed{\ (3)\ }$ である。

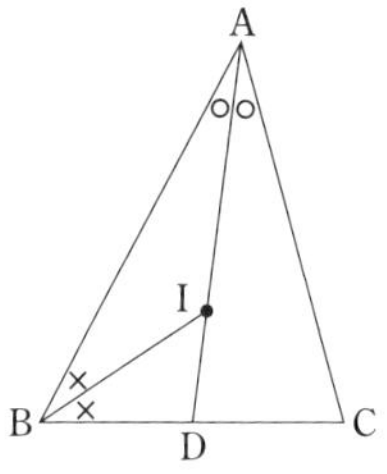

304 AB＝8，CA＝5 である △ABC において，頂角 A の二等分線が辺 BC と交わる点を D とすると，BD＝4 になるという。線分 DC 及び線分 AD の長さを求めよ。

C

305 AB＝BC＝8cm の直角二等辺三角形 ABC の斜辺 AC の中点を M とする。辺 BC 上に点 P をとるとき，AP＋PM の最小値を求めよ。

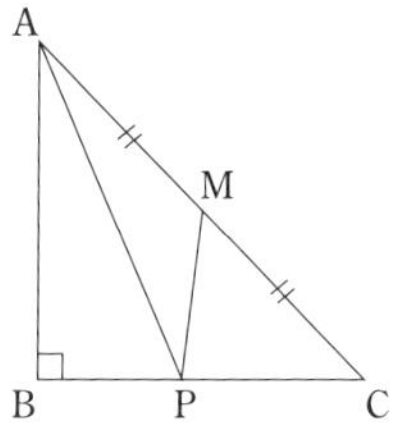

306 △ABC において，AB＝4，BC＝6，CA＝x とするとき，次の問いに答えよ。

(1) x の値の範囲を求めよ。

(2) △ABC が鈍角三角形となるための x の値の範囲を求めよ。

(3) △ABC の面積が最大となるときの x の値を求めよ。

数学A　第6章　図形の性質

2　三角形の重心・内心・外心

Open Sesame

1　三角形の重心・内心・外心

重心…3本の中線の交点
内心…3つの角の二等分線の交点
外心…3つの辺の垂直二等分線の交点

2　三角形の垂心・傍心 発展

垂心…3つの頂点から対辺に引いた垂線の交点
傍心…1つの角の二等分線と他の2つの外角の二等分線の交点

3　チェバの定理

△ABC の三辺 BC, CA, AB 上にそれぞれ点 P, Q, R があり，3直線 AP, BQ, CR が1点で交わるとき，

$$\frac{\mathrm{BP}}{\mathrm{PC}}\cdot\frac{\mathrm{CQ}}{\mathrm{QA}}\cdot\frac{\mathrm{AR}}{\mathrm{RB}}=1$$

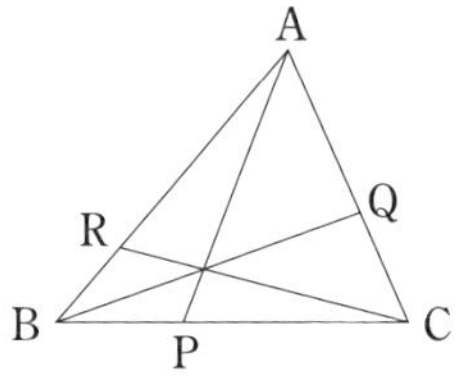

4　メネラウスの定理

1つの直線が △ABC の辺 BC, CA, AB またはその延長とそれぞれ P, Q, R で交わるとき，

$$\frac{\mathrm{BP}}{\mathrm{PC}}\cdot\frac{\mathrm{CQ}}{\mathrm{QA}}\cdot\frac{\mathrm{AR}}{\mathrm{RB}}=1$$

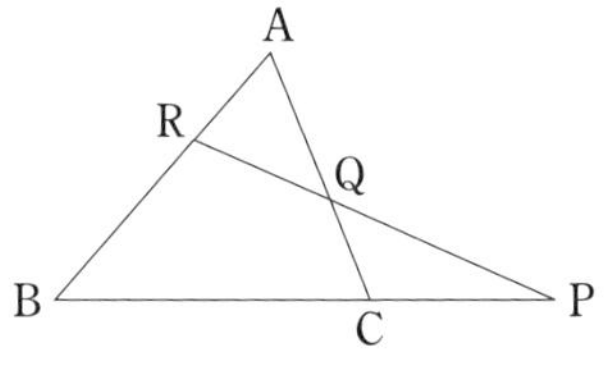

A

307　右図において，△ABC の内心を I とする。$\angle\mathrm{BAC}=80^\circ$，$\angle\mathrm{BCI}=20^\circ$ であるとき，$\angle\mathrm{ABI}$ と $\angle\mathrm{BIC}$ を求めよ。

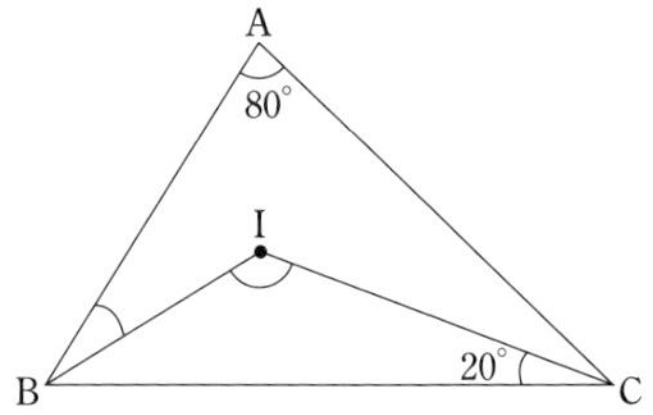

308 直角三角形 ABC の辺の長さが，$BC=4$，$CA=3$，$AB=5$ であるとき，内接円が BC，CA，AB に接する点をそれぞれ D，E，F とする。このとき，$AF:FB$ を求めよ。

309 右図において，$AE:EB=2:3$，$AF:FD=2:1$ とする。このとき，$BD:DC$ の比を求めよ。

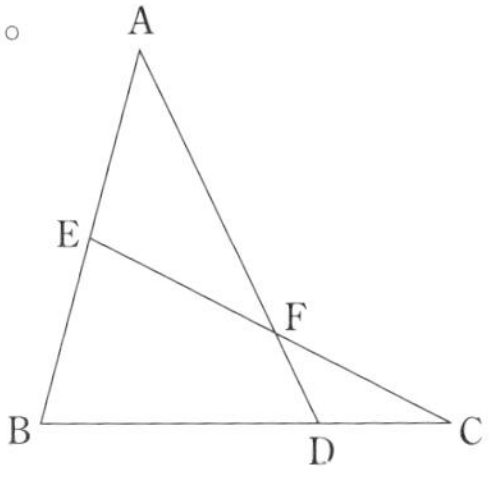

B

310 $\triangle ABC$ とその内心 I について，次の問いに答えよ。

(1) $\angle BAC=50^\circ$，$\angle ACI=40^\circ$ であるとき，$\angle ABI$ を求めよ。

(2) 直線 AI と辺 BC の交点を D とする。$AB=8$, $BC=7$, $AC=4$ であるとき，$AI:ID$ を求めよ。

311 $\triangle ABC$ において，辺 BC を $3:2$ に内分する点を P，辺 CA を $4:1$ に内分する点を Q とする。線分 AP と線分 BQ の交点を O，直線 CO と辺 AB の交点を R とする。

次の比を最も簡単な整数比で表せ。

(1) $AR:RB$　　(2) $RO:OC$

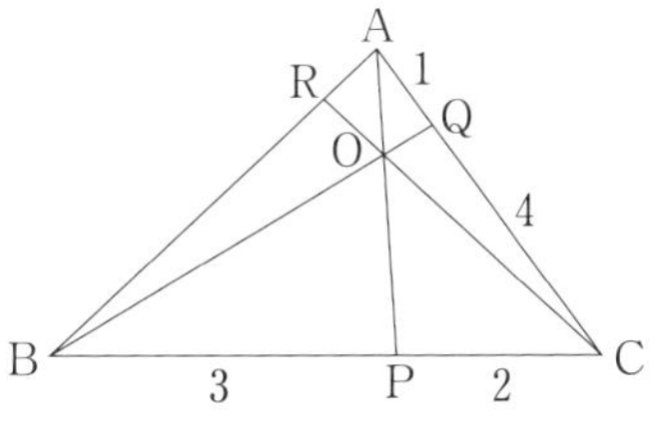

312 $\triangle ABC$ において，辺 AB，BC，CA 上にそれぞれ点 P，Q，R があり，3 直線 PC，QA，RB は一点 G で交わり，$AP:PB=2:3$，$AR:RC=x:2$ とする。次の問いに答えよ。

(1) $\dfrac{BQ}{QC}$，$\dfrac{BC}{QC}$ の値を求めよ。

(2) $\dfrac{AG}{GQ}$，$\dfrac{\triangle ABC}{\triangle GBC}$ の値を求めよ。

(3) $\triangle ABC=4\triangle GBC$ のとき，$AR:RC$ を求めよ。

313 △ABC の内接円が 3 辺と接する点を図のように L, M, N とする。AL＝a, BM＝b, CN＝c とおき，△ABC の面積を S, 内接円の半径を r とするとき, $S=r(a+b+c)$ となることを示せ。

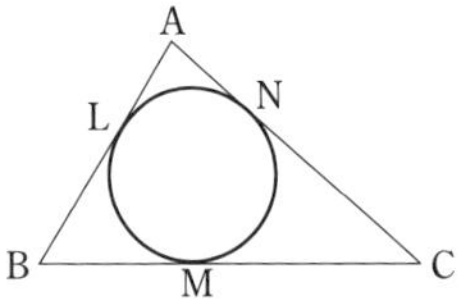

314 △ABC の辺 AB, AC の中点をそれぞれ D, E とし，BE と CD の交点を G とする。次の問いに答えよ。

(1) DG＝2cm のとき，CG の長さを求めよ。

(2) △GBD：△GCE を求めよ。

(3) △ABC：四角形 ADGE を求めよ。

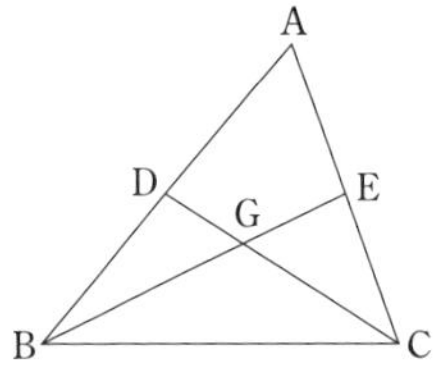

C

315 AB＝6, BC＝5, CA＝7 である △ABC に内接する円と辺 AB の接点を D, △ABC の外部にあり辺 BC と AB, AC を延長した直線に接する円と直線 AC との接点を E とするとき，次の問いに答えよ。解答は①～⑤からそれぞれ 1 つずつ選べ。

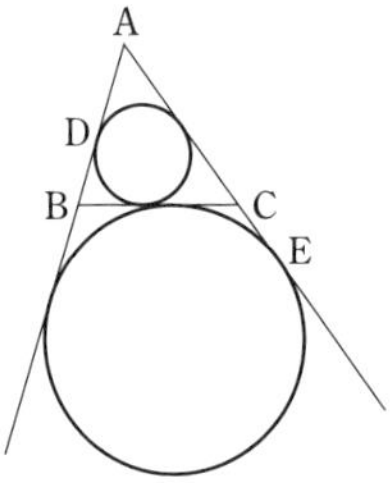

(1) AD の長さはいくらか。

① 2　② 4　③ 5　④ $\frac{7}{2}$　⑤ $\frac{9}{2}$

(2) AE の長さはいくらか。

① $\frac{15}{2}$　② $\frac{17}{2}$　③ 8　④ 9　⑤ 10

316 直円すい OAB があり，頂点 O に対して底面の直径 AB は 10, 母線 OA, OB の長さは 20 とする。また，直円すいに内接する球と母線 OA との接点を C とする。接点 C と母線 OB 上の任意の点 D に交わるように直円すいを切断する。次の問いに答えよ。

(1) 内接する球の半径を求めよ。

(2) 断面の周の長さが最小となるような線分 OD の長さを求めよ。

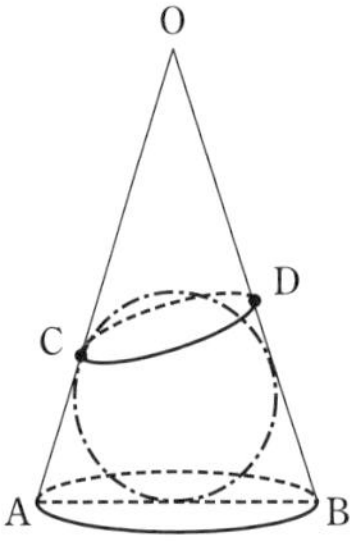

数学A　第6章　図形の性質

3　円の性質

Open Sesame

1　円周角の定理

① 1つの円で，同じ弧または長さの等しい弧に対する円周角は等しい。

② 1つの弧に対する円周角は，その弧に対する中心角の半分である。

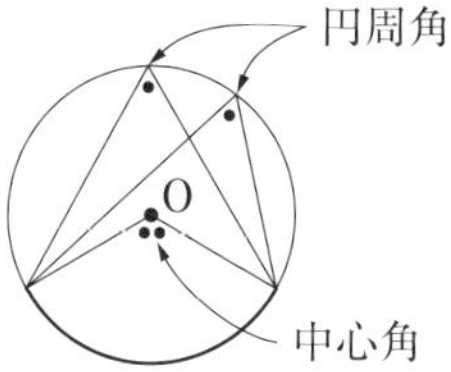

③ 半円に対する中心角は 180° だから，円周角はその半分の 90°。

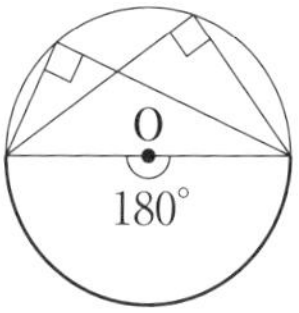

2　円に内接する四角形

四角形が円に内接する $\Longleftrightarrow$ 対角の和が 180°

3　接線と弦がつくる角

円の弦とその一端から引いた接線のつくる角は，
その角内にある弧に対する円周角に等しい。（接弦定理）

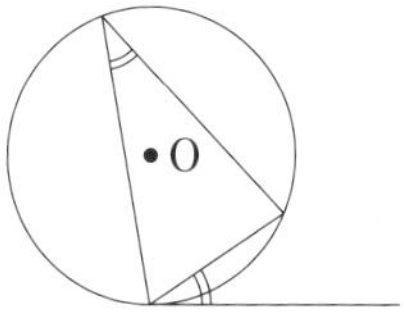

4　方べきの定理

図1，図2で

$$PA \times PB = PC \times PD$$

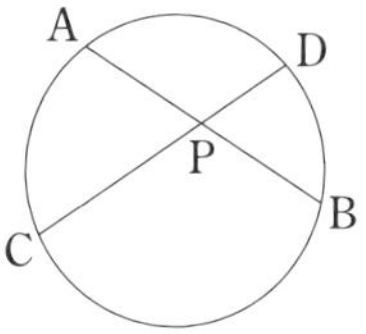

図1

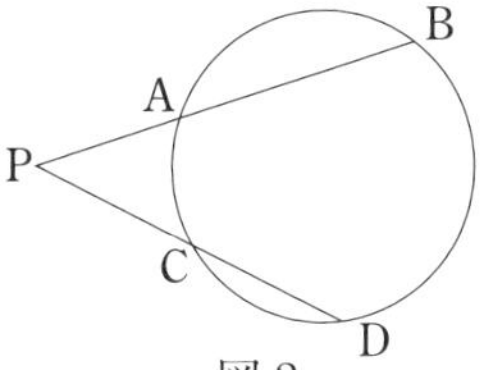

図2

図3で

$$PA \times PB = PC^2$$

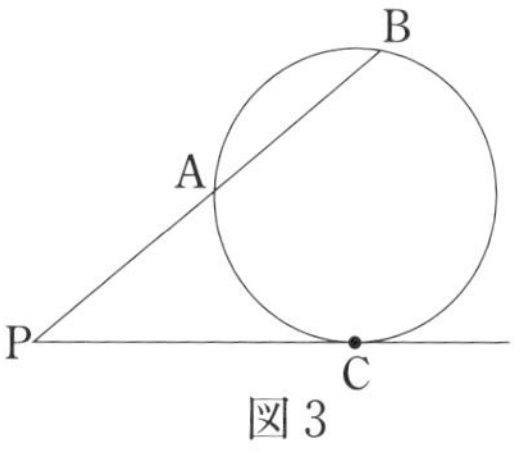

図3

A

317 次の各図で，$\angle x$ の大きさを求めよ。ただし，O は円の中心とする。

(1)
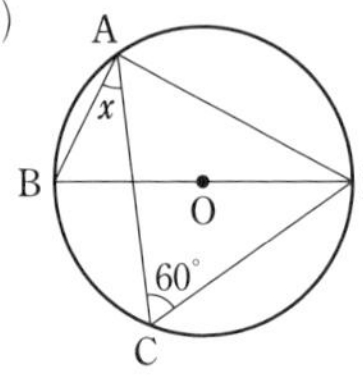

$\overset{\frown}{AC}=\overset{\frown}{AD}$

(2)
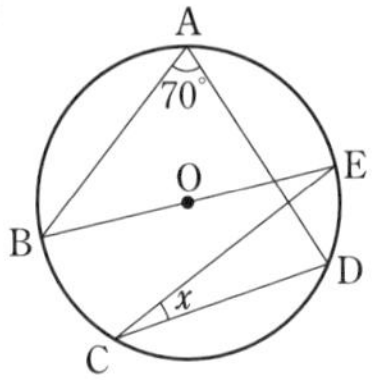

(3)
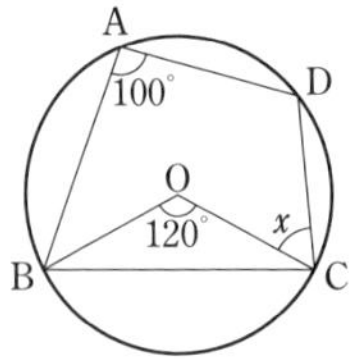

(4)
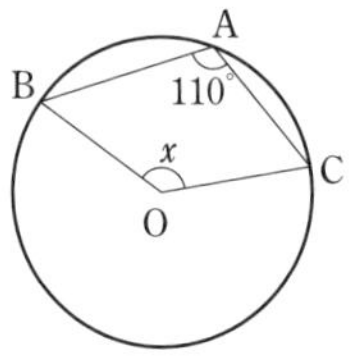

(5)
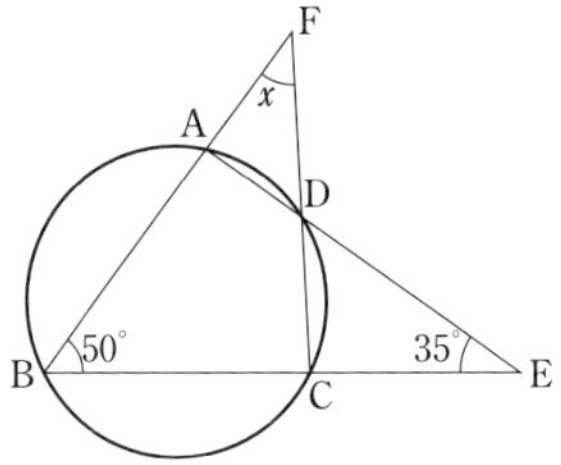

(6)
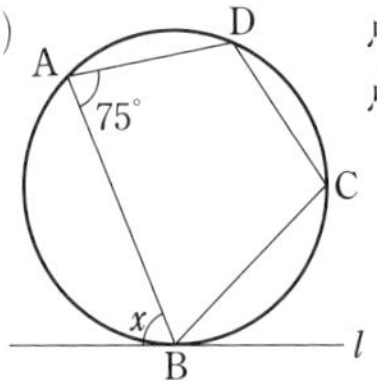

点 B は直線 l と円の接点 $\overset{\frown}{AB}=2\overset{\frown}{AD}$

(7)
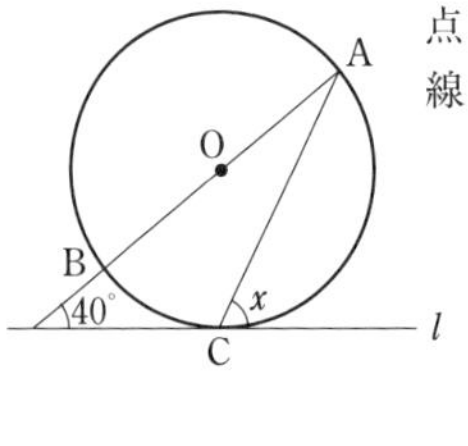

点 C は円と直線 l の接点

(8)
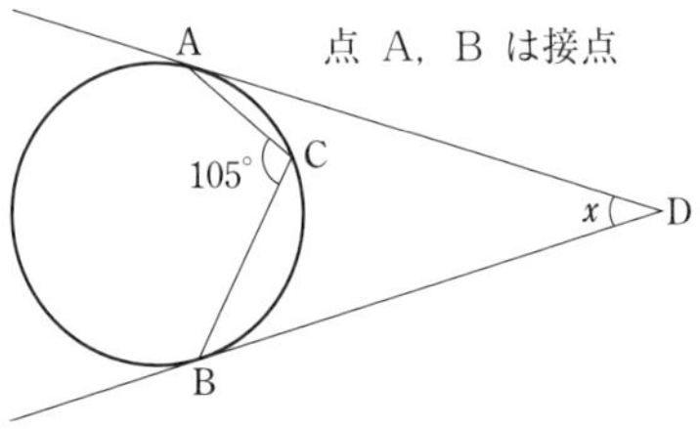

点 A，B は接点

(9)
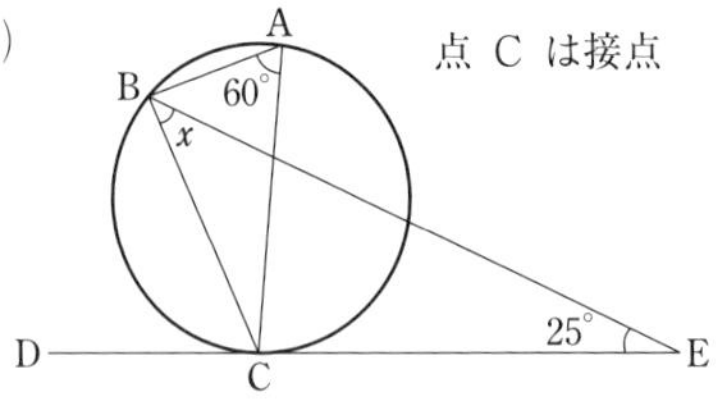

点 C は接点

(10)
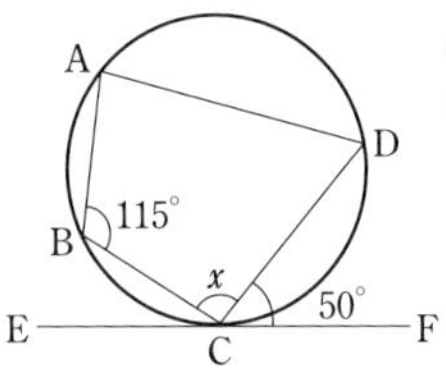

AB＝BC，点 C は接点

318 次の x を求めよ。

(1)

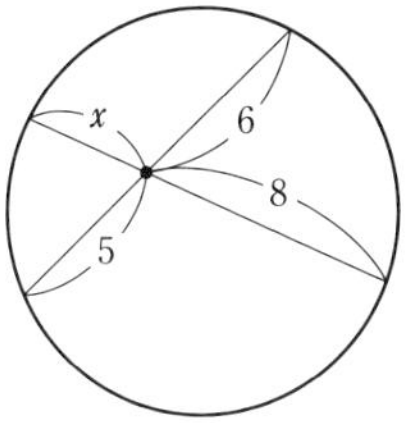

(2)

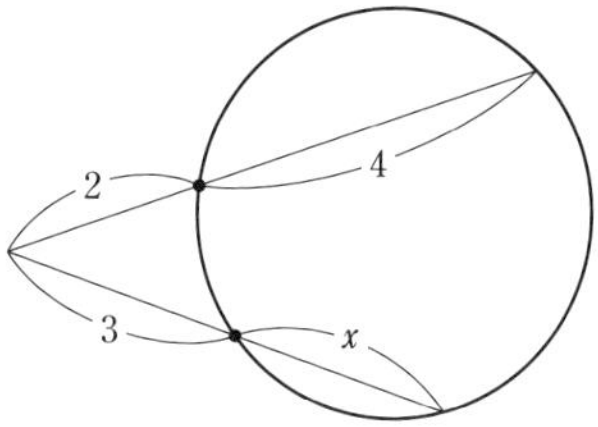

(3)

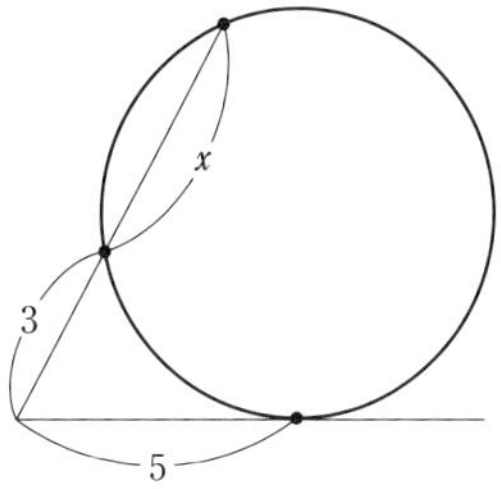

B

319 図のように，四角形 ABCD は円に内接し，AB=7，BC=5，CD=5，∠B=60° である。次の問いに答えよ。

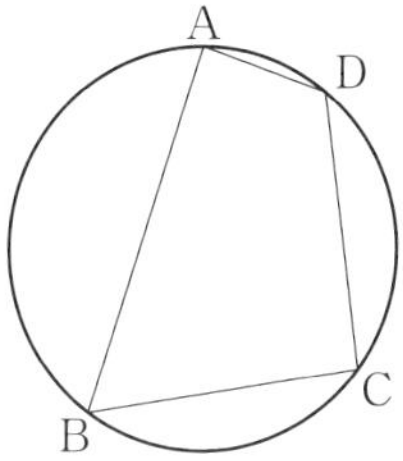

(1) 線分 AC の長さを求めよ。

(2) 線分 AD の長さを求めよ。

(3) 円の半径 R を求めよ。

(4) 円の中心を O，線分 CD を 3：2 に内分する点を E とし，O，E を通る直線が円と交わる点を P，Q とする。
方べきの定理を利用して，EP・EQ の値を求めよ。

(5) 線分 OE の長さを求めよ。

320 右の図について，点 P は円 O の外にある。
点 P を通る 2 直線が，この円と A，B および C，D で交わる。次の問いに答えよ。

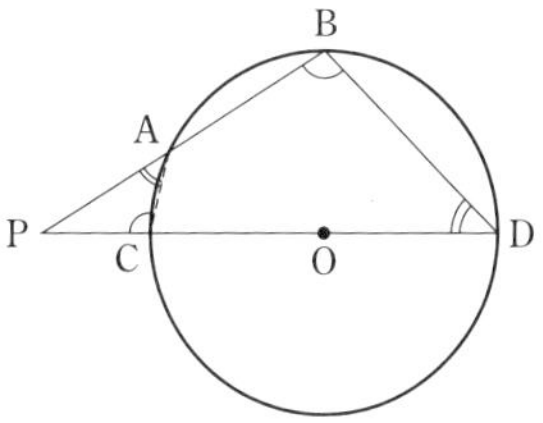

(1) △PAC と △PDB は相似であることを利用して，PA，PB，PC，PD の関係式を求めよ。

(2) PD が図のように円 O の中心を通り PA=4，AB=5，PC=3 のとき円の半径 R を求めよ。

C

321 次の空欄をうめよ。

図1に示すように，相異なる2つの円 O_1 と O_2 に対する2本の共通内接線を l_1，l_2 とする。また，円 O_1，O_2 の半径をそれぞれ 1，3 とする。さらに，l_1 と円 O_1 との接点を A，円 O_2 との接点を B，l_2 と円 O_1 との接点を C，円 O_2 との接点を D とする。

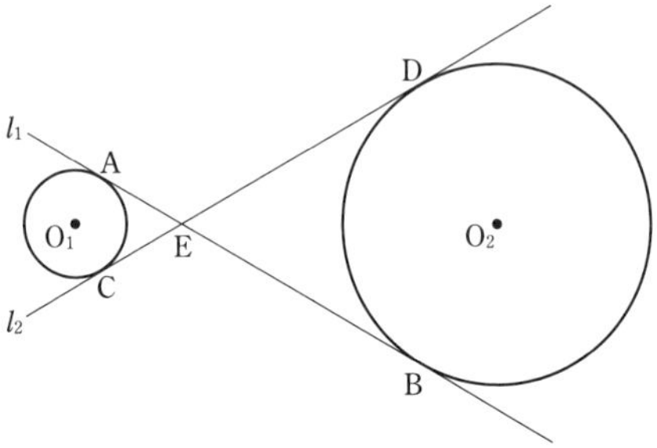

図1

(1) l_1 と l_2 との交点を E とすると，$O_1E : O_2E = \boxed{} : \boxed{}$ である。

(2) 線分 AB の長さが 8 であるとき，線分 O_1O_2 の長さは $\boxed{}\sqrt{\boxed{}}$ である。

(3) △ACE と △BDE の面積比は，△ACE : △BDE $= \boxed{} : \boxed{}$ である。

図2に示すように，相異なる2つの円 O_1 と O_2 に対する2本の共通外接線を l_3，l_4 とする。なお，円 O_1，O_2 の半径はそれぞれ 1，3 である。l_3 と円 O_1，O_2 との接点をそれぞれ P，Q，l_4 と円 O_1，O_2 との接点を R，S とし，l_3 と l_4 との交点を T とする。

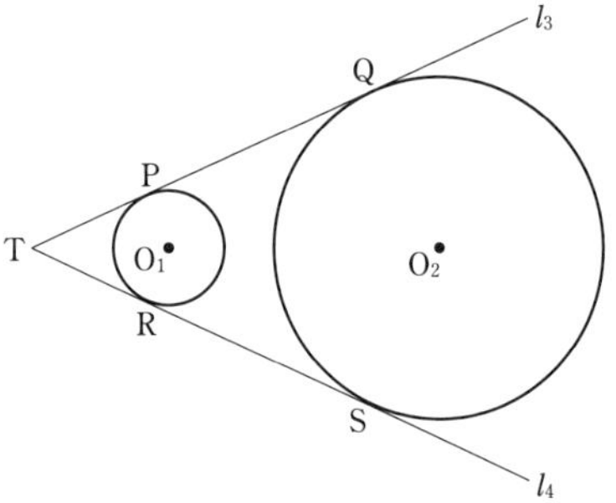

図2

(4) 線分 O_1O_2 の長さを $2\sqrt{5}$ とすると，線分 PQ の長さは $\boxed{}$ である。

(5) △PRT が正三角形になるのは線分 O_1O_2 の長さが $\boxed{}$ のときである。またそのときの △PRT の面積は $\dfrac{\boxed{}\sqrt{\boxed{}}}{\boxed{}}$ である。

数学A　第7章　数学と人間の活動

1　約数と倍数

Open Sesame

1　整数

整数
- 正の整数(自然数)：1, 2, 3, …
- 0
- 負の整数：−1, −2, −3, …

2　約数と倍数

整数 a, b（ただし, $b \neq 0$）に対して, $a=bc$ となる整数 c が存在するとき, a は b で割り切れるといい, a は b の倍数, b は a の約数という。

3　倍数の判定法

2の倍数…一の位が0, 2, 4, 6, 8のいずれかである
3の倍数…各位の数の和が3の倍数である
4の倍数…下2桁が4の倍数である
5の倍数…一の位が0, 5のいずれかである
6の倍数…2の倍数かつ3の倍数である
8の倍数…下3桁が8の倍数である
9の倍数…各位の数の和が9の倍数である

4　正の整数

正の整数
- 1
- 素　数：2以上の自然数で, 1とその数のほかに約数がない整数（2, 3, 5, 7, 11, …）
- 合成数：2以上の自然数で, 素数ではない正の整数

5　素因数分解

因数：整数がいくつかの整数の積で表されるとき, 積を構成する整数のことである。約数のことでもある。
素因数：因数のうち素数であるもののことである。

素因数分解：正の整数を素数だけの積の形に表すことである。

6　約数の個数

自然数 N を素因数分解した結果が $N=p^aq^br^c\cdots\cdots$ であるとき，N の正の約数の個数は，次の式で表される。

$(a+1)(b+1)(c+1)\cdots\cdots$

A

322　次の問いに答えよ。

(1)　168 を素因数分解せよ。

(2)　168 の約数で，168 でない最大の約数を求めよ。

(3)　168 の正の約数の個数を求めよ。

323　1176 の偶数の約数は，全部で何個あるか。

B

324　次の空欄をうめよ。

x，y が自然数のとき，6615 に x をかけると平方数になり，y をかけると立方数になる。x の最も小さい数は ［(1)］ で，y の最も小さい数は ［(2)］ である。

325　自然数 n は，2 と 3 だけを素因数にもち，正の約数が12個ある。このような自然数 n をすべて求めよ。

326　1 から 25 までの数を 1 回ずつ掛け合わせたとき，末尾に続く 0 の個数を求めよ。

C

327　次の空欄をうめよ。

正の約数の和がもとの数の 2 倍になるとき，その自然数を完全数という。完全数 A が，素数 p，q を用いて $A=p^2q$ と表せるとき，完全数 A の正の約数は ［ア］ 個であり，$A=$ ［イウ］ である。

数学A　第7章　数学と人間の活動

2　最大公約数・最小公倍数

Open Sesame

1　最大公約数

2つ以上の正の整数に共通な約数を公約数といい，そのうち最大のものを最大公約数という。

2　最小公倍数

2つ以上の正の整数に共通な倍数を公倍数といい，そのうち最小のものを最小公倍数という。

3　互いに素

2つの正の整数a，bについて，共通な素因数がないとき，つまり最大公約数が1のとき，aとbは互いに素という。

4　互いに素な整数の性質

a，b，cは整数で，a，bが互いに素であるとする。

① acがbの倍数であるとき，cはbの倍数である。

② aの倍数であり，bの倍数でもある整数は，abの倍数である。

5　最大公約数と最小公倍数の関係

2つの整数a，bの最大公約数をg，最小公倍数をlとすると，次の関係式が成り立つ。

① $a=a'g$，$b=b'g$

（a'，b'は互いに素である）

② $l=a'b'g$

③ $gl=ab$

A

328 次の最大公約数と最小公倍数を求めよ。

(1) 24, 36　(2) 32, 56　(3) 182, 357

(4) 520, 616　(5) 36, 54, 180

B

329 90 と自然数 n の最大公約数は 15 であり，最小公倍数は 3150 である。n の値を求めよ。

330 2 つの正の整数 a, $b(a>b)$ があって，最大公約数は 5，また，$ab=300$ である。a, b の値を求めよ。

331 $a>b$ である 2 つの整数 a, b の最大公約数が 12，最小公倍数が 156 であるとき，a の値は次のどれか。

1. 13　**2**. 39　**3**. 56　**4**. 73　**5**. 156

332 3 桁の自然数 n と 98 の最小公倍数は 2156 である。これを満たす自然数 n を求めよ。

333 1080 と 3600 の正の公約数は何個あるか。また，その総和はいくらか。

数学A　第7章　数学と人間の活動

3　整数の割り算と商・余り

Open Sesame

1　整数の割り算

整数 a と正の整数 b に対して,

$a=bq+r \quad (0 \leqq r < b)$

を満たす q と r がただ1通りに決まる。

2　余りによる整数の分類

すべての整数は, 自然数 m で割ったときの余りによって, 次のいずれかの形で分類できる。整数 k を用いて,

$mk,\ mk+1,\ mk+2,\ \cdots\cdots,\ mk+(m-1)$

3　連続する整数の積

① 連続する2つの整数の積は2の倍数である。

② 連続する3つの整数の積は6の倍数である。

③ 一般に, 連続する n 個の整数の積は $n!$ の倍数である。

A

334 a, b を整数とする。次の余りを求めよ。

(1) a を5で割ると3余り, b を5で割ると4余るとき, $a+b$ を5で割ったときの余り。

(2) a を7で割ると6余り, b を7で割ると5余るとき, $2a+b$ を7で割ったときの余り。

B

335 次の空欄をうめよ。

a は5で割ると2余り，b は5で割ると3余る整数とするとき，$(a+1)^3$ を5で割ると [①] 余り，ab^2 を5で割ると [②] 余る。

336 3で割っても5で割っても2余るような3桁の整数のうちで，一番小さい整数を求めよ。

337 次の空欄をうめよ。

5で割ると2余り，7で割ると3余る自然数のうち，最小のものは [①] で，500以上700以下であるものは [②] 個ある。

338 次の文章の [ア] に入る式と [イ] に入る数の組み合わせは，下の①～⑤のうちのどれか。

n を自然数とすると $n(n+1)(2n+1)$ はある数の倍数になるという。

このことを証明するために次のような方法を考えた。

証明：$n(n+1)(2n+1)=(n-1)n(n+1)+$ [ア] と変形でき，

これは連続する三つの数の積の和になっているので [イ] の倍数となる。

	ア	イ
①	$n(n+1)(n+2)$	6
②	$n(n+1)(n+2)$	12
③	$(n+1)(n+2)(n+3)$	6
④	$(n+1)(n+2)(n+3)$	12
⑤	$(2n-1)2n(2n+1)$	9

数学A　第7章　数学と人間の活動

4　ユークリッドの互除法と不定方程式

Open Sesame

1　ユークリッドの互除法

① 互除法の原理

2つの自然数a，bについて，aをbで割ったときの商をq，余りをrとすると，

aとbの最大公約数は，bとrの最大公約数に等しい。

② ①の互除法の原理を繰り返し使い，2つの自然数の最大公約数を求める方法をユークリッドの互除法という。

2　1次不定方程式

a，b，cは整数で，a，bは互いに素とする。このとき，次のことが成り立つ。

① $ax+by=0$ を満たす整数解は，

$x=bk$，$y=-ak$（k：整数）

② $ax+by=1$ を満たす整数解は必ず存在する。

③ $ax+by=c$ を満たす整数解は必ず存在する。

A

339 3059と2337の最大公約数を，ユークリッドの互除法を用いて求めよ。

B

340 次を満たす整数 x，y の値をすべて求めよ。

(1) $xy+x+y-11=0$，$x \geqq 1$，$y \geqq 1$

(2) $xy+x-3y+3=0$，$x \geqq 1$，$y \geqq 1$

(3) $xy-x-2y+1=0$

(4) $xy-2x+5y-3=0$

341 $\dfrac{p+1}{q+3}=\dfrac{2}{5}$ を満たす，10以下の自然数 p，q の値を求めよ。

342 次の空欄をうめよ。

$17x+32y=1$ を満たす正の整数 x，負の整数 y を求めたい。

$$17\times(-15)+32\times\boxed{\text{　ア　}}=1$$

を利用して考えることにより，2番目に大きい正の整数 x は $\boxed{\text{　イ　}}$，そのときの y は $\boxed{\text{　ウ　}}$ である。

343 等式 $3x+7y=300$　…①を考える。次の問いに答えよ。

(1) ①を満たす整数 x，y の組を1組見つけよ。

(2) ①を満たす正の整数 x，y の組は何組あるか。

数学A　第7章　数学と人間の活動

5　記数法

Open Sesame

1　n 進法

n 進法は，0，1，2，……，$n-1$ の n 個の数字を用いてすべての数を表す方法である。n 進数は，$1010_{(n)}$ というように右下に (n) をつけて表す。

① n 進数→10進数　の場合

$abc\cdots_{(n)}$ で m 桁なら，$a\cdot n^{m-1}+b\cdot n^{m-2}+c\cdot n^{m-3}+\cdots$

② 10進数→ n 進数　の場合

n で割っていき，余りを逆から並べる

2　n 進法と有理数

n 進法の小数

$$0.abc\cdots_{(n)}=a\cdot\frac{1}{n^1}+b\cdot\frac{1}{n^2}+c\cdot\frac{1}{n^3}+\cdots$$

3　2進法の四則計算

①加法　$0_{(2)}+0_{(2)}=0_{(2)}$，$0_{(2)}+1_{(2)}=1_{(2)}$，$1_{(2)}+0_{(2)}=1_{(2)}$，$1_{(2)}+1_{(2)}=10_{(2)}$

②減法　$0_{(2)}-0_{(2)}=0_{(2)}$，$1_{(2)}-0_{(2)}=1_{(2)}$，$1_{(2)}-1_{(2)}=0_{(2)}$，$10_{(2)}-1_{(2)}=1_{(2)}$

③乗法　$0_{(2)}\times0_{(2)}=0_{(2)}$，$0_{(2)}\times1_{(2)}=0_{(2)}$，$1_{(2)}\times0_{(2)}=0_{(2)}$，$1_{(2)}\times1_{(2)}=1_{(2)}$

④除法　10進法の割り算と同様に，掛け算と引き算を組合せて行う。

A

344　次の問いに答えよ。

(1)　7進法で表された $2016_{(7)}$ を10進法で表せ。

(2)　3進法で表された $10201_{(3)}$ を10進法で表せ。

(3)　10進法で表された $96_{(10)}$ を3進法で表せ。

(4)　10進法で表された $38_{(10)}$ を2進法で表せ。

(5)　5進法で表された $4321_{(5)}$ を4進法で表せ。

B

345 6 進法で表された小数 $0.123_{(6)}$ を10進法の分数で表せ。

346 10進法 0.6875 を 2 進法で表せ。

347 次の空欄をうめよ。

6 進法で表された小数 $0.13_{(6)}$ を 10 進法で表すと [ア] となり，さらに 2 進法で表すと $[イ]_{(2)}$ となる。

348 n を整数とする。n 進法で表された数 $132_{(n)}$ を 10 進法で表すと 90 になるという。n の値を求めよ。

349 次の空欄をうめよ。

n を正の整数，a を 1 以上 4 以下の整数とする。

n を 5 進法で表すと $12a_{(5)}$ になるとき，n を 10 進法で表すと，$n=$ [ア] $+a$ である。

さらに，n を 9 進法で表すと $a3_{(9)}$ になるとき，$a=$ [イ] である。

看護医療学校受験
オープンセサミシリーズ　問題集　②
アクセス　数学Ⅰ・A

2024年 2 月15日　第 1 版第 1 刷

編　著　東京アカデミー
発行人　佐 川　泰 宏
発行所　株式会社ティーエーネットワーク
名古屋市中村区名駅1-1-1
ＪＰタワー名古屋６Ｆ
〒450-6306　TEL　052-586-7805
FAX　052-563-2109
発売元　東京アカデミー七賢出版株式会社
東京都豊島区西池袋 1-11-1
メトロポリタンプラザビル13F
〒171-0021　TEL　03-6852-0803
FAX　03-6852-0180
印刷・製本　名鉄局印刷株式会社

ISBN978-4-86455-660-6　C7037
Printed in Japan

看護医療学校受験

オープンセサミシリーズ 問題集 アクセス ❷

数学I・A

平成30年告示 学習指導要領対応

解答・解説

東京アカデミー｜編

東京アカデミー七賢出版

1

(1)　(与式) $= \frac{1\cdot5\cdot7}{3\cdot5\cdot7} + \frac{2\cdot3\cdot7}{5\cdot3\cdot7} - \frac{5\cdot3\cdot5}{7\cdot3\cdot5}$

$= \frac{35+42-75}{105}$

$= \frac{2}{105}$

(2)　(与式) $= 3\cdot\frac{4-5}{10} + \frac{1}{3}\cdot\frac{8+1}{4}$

$= 3\cdot\left(-\frac{1}{10}\right) + \frac{1}{3}\cdot\frac{9}{4}$

$= -\frac{3}{10} + \frac{3}{4}$

$= \frac{-6+15}{20}$

$= \frac{9}{20}$

(3)　(与式) $= \frac{2}{3}\times\frac{1}{5}\times\frac{3}{1} + \frac{1}{4}$

$= \frac{2}{5} + \frac{1}{4}$

$= \frac{8+5}{20}$

$= \frac{13}{20}$

(4)　(与式) $= \frac{a}{2} - \frac{2(a-1)}{3} - 1$

$= \frac{3a-4(a-1)-6}{6}$

$= \frac{3a-4a+4-6}{6}$

$= \frac{-a-2}{6}$

(5)　(与式) $= \frac{-7a+5b+4(2a-b)}{4}$

$= \frac{-7a+5b+8a-4b}{4}$

$= \frac{a+b}{4}$

2

(与式) $= 2x^2-3x+7-2(-3x^2-x+4)$
$+3(-x^2-2x+3)$

$= 2x^2-3x+7+6x^2+2x-8$
$-3x^2-6x+9$

$= 5x^2-7x+8$　　(答)　①

3

(1)　(与式) $= x^{4+3} = x^7$

(2)　(与式) $= x^{6-2} = x^4$

(3)　(与式) $= x^{2\times3}y^{3\times3} = x^6y^9$

(4)　(与式) $= x^{3-5} = x^{-2} = \frac{1}{x^2}$

(5)　(与式) $= x^{2+4-6} = x^0 = 1$

(6)　(与式) $= 2\times4\cdot x^{1+1}y = 8x^2y$

(7)　(与式) $= 3x\times4x^2 = 12x^3$

(8)　(与式) $= 3ab^3\times2^3a^6b^3$

$= 3\times8\cdot a^{1+6}b^{3+3}$

$= 24a^7b^6$

(9)　(与式) $= ab^3\times a^6b^3\div a^2b^6$

$= a^{1+6-2}b^{3+3-6}$

$= a^5b^0 = a^5\cdot1 = a^5$

(10)　(与式) $= 3x\times\left(-\frac{1}{2}\right)^3x^3y^6\div(-3)^2y^2$

$= 3x\times\left(-\frac{1}{8}\right)x^3y^6\div9y^2$

$= 3\times\left(-\frac{1}{8}\right)\div9\cdot x^{1+3}y^{6-2}$

$= -3\times\frac{1}{8}\times\frac{1}{9}\cdot x^4y^4$

$= -\frac{1}{24}x^4y^4$

4

(1)　(与式) $= x^2+x+2x+2$

$= x^2+3x+2$

(2)　(与式) $= 2x^2+3x+6x+9$

$= 2x^2+9x+9$

(3)　(与式) $= x^2+2\cdot x\cdot7+7^2$

$= x^2+14x+49$

(4)　(与式) $= (3x)^2-2\cdot3x\cdot1+(-1)^2$

$= 9x^2-6x+1$

(5)　(与式) $= x^2-6^2 = x^2-36$

(6)　(与式) $= x^2-2xy+xy-2y^2$

$= x^2-xy-2y^2$

(7)　(与式) $= \frac{1}{2}(2a^2-4ab+ab-2b^2)$

$= \frac{1}{2}(2a^2-3ab-2b^2)$

$= a^2-\frac{3}{2}ab-b^2$

(8)　(与式) $= 2x^2+xy-x-2xy-y^2+y$

$= 2x^2-xy-x-y^2+y$

(9)　(与式) $= x^3+x^2-3x-2x^2-2x+6$

$= x^3-x^2-5x+6$

(10)　(与式) $= 3x^4+9x^2y+x^2y+3y^2$

$= 3x^4+10x^2y+3y^2$

5

(1)　(与式) $= x^2+y^2+3^2+2xy+2y\cdot3+2\cdot3\cdot x$

$= x^2+y^2+2xy+6x+6y+9$

(2)　(与式) $= a^2+(2b)^2+(-1)^2+2\cdot a\cdot2b+$
$2\cdot2b\cdot(-1)+2\cdot(-1)\cdot a$

$= a^2+4b^2+4ab-2a-4b+1$

6

(与式) $= 1^2+(2x)^2+(3x^2)^2$
$+2\cdot1\cdot2x+2\cdot2x\cdot3x^2+2\cdot3x^2\cdot1$

$= 1+4x^2+9x^4+4x+12x^3+6x^2$

$=9x^4+12x^3+10x^2+4x+1$

よって，x^2 の係数は 10

7

(1)　$x^2+3x=A$ とおくと，

(与式)$=(A-2)(A+3)$

$=A^2+A-6$

$=(x^2+3x)^2+(x^2+3x)-6$

$=x^4+6x^3+9x^2+x^2+3x-6$

$=x^4+6x^3+10x^2+3x-6$

(2)　(与式)$=(x-4)(x-1)\cdot(x-3)(x-2)$

$=(x^2-5x+4)(x^2-5x+6)$

($x^2-5x=A$ とおくと)

$=(A+4)(A+6)$

$=A^2+10A+24$

$=(x^2-5x)^2+10(x^2-5x)+24$

$=x^4-10x^3+35x^2-50x+24$

(3)　(与式)$=\{(a-1)(a+1)\}^2$

$=(a^2-1)^2$

$=a^4-2a^2+1$

(4)　(与式)$=\{(x+y)+1\}\{(x+y)-1\}$

$=(x+y)^2-1^2$

$=x^2+2xy+y^2-1$

(5)　(与式)$=\{x+(y+z)\}\{x-(y+z)\}$

$=x^2-(y+z)^2$

$=x^2-(y^2+2yz+z^2)$

$=x^2-y^2-2yz-z^2$

(6)　(与式)$=(8x^3+4x+8x^2+1)$

$\times(8x^3+4x-8x^2-1)$

$=\{(8x^3+4x)+(8x^2+1)\}$

$\times\{(8x^3+4x)-(8x^2+1)\}$

$=(8x^3+4x)^2-(8x^2+1)^2$

$=64x^6+64x^4+16x^2$

$-(64x^4+16x^2+1)$

$=64x^6-1$

(7)　(与式)$=(x^2-1)(x^2+1)(x^4+1)$

$=(x^4-1)(x^4+1)$

$=(x^4)^2-1^2$

$=x^8-1$

8

(1)　(与式)$=(2a)^3+3(2a)^2\cdot1+3\cdot2a\cdot1^2+1^3$

$=8a^3+12a^2+6a+1$

(2)　(与式)$=(2x)^3-3(2x)^2y+3\cdot2x\cdot y^2-y^3$

$=8x^3-12x^2y+6xy^2-y^3$

(3)　(与式)$=(a+2)(a^2-2a+4)$

$\times(a-2)(a^2+2a+4)$

$=(a^3+2^3)(a^3-2^3)$

$=(a^3+8)(a^3-8)$

$=a^6-64$

9

(1)　$(x+3)(x+4)$

(2)　$(x-1)(x-7)$

(3)　$(x+4)(x-3)$

(4)　$(x-4)^2$

(5)　$(x+3)(x-3)$

(6)　$\left(a-\frac{1}{2}\right)^2$

(7)　$4(x+3)^2$

(8)　$(3x+y)^2$

(9)　$(3x+1)(x+1)$

(10)　$(2x-1)(x-7)$

(11)　$(3x+1)(x-3)$

(12)　$(3x+2y)(2x+5y)$

10

(1)　(与式)$=3xy\cdot x^2-3xy\cdot4y^2$

$=3xy(x^2-4y^2)$

$=3xy(x+2y)(x-2y)$

(2)　(与式)$=x(y+1)+y+1$

$=x(y+1)+1\cdot(y+1)$

$=(x+1)(y+1)$

(3)　(与式)$=ab+a-b-1$

$=a(b+1)-(b+1)$

$=(a-1)(b+1)$

(4)　(与式)$=4a(b-3)-(b-3)$

$=(4a-1)(b-3)$

(5)　(与式)$=a(x-y)-b(x-y)$

$=(a-b)(x-y)$

(6)　(与式)$=a(a^2-b^2)+a^2c-b^2c$

$=a(a^2-b^2)+c(a^2-b^2)$

$=(a^2-b^2)(a+c)$

$=(a+b)(a-b)(a+c)$

(7)　(与式)$=x^2-y^2-x+y$

$=(x+y)(x-y)-(x-y)$

$=\{(x+y)-1\}(x-y)$

$=(x+y-1)(x-y)$

(8)　(与式)$=a^2-2ab+b^2-ax+bx$

$=(a-b)^2-(a-b)x$

$=(a-b)\{(a-b)-x\}$

$=(a-b)(a-b-x)$

11

(1)　(与式)$=(x^2-1)(x^2-4)$

$=(x+1)(x-1)(x+2)(x-2)$

(2)　(与式)$=(x^2-y^2)(2x^2+3y^2)$

$=(x+y)(x-y)(2x^2+3y^2)$

(3)　(与式)$=x^4+8x^2+16-4x^2$

$=(x^2+4)^2-(2x)^2$

$=\{(x^2+4)+2x\}\{(x^2+4)-2x\}$

$=(x^2+2x+4)(x^2-2x+4)$

(4)　(与式)

$=4a^4+4a^2b^2+b^4-4a^2b^2$

$=(2a^2+b^2)^2-(2ab)^2$

$=\{(2a^2+b^2)+2ab\}\{(2a^2+b^2)-2ab\}$

$=(2a^2+2ab+b^2)(2a^2-2ab+b^2)$

(5)　(与式)$=x^2-6xy+9y^2-25z^2$

$=(x-3y)^2-(5z)^2$

$=\{(x-3y)+5z\}\{(x-3y)-5z\}$

$=(x-3y+5z)(x-3y-5z)$

(6)　(与式)$=4a^2-(9b^2+6bc+c^2)$

$=(2a)^2-(3b+c)^2$

$=\{2a+(3b+c)\}\{2a-(3b+c)\}$

$=(2a+3b+c)(2a-3b-c)$

12

(1)　$x+y=A$　とおくと，

(与式)$=2A^2-3A-5$

$=(2A-5)(A+1)$

$=\{2(x+y)-5\}\{(x+y)+1\}$

$=(2x+2y-5)(x+y+1)$

(2)　$x^2+x=A$　とおくと，

(与式)$=(A-2)(A-12)+24$

$=A^2-14A+24+24$

$=A^2-14A+48$

$=(A-6)(A-8)$

$=(x^2+x-6)(x^2+x-8)$

$=(x+3)(x-2)(x^2+x-8)$

(3)　(与式)$=(x+1)(x+4)\cdot(x+2)(x+3)-8$

$=(x^2+5x+4)(x^2+5x+6)-8$

($x^2+5x=A$　とおくと)

$=(A+4)(A+6)-8$

$=A^2+10A+24-8$

$=A^2+10A+16$

$=(A+2)(A+8)$

$=(x^2+5x+2)(x^2+5x+8)$

13

(1)　(与式)$=x^2+3xy+2x+2y^2+5y-3$

$=x^2+(3y+2)x+(2y-1)(y+3)$

$=\{x+(2y-1)\}\{x+(y+3)\}$

$=(x+2y-1)(x+y+3)$

(2)　(与式)$=x^2+(y+4)x-(2y^2-5y-3)$

$=x^2+(y+4)x-(2y+1)(y-3)$

$$\left[\begin{array}{ccccc}1 & \times & 2y+1 & \longrightarrow & 2y+1\\ 1 & & -(y-3) & \longrightarrow & -y+3\\ \hline & & & & y+4\end{array}\right]$$

$=\{x+(2y+1)\}\{x-(y-3)\}$

$=(x+2y+1)(x-y+3)$

(3)　(与式)$=2x^2+5xy-5x+2y^2-y-3$

$=2x^2+(5y-5)x+(2y-3)(y+1)$

$$\left[\begin{array}{ccccc}2 & \times & y+1 & \longrightarrow & y+1\\ 1 & & 2y-3 & \longrightarrow & 4y-6\\ \hline & & & & 5y-5\end{array}\right]$$

$=\{2x+(y+1)\}\{x+(2y-3)\}$

$=(2x+y+1)(x+2y-3)$

(4)　(与式)$=2x^2-xy+x-y^2+5y-6$

$=2x^2+(-y+1)x-(y^2-5y+6)$

$=2x^2+(-y+1)x-(y-2)(y-3)$

$$\left[\begin{array}{ccccc}2 & \times & y-3 & \longrightarrow & y-3\\ 1 & & -(y-2) & \longrightarrow & -2y+4\\ \hline & & & & -y+1\end{array}\right]$$

$=\{2x+(y-3)\}\{x-(y-2)\}$

$=(2x+y-3)(x-y+2)$

14

(1)　(与式)$=x^3-5^3$

$=(x-5)(x^2+x\cdot5+5^2)$

$=(x-5)(x^2+5x+25)$

(2)　(与式)

$=(x^3+8)(x^3-1)$

$=(x+2)(x^2-2x+4)(x-1)(x^2+x+1)$

15

(1)　(与式)

$=a^2b+abc+a^2c+ab^2+b^2c+abc$

$+abc+bc^2+ac^2-abc$

$=a^2b+a^2c+ab^2+b^2c+bc^2+ac^2+2abc$

(a　について降べきの順に並べ替えると)

$=a^2b+a^2c+ab^2+2abc+ac^2+b^2c+bc^2$

$=(b+c)a^2+(b^2+2bc+c^2)a+bc(b+c)$

$=(b+c)a^2+(b+c)^2a+bc(b+c)$

$=(b+c)\{a^2+(b+c)a+bc\}$

$$\left[\begin{array}{ccccc}1 & \times & b & \longrightarrow & b\\ 1 & & c & \longrightarrow & c\\ \hline & & & & b+c\end{array}\right]$$

$=(b+c)(a+b)(a+c)$

(2) (与式)

$$=4xy^2-9z^2x+18yz^2-2x^2y+3zx^2-12y^2z$$

$$=(-2y+3z)x^2+(4y^2-9z^2)x-12y^2z+18yz^2$$

$$=-(2y-3z)x^2+(2y+3z)(2y-3z)x-6yz(2y-3z)$$

$$=-(2y-3z)\{x^2-(2y+3z)x+6yz\}$$

$$=-(2y-3z)(x-2y)(x-3z)$$

$$=(x-2y)(2y-3z)(3z-x)$$

16

$x=0.345345\cdots$ …(a)

両辺を1000倍すると

$1000x=345.345345\cdots$ …(b)

(b)から(a)をひくと,

$$\begin{array}{rl} 1000x= & 345.345345\cdots \\ -)\quad x= & 0.345345\cdots \\ \hline 999x= & 345 \end{array}$$

$$x=\frac{345}{999}=\frac{115}{333}$$

以上より,

ア. $345.\dot{3}4\dot{5}$　イ. 345　ウ. $\frac{115}{333}$

17

(1)

$$\begin{array}{r} 0.833\cdots \\ 6\,\overline{)5} \\ 48 \\ \hline 20 \\ 18 \\ \hline 20 \\ 18 \\ \hline 2 \end{array}$$

$$\frac{5}{6}=0.8333\cdots=0.8\dot{3}$$

(2)

$$\begin{array}{r} 0.6969\cdots \\ 33\,\overline{)23} \\ 198 \\ \hline 320 \\ 297 \\ \hline 230 \\ 198 \\ \hline 320 \\ 297 \\ \hline 23 \end{array}$$

$$\frac{23}{33}=0.696969\cdots=0.\dot{6}\dot{9}$$

(3) $0.\dot{3}\dot{2}=0.323232\cdots$

$x=0.323232\cdots$ …①

とおいて両辺を100倍すると,

$100x=32.323232\cdots$ …②

②−① より,

$$\begin{array}{rl} 100x= & 32.3232\cdots \\ -)\quad x= & 0.3232\cdots \\ \hline 99x= & 32 \end{array}$$

$$x=\frac{32}{99}$$

(4) $0.2\dot{5}=0.2555\cdots$

$x=0.2555\cdots$ …①

とおいて両辺を10倍すると,

$10x=2.5555\cdots$ …②

②−① より,

$$\begin{array}{rl} 10x= & 2.555\cdots \\ -)\quad x= & 0.255\cdots \\ \hline 9x= & 2.3 \end{array}$$

$$x=\frac{2.3}{9}=\frac{23}{90}$$

18

(1) $|5|=5$

(2) $|-3|=3$

(3) $|0|=0$

(4) $|-7+3|=|-4|=4$

19

$|1-3x|-|1+3x|$

$x=-1$ を代入して,

$$|1-3(-1)|-|1+3(-1)|=|1+3|-|1-3|$$

$$=|4|-|-2|$$

$$=4-2=2$$

よって, ②

20

(1) $(与式)=\frac{1\times\sqrt{2}}{\sqrt{2}\times\sqrt{2}}=\frac{\sqrt{2}}{2}$

(2) $(与式)=\frac{1}{2\sqrt{2}}=\frac{1\times\sqrt{2}}{2\sqrt{2}\times\sqrt{2}}=\frac{\sqrt{2}}{4}$

(3) $(与式)=\frac{4\times\sqrt{3}}{3\sqrt{3}\times\sqrt{3}}=\frac{4\sqrt{3}}{9}$

(4) $(与式)=\frac{8\sqrt{3}\times\sqrt{2}}{\sqrt{2}\times\sqrt{2}}=\frac{8\sqrt{6}}{2}=4\sqrt{6}$

(5) $(与式)=\frac{\sqrt{2}\times\sqrt{5}}{\sqrt{2}\times\sqrt{3}}$

$$=\frac{\sqrt{5}}{\sqrt{3}}=\frac{\sqrt{5}\times\sqrt{3}}{\sqrt{3}\times\sqrt{3}}=\frac{\sqrt{15}}{3}$$

21

(1) $(与式)=\sqrt{5^2\cdot 2}+\sqrt{2^2\cdot 2}$

$$=5\sqrt{2}+2\sqrt{2}$$

$$=(5+2)\sqrt{2}=7\sqrt{2}$$

(2) $(与式)=\sqrt{3^2\cdot 3}+\sqrt{2^2\cdot 3}-\sqrt{2^4\cdot 3}$

$$=3\sqrt{3}+2\sqrt{3}-2^2\sqrt{3}$$

$$=3\sqrt{3}+2\sqrt{3}-4\sqrt{3}$$

$=(3+2-4)\sqrt{3}$

$=1\cdot\sqrt{3}=\sqrt{3}$

(3) (与式)$=\sqrt{5^2\cdot5}+\sqrt{2^2\cdot5}-\sqrt{3^2\cdot5}$

$=5\sqrt{5}+2\sqrt{5}-3\sqrt{5}$

$=(5+2-3)\sqrt{5}=4\sqrt{5}$

(4) (与式)$=\sqrt{2}(2\sqrt{2}+\sqrt{10})$

$=2(\sqrt{2})^2+\sqrt{2}\cdot\sqrt{10}$

$=2\cdot2+\sqrt{20}$

$=4+2\sqrt{5}$

(5) (与式)$=\sqrt{6}(3\sqrt{2}-2\sqrt{6})$

$=3\sqrt{12}-2(\sqrt{6})^2$

$=3\cdot2\sqrt{3}-2\cdot6$

$=6\sqrt{3}-12$

(6) (与式)$=3\cdot2-2\sqrt{10}+3\sqrt{10}-2\cdot5$

$=6+(-2+3)\sqrt{10}-10$

$=-4+\sqrt{10}$

(7) (与式)$=(3\sqrt{3})^2-2^2$

$=9\cdot3-4$

$=27-4=23$

(8) (与式)$=(\sqrt{3}+\sqrt{15})(2\sqrt{15}-2\sqrt{3})$

$=2\sqrt{45}-2\cdot3+2\cdot15-2\sqrt{45}$

$=-6+30=24$

別解

(与式)$=(\sqrt{3}+\sqrt{15})(2\sqrt{15}-2\sqrt{3})$

$=(\sqrt{3}+\sqrt{15})\cdot2(\sqrt{15}-\sqrt{3})$

$=2(\sqrt{15}+\sqrt{3})(\sqrt{15}-\sqrt{3})$

$=2(15-3)$

$=2\cdot12=24$

(9) (与式)$=(\sqrt{5})^2-2\sqrt{5}\cdot\sqrt{3}+(\sqrt{3})^2$

$=5-2\sqrt{15}+3$

$=8-2\sqrt{15}$

(10) (与式)$=\dfrac{1\times\sqrt{5}}{\sqrt{5}\times\sqrt{5}}+2\sqrt{5}$

$=\dfrac{\sqrt{5}}{5}+2\sqrt{5}$

$=\dfrac{\sqrt{5}}{5}+\dfrac{10\sqrt{5}}{5}=\dfrac{11\sqrt{5}}{5}$

(11) (与式)$=\dfrac{\sqrt{5}}{\sqrt{9}}+2\sqrt{5}$

$=\dfrac{\sqrt{5}}{3}+2\sqrt{5}$

$=\dfrac{\sqrt{5}}{3}+\dfrac{6\sqrt{5}}{3}=\dfrac{7\sqrt{5}}{3}$

22

(1) (与式)$=\dfrac{\sqrt{6}-\sqrt{5}}{(\sqrt{6}+\sqrt{5})(\sqrt{6}-\sqrt{5})}$

$=\dfrac{\sqrt{6}-\sqrt{5}}{6-5}$

$=\sqrt{6}-\sqrt{5}$

(2) (与式)$=\dfrac{(\sqrt{3}+\sqrt{2})(2\sqrt{3}+\sqrt{2})}{(2\sqrt{3}-\sqrt{2})(2\sqrt{3}+\sqrt{2})}$

$=\dfrac{6+3\sqrt{6}+2}{12-2}$

$=\dfrac{8+3\sqrt{6}}{10}$

(3) (与式)

$=\dfrac{\sqrt{5}(\sqrt{3}+1)}{(\sqrt{3}-1)(\sqrt{3}+1)}-\dfrac{\sqrt{3}(\sqrt{5}-\sqrt{3})}{(\sqrt{5}+\sqrt{3})(\sqrt{5}-\sqrt{3})}$

$=\dfrac{\sqrt{15}+\sqrt{5}}{3-1}-\dfrac{\sqrt{15}-3}{5-3}$

$=\dfrac{\sqrt{15}+\sqrt{5}-\sqrt{15}+3}{2}=\dfrac{3+\sqrt{5}}{2}$

(4) (与式)

$=\dfrac{(2+\sqrt{2})^2}{(2-\sqrt{2})(2+\sqrt{2})}+\dfrac{(2-\sqrt{2})^2}{(2+\sqrt{2})(2-\sqrt{2})}$

$=\dfrac{(2+\sqrt{2})^2}{4-2}+\dfrac{(2-\sqrt{2})^2}{4-2}$

$=\dfrac{(4+4\sqrt{2}+2)+(4-4\sqrt{2}+2)}{2}$

$=\dfrac{12}{2}=6$

(5) (与式)

$=\dfrac{2}{\sqrt{3}+1}+\dfrac{2}{\sqrt{5}+\sqrt{3}}+\dfrac{2}{\sqrt{7}+\sqrt{5}}$

$=\dfrac{2(\sqrt{3}-1)}{3-1}+\dfrac{2(\sqrt{5}-\sqrt{3})}{5-3}+\dfrac{2(\sqrt{7}-\sqrt{5})}{7-5}$

$=\dfrac{2(\sqrt{3}-1)}{2}+\dfrac{2(\sqrt{5}-\sqrt{3})}{2}+\dfrac{2(\sqrt{7}-\sqrt{5})}{2}$

$=(\sqrt{3}-1)+(\sqrt{5}-\sqrt{3})+(\sqrt{7}-\sqrt{5})$

$=\sqrt{7}-1$

23

(1) (与式)$=\sqrt{10000}\times\sqrt{2}$

$=100\sqrt{2}$

$=100\times1.414$

$=141.4$

(2) (与式)$=2\sqrt{3}-\sqrt{2}$

$=2\times1.732-1.414$

$=2.050$

(3) $\dfrac{\sqrt{6}}{\sqrt{3}+\sqrt{2}}=\dfrac{\sqrt{6}(\sqrt{3}-\sqrt{2})}{3-2}$

$=3\sqrt{2}-2\sqrt{3}$

$=3\times1.414-2\times1.732$

$=0.778$

(4) (与式)$=\sqrt{18}\times\dfrac{1}{\sqrt{150}}-\sqrt{3}\times\dfrac{1}{\sqrt{150}}$

$=\dfrac{\sqrt{3}}{\sqrt{25}}-\dfrac{1}{\sqrt{50}}=\dfrac{\sqrt{3}}{5}-\dfrac{1}{5\sqrt{2}}$

$=\dfrac{\sqrt{3}}{5}-\dfrac{\sqrt{2}}{10}=\dfrac{2\sqrt{3}-\sqrt{2}}{10}$

$$=\frac{2.050}{10}=0.2050$$

24

(1) $(1+\sqrt{2})^2=1+2\sqrt{2}+2$

$=3+2\sqrt{2}$

(2) $(1+\sqrt{2}+\sqrt{3})(1+\sqrt{2}-\sqrt{3})$

$=\{(1+\sqrt{2})+\sqrt{3}\}\{(1+\sqrt{2})-\sqrt{3}\}$

$=(1+\sqrt{2})^2-(\sqrt{3})^2$

$=1+2\sqrt{2}+2-3=2\sqrt{2}$

(3) $\dfrac{1}{1+\sqrt{2}+\sqrt{3}}=\dfrac{1+\sqrt{2}-\sqrt{3}}{(1+\sqrt{2}+\sqrt{3})(1+\sqrt{2}-\sqrt{3})}$

$=\dfrac{1+\sqrt{2}-\sqrt{3}}{2\sqrt{2}}$

$=\dfrac{(1+\sqrt{2}-\sqrt{3})\sqrt{2}}{2\sqrt{2}\cdot\sqrt{2}}$

$=\dfrac{\sqrt{2}+2-\sqrt{6}}{4}$

25

(1) $\sqrt{4}<\sqrt{5}<\sqrt{9}$ より，$2<\sqrt{5}<3$

よって，整数部分 $a=2$

> $\sqrt{2}=1.41421356\cdots$（ひと夜ひと夜に人見ごろ）
> $\sqrt{3}=1.7320508\cdots$（人並みにおごれや）
> $\sqrt{5}=2.2360679\cdots$（富士山ろくオーム鳴く）
> $\sqrt{6}=2.449\cdots$（似よよく）
> $\sqrt{7}=2.64575\cdots$（菜に虫いない）

別解

$\sqrt{5}=2.236\cdots$ より，$a=2$

(2) 小数部分 $b=\sqrt{5}-2$

(3) $\dfrac{3}{b}-2a=\dfrac{3}{\sqrt{5}-2}-2\cdot 2$

$=\dfrac{3(\sqrt{5}+2)}{5-4}-4$

$=3\sqrt{5}+6-4$

$=2+3\sqrt{5}$

26

$\dfrac{3}{3-\sqrt{6}}=\dfrac{3(3+\sqrt{6})}{9-6}=3+\sqrt{6}$

ここで，$\sqrt{4}<\sqrt{6}<\sqrt{9}$ より，$2<\sqrt{6}<3$

各項に 3 を加えて，$5<3+\sqrt{6}<6$

よって，$a=5$

$b=(3+\sqrt{6})-5=\sqrt{6}-2$

これより，

$a^2-b^2=5^2-(\sqrt{6}-2)^2$

$=25-(6-4\sqrt{6}+4)$

$=15+4\sqrt{6}$

別解

$\dfrac{3}{3-\sqrt{6}}=3+\sqrt{6}$

$=3+2.449\cdots$

$=5.449\cdots$

よって，$a=5$ （以下，同様）

27

$2<\sqrt{5}<3$ より，$5-3<5-\sqrt{5}<5-2$

$2<5-\sqrt{5}<3$

よって，$a=2$

$b=(5-\sqrt{5})-2=3-\sqrt{5}$

これより，

$a-\dfrac{4}{b}=2-\dfrac{4}{3-\sqrt{5}}$

$=2-\dfrac{4(3+\sqrt{5})}{9-5}$

$=2-(3+\sqrt{5})$

$=-1-\sqrt{5}$

別解

$5-\sqrt{5}\fallingdotseq 5-2.2=2.8$

よって，$a=2$ （以下，同様）

28

(1) 足すと 5，かけると 6 になる 2 数は 3 と 2 だから，

$\sqrt{5+2\sqrt{6}}=\sqrt{3}+\sqrt{2}$

(2) $\sqrt{10-4\sqrt{6}}=\sqrt{10-2\cdot 2\sqrt{6}}$

$=\sqrt{10-2\sqrt{2^2\cdot 6}}$

$=\sqrt{10-2\sqrt{24}}$

（和が 10，積が 24 → 6 と 4）

$=\sqrt{6}-\sqrt{4}$

$=\sqrt{6}-2$

(3) $\sqrt{3-\sqrt{8}}=\sqrt{3-2\sqrt{2}}$

（和が 3，積が 2 → 2 と 1）

$=\sqrt{2}-\sqrt{1}$

$=\sqrt{2}-1$

(4) $\sqrt{2+\sqrt{3}}=\sqrt{\dfrac{2+\sqrt{3}}{1}}$

$=\sqrt{\dfrac{4+2\sqrt{3}}{2}}$

$=\dfrac{\sqrt{4+2\sqrt{3}}}{\sqrt{2}}$

（和が 4，積が 3 → 3 と 1）

$=\dfrac{\sqrt{3}+1}{\sqrt{2}}$

$=\dfrac{(\sqrt{3}+1)\sqrt{2}}{2}$

$$= \frac{\sqrt{6}+\sqrt{2}}{2}$$

29

$$(\sqrt{2}+2)x-(1-2\sqrt{2})y=15+5\sqrt{2}$$
$$\sqrt{2}x+2x-y+2\sqrt{2}y=15+5\sqrt{2}$$
$$2x-y+\sqrt{2}x+2\sqrt{2}y=15+5\sqrt{2}$$
$$2x-y+(x+2y)\sqrt{2}=15+5\sqrt{2}$$

x，y は有理数だから，上式が成り立つための条件は，

$2x-y=15$　…①

$x+2y=5$　…②

y を消去するために，①×2＋②を作ると，

$$\begin{array}{rl} & 4x-2y=30 \\ +) & x+2y=\ \ 5 \\ \hline & 5x\qquad =35 \end{array}$$

$x=7$

①に代入して，

$14-y=15$

$-y=1$　　$y=-1$

よって求める値は，$x=7$，$y=-1$

30

(1)(i)　$a+1\geqq 0$，すなわち $a\geqq -1$ のとき

$|a+1|=a+1$

(ii)　$a+1<0$，すなわち $a<-1$ のとき

$|a+1|=-(a+1)=-a-1$

よって，

$a\geqq -1$ のとき，$a+1$

$a<-1$ のとき，$-a-1$

(2)　$(\text{与式})=|\sqrt{5}-2|+|2\sqrt{5}-5|$　…①

$\sqrt{5}-2=\sqrt{5}-\sqrt{4}>0$ より，

$|\sqrt{5}-2|=\sqrt{5}-2$

$2\sqrt{5}-5=\sqrt{20}-\sqrt{25}<0$ より，

$|2\sqrt{5}-5|=-(2\sqrt{5}-5)$

よって①より，

$$(\text{与式})=(\sqrt{5}-2)-(2\sqrt{5}-5)$$
$$=\sqrt{5}-2-2\sqrt{5}+5=3-\sqrt{5}$$

別解

$\sqrt{5}-2 \fallingdotseq 2.2-2=0.2>0$

$2\sqrt{5}-5 \fallingdotseq 2\times 2.2-5=4.4-5<0$

(以下同様)

(3)　$\sqrt{5}-\sqrt{2}-1 \fallingdotseq 2.2-1.4-1=-0.2<0$

よって，

$$|\sqrt{5}-\sqrt{2}-1|=-(\sqrt{5}-\sqrt{2}-1)$$
$$=-\sqrt{5}+\sqrt{2}+1$$

別解

$$\sqrt{5}-\sqrt{2}-1=\sqrt{5}-(\sqrt{2}+1)$$

ここで，$\sqrt{5}$ と $\sqrt{2}+1$ の大小を調べるために2乗して差をとる。

$$(\sqrt{5})^2-(\sqrt{2}+1)^2=5-(2+2\sqrt{2}+1)$$
$$=2-2\sqrt{2}$$
$$=2(1-\sqrt{2})<0$$

よって，$(\sqrt{5})^2<(\sqrt{2}+1)^2$

$\sqrt{5}<\sqrt{2}+1$

$\sqrt{5}-\sqrt{2}-1<0$

これより，

$$|\sqrt{5}-\sqrt{2}-1|=-(\sqrt{5}-\sqrt{2}-1)$$
$$=-\sqrt{5}+\sqrt{2}+1$$

31

(1)　$(\text{与式})=\sqrt{a^2}+\sqrt{(a+1)^2}$

$=|a|+|a+1|$　…①

ここで，$-1<a<0$ より，

$a<0$，$a+1>0$

よって，

①式 $=-a+(a+1)=1$

(2)　$(\text{与式})=\sqrt{(a+1)^2}-\sqrt{(2a-3)^2}$

$=|a+1|-|2a-3|$　…①

ここで，$-1<a<1$ より，

$a+1>0$，$2a-3<0$

よって，

$$①式=(a+1)-\{-(2a-3)\}$$
$$=(a+1)+(2a-3)$$
$$=3a-2$$

32

$$\begin{array}{r} 2.8571428\cdots \\ 7\,\overline{)\,20} \\ 14 \\ \hline 60 \\ 56 \\ \hline 40 \\ 35 \\ \hline 50 \\ 49 \\ \hline 10 \\ 7 \\ \hline 30 \\ 28 \\ \hline 20 \\ 14 \\ \hline 60 \end{array}$$

$$\frac{20}{7}=2.\dot{8}5714\dot{2}$$

小数点以下は，857142の6個の数字の繰り返しになる。

$200 \div 6 = 33$ 余り 2

$6 \times 33 = 198$

小数第198位は 2 であり，

小数第199位は 8,

小数第200位は 5

注

循環小数は，繰り返しとなる部分に整数を含める形で表現してはならない。本問の場合，次のような表現は不可。

$\dfrac{20}{7} = \dot{2}.8571\dot{4}$ ×

33

$$\sqrt{x^2-4} = \sqrt{\left(a+\frac{1}{a}\right)^2-4}$$
$$= \sqrt{a^2+2+\frac{1}{a^2}-4}$$
$$= \sqrt{a^2-2+\frac{1}{a^2}}$$
$$= \sqrt{\left(a-\frac{1}{a}\right)^2}$$
$$= \left|a-\frac{1}{a}\right|$$
$$= \left|\frac{a^2-1}{a}\right| \quad \cdots ①$$

$a>0$ に注意すると，

$a \geqq 1$ のとき，

①式 $= \dfrac{a^2-1}{a} = a-\dfrac{1}{a}$

$0<a<1$ のとき

①式 $= -\dfrac{a^2-1}{a} = \dfrac{1}{a}-a$

したがって，

$$\begin{cases} a \geqq 1 \text{ のとき，} a-\dfrac{1}{a} \\ 0<a<1 \text{ のとき，} \dfrac{1}{a}-a \end{cases}$$

34

(1) $x+y = \dfrac{(2+\sqrt{3})+(2-\sqrt{3})}{(2-\sqrt{3})(2+\sqrt{3})}$

$= \dfrac{4}{4-3} = 4$

(2) $xy = \dfrac{1}{2-\sqrt{3}} \cdot \dfrac{1}{2+\sqrt{3}} = \dfrac{1}{4-3} = 1$

(3) $x^2+y^2 = (x+y)^2-2xy$

$= 4^2-2\cdot 1 = 14$

35

(1) $(与式) = 4\left(\dfrac{1+\sqrt{3}}{2}\right)^2 - 4\cdot\dfrac{1+\sqrt{3}}{2}$

$= 4\cdot\dfrac{(1+\sqrt{3})^2}{4} - 2(1+\sqrt{3})$

$= 1+2\sqrt{3}+3-2-2\sqrt{3} = 2$

別解

$x = \dfrac{1+\sqrt{3}}{2}$ より，$2x = 1+\sqrt{3}$

$2x-1 = \sqrt{3}$

両辺を 2 乗して，$4x^2-4x+1 = 3$

$4x^2-4x = 2$

(2) $x-2 = \dfrac{1+\sqrt{3}}{2} - \dfrac{4}{2} = \dfrac{\sqrt{3}-3}{2}$

$x+1 = \dfrac{1+\sqrt{3}}{2} + \dfrac{2}{2} = \dfrac{3+\sqrt{3}}{2}$

よって，

$$\frac{x-2}{x+1} = \frac{\dfrac{\sqrt{3}-3}{2}}{\dfrac{3+\sqrt{3}}{2}} \quad \cdots ⊛$$
$$= \frac{\dfrac{\sqrt{3}-3}{2}\times 2}{\dfrac{3+\sqrt{3}}{2}\times 2}$$
$$= \frac{\sqrt{3}-3}{3+\sqrt{3}}$$
$$= \frac{(\sqrt{3}-3)(3-\sqrt{3})}{(3+\sqrt{3})(3-\sqrt{3})}$$
$$= \frac{3\sqrt{3}-3-9+3\sqrt{3}}{9-3}$$
$$= \frac{6\sqrt{3}-12}{6} = \sqrt{3}-2$$

別解

⊛から続けて，

$$⊛ = \frac{\sqrt{3}-3}{2} \div \frac{3+\sqrt{3}}{2}$$
$$= \frac{\sqrt{3}-3}{2} \times \frac{2}{3+\sqrt{3}}$$
$$= \frac{\sqrt{3}-3}{3+\sqrt{3}}$$

(以下同様)

36

(1) $x+y=1$ の両辺を 2 乗すると，

$(x+y)^2 = 1^2$

$x^2+2xy+y^2 = 1$

$x^2+y^2+2xy = 1$

$3+2xy = 1$ ($x^2+y^2=3$ より)

$2xy = -2$

$xy = -1$

(2) まず，$(x-y)^2$ の値を求める。

$(x-y)^2 = x^2-2xy+y^2$

$= x^2+y^2-2xy$

$= 3-2\cdot(-1) = 5$

$(x-y)^2 = 5$ より，

$x-y = \pm\sqrt{5}$

37

(1) $x^2+\dfrac{1}{x^2}=\left(x-\dfrac{1}{x}\right)^2+2\cdot x\cdot\dfrac{1}{x}$

$$=4^2+2=18$$

別解

与式の両辺を 2 乗すると，

$$\left(x-\frac{1}{x}\right)^2=4^2$$

$$x^2-2\cdot x\cdot\frac{1}{x}+\left(\frac{1}{x}\right)^2=16$$

$$x^2-2+\frac{1}{x^2}=16$$

$$x^2+\frac{1}{x^2}=18$$

(2) まず，$\left(x+\dfrac{1}{x}\right)^2$ の値を求める。

$$\left(x+\frac{1}{x}\right)^2=x^2+2\cdot x\cdot\frac{1}{x}+\frac{1}{x^2}$$

$$=x^2+\frac{1}{x^2}+2$$

$=18+2$ （(1)の結果より）

$$=20$$

$x>0$ より，$x+\dfrac{1}{x}>0$ だから，

$$x+\frac{1}{x}=\sqrt{20}=2\sqrt{5}$$

(3) $x^4+\dfrac{1}{x^4}=\left(x^2+\dfrac{1}{x^2}\right)^2-2\cdot x^2\cdot\dfrac{1}{x^2}$

$$=18^2-2=322$$

38

$$(x+y+z)^2=x^2+y^2+z^2+2xy+2yz+2zx$$

$$=x^2+y^2+z^2+2(xy+yz+zx)\cdots①$$

(1) ①より，

$$3^2=x^2+y^2+z^2+2\cdot 2$$

$$9=x^2+y^2+z^2+4$$

$$x^2+y^2+z^2=5$$

(2) ①より，

$$3^2=5+2(xy+yz+zx)$$

$$4=2(xy+yz+zx)$$

$$xy+yz+zx=2$$

39

(1) $-\dfrac{x}{4}=\dfrac{y}{3}=\dfrac{z}{2}=k$ $(\neq 0)$ とおくと，

$$-\frac{x}{4}=k,\ \frac{y}{3}=k,\ \frac{z}{2}=k$$

$$x=-4k,\ y=3k,\ z=2k$$

よって，

$$\frac{x^2+y^2+z^2}{xy+yz+zx}=\frac{(-4k)^2+(3k)^2+(2k)^2}{-4k\cdot 3k+3k\cdot 2k+2k\cdot(-4k)}$$

$$=\frac{16k^2+9k^2+4k^2}{-12k^2+6k^2-8k^2}$$

$$=\frac{29k^2}{-14k^2}=-\frac{29}{14}$$

(2) $\dfrac{x+y}{8}=\dfrac{y+z}{7}=\dfrac{z+x}{5}=k$ とおくと，

$$\begin{cases}x+y=8k & \cdots①\\ y+z=7k & \cdots②\\ z+x=5k & \cdots③\end{cases}$$

y を消去するために，①－②を作ると，

$$x+y=8k$$

$$-)\ y+z=7k$$

$$x-z=k\qquad\cdots④$$

z を消去するために，③＋④を作ると，

$$z+x=5k$$

$$+)\ x-z=k$$

$$2x=6k\qquad x=3k$$

①より，$3k+y=8k$　　$y=5k$

③より，$z+3k=5k$　　$z=2k$

$xyz\neq 0$ より $k\neq 0$ であるから，

$$\frac{x^3+y^3+z^3}{xyz}=\frac{(3k)^3+(5k)^3+(2k)^3}{3k\cdot 5k\cdot 2k}$$

$$=\frac{27k^3+125k^3+8k^3}{3\cdot 5\cdot 2\cdot k^3}$$

$$=\frac{160k^3}{30k^3}=\frac{16}{3}$$

別解

③から続けて，

①＋②＋③を作ると，

$$x+y=8k$$

$$y+z=7k$$

$$+)\ z+x=5k$$

$$2x+2y+2z=20k$$

$$x+y+z=10k\quad\cdots㊟$$

㊟－①より，

$$x+y+z=10k$$

$$-)\ x+y\qquad=8k$$

$$z=2k$$

同様に，

㊟－②より，$x=3k$

㊟－③より，$y=5k$

（以下，同様）

40

$xyz\neq 0$ より，

$x\neq 0$，$y\neq 0$，$z\neq 0$

$x+2y+3z=0$　　$\cdots①$

$4x+3y+2z=0$　$\cdots②$

y と z を，x の式で表す。

z を消去するために，①×2－②×3 を作る

と，

$$\begin{array}{rl} & 2x+4y+6z\ =0 \\ -) & 12x+9y+6z=0 \\ \hline & -10x-5y\ \ \ =0 \end{array}$$

$-5y=10x \qquad y=-2x \quad \cdots ③$

①に代入すると，

$x-4x+3z=0$

$3z=3x \qquad x=z \quad \cdots ④$

③，④より，

$$\frac{xy+yz+zx}{x^2+y^2+z^2}=\frac{x\cdot(-2x)+(-2x)\cdot x+x\cdot x}{x^2+(-2x)^2+x^2}$$

$$=\frac{-2x^2-2x^2+x^2}{x^2+4x^2+x^2}$$

$$=\frac{-3x^2}{6x^2}=-\frac{1}{2}$$

41

$x+y+z=4$ より，

$y+z=4-x$

$x+z=4-y$

$x+y=4-z$

ゆえに，

$$\frac{y+z}{x}+\frac{z+x}{y}+\frac{x+y}{z}$$

$$=\frac{4-x}{x}+\frac{4-y}{y}+\frac{4-z}{z}$$

$$=\frac{(4-x)yz+(4-y)zx+(4-z)xy}{xyz}$$

$$=\frac{4(yz+zx+xy)-3xyz}{xyz}$$

$$=\frac{4\cdot 5-3\cdot 4}{4}=2$$

42

(1) $5x-3x=10-2$

$2x=8$

$x=4$

(2) $2x-6=3x+6$

$-x=12$

$x=-12$

(3) 両辺を 6 倍して，

$3x+2=2x+9$

$x=7$

(4) 両辺を12倍して，

$3(2x+3)=4(x+5)$

$6x+9=4x+20$

$2x=11$

$x=\frac{11}{2}$

(5) 両辺を 6 倍して，

$3(x-1)+2(x+4)=6$

$3x-3+2x+8=6$

$5x=1$

$x=\frac{1}{5}$

(6) 両辺を 5 倍して，

$3x-2-5(x-1)=10$

$3x-2-5x+5=10$

$-2x=7$

$x=-\frac{7}{2}$

(7) 両辺を 15 倍して，

$10(7-x)+3x=140$

$70-10x+3x=140$

$-7x=70$

$x=-10$

43

(1) $4x-8>x+7$

$4x-x>7+8$

$3x>15$

両辺を 3 で割って，

$x>5$

(2) $3(x+2)<5(x-2)$

$3x+6<5x-10$

$3x-5x<-10-6$

$-2x<-16$

両辺を -2 で割って，

$x>8$

(3) $\frac{1}{4}(3x-8)\leqq 2x-3$

両辺に 4 をかけて，

$4\cdot\frac{1}{4}(3x-8)\leqq 4(2x-3)$

$3x-8\leqq 8x-12$

$3x-8x\leqq -12+8$

$-5x\leqq -4$

両辺を -5 で割って，

$x\geqq\frac{4}{5}$

(4) $\frac{7+4x}{5}>x$

両辺に 5 をかけて，

$5\cdot\frac{7+4x}{5}>5x$

$7+4x>5x$

$4x-5x>-7$

$-x>-7$

両辺に -1 をかけて

$x<7$

(5) $\frac{x-3}{3} \leqq \frac{2x-1}{5}$

両辺に 15 をかけて，

$15 \cdot \frac{x-3}{3} \leqq 15 \cdot \frac{2x-1}{5}$

$5(x-3) \leqq 3(2x-1)$

$5x-15 \leqq 6x-3$

$5x-6x \leqq -3+15$

$-x \leqq 12$

両辺に -1 をかけて，

$x \geqq -12$

(6) $\frac{3}{4}x+\frac{1}{2} < \frac{2}{3}(x+1)$

両辺に 12 をかけて，

$12 \cdot \frac{3}{4}x + 12 \cdot \frac{1}{2} < 12 \cdot \frac{2}{3}(x+1)$

$3 \cdot 3x+6 < 8(x+1)$

$9x+6 < 8x+8$

$9x-8x < 8-6$

$x < 2$

(7) $\frac{x+1}{2} - \frac{2x+3}{3} \leqq \frac{3(2x-1)}{4}$

両辺に 12 をかけて，

$12 \cdot \frac{x+1}{2} - 12 \cdot \frac{2x+3}{3} \leqq 12 \cdot \frac{3(2x-1)}{4}$

$6(x+1)-4(2x+3) \leqq 9(2x-1)$

$6x+6-8x-12 \leqq 18x-9$

$6x-8x-18x \leqq -9-6+12$

$-20x \leqq -3$

両辺を -20 で割って，

$x \geqq \frac{3}{20}$

44

(1) $\begin{cases} 2x+y=7 & \cdots ① \\ x-y=2 & \cdots ② \end{cases}$

y を消去するために，①＋②を作ると，

$$\begin{array}{rr} & 2x+y=7 \\ +) & x-y=2 \\ \hline & 3x \quad\;\; =9 \end{array}$$

$x=3$

①に代入して，

$6+y=7 \qquad y=1$

（答） $x=3,\ y=1$

(2) $\begin{cases} 3x+2y=-1 & \cdots ① \\ x-y=3 & \cdots ② \end{cases}$

y を消去するために，①＋②×2 を作ると，

$$\begin{array}{rr} & 3x+2y=-1 \\ +) & 2x-2y=6 \\ \hline & 5x \quad\;\; =5 \end{array} \qquad x=1$$

①に代入して，

$3+2y=-1$

$2y=-4 \qquad y=-2$

（答） $x=1,\ y=-2$

(3) $\begin{cases} 5x+3y=4 & \cdots ① \\ 7x+2y=-1 & \cdots ② \end{cases}$

①×2－②×3 より，

$$\begin{array}{rr} & 10x+6y=8 \\ -) & 21x+6y=-3 \\ \hline & -11x \quad\;\; =11 \end{array} \qquad x=-1$$

①に代入して，

$-5+3y=4$

$3y=9 \qquad y=3$

（答） $x=-1,\ y=3$

(4) $\begin{cases} 5x+3y=1 & \cdots ① \\ 3x-4y=18 & \cdots ② \end{cases}$

①×4＋②×3 より，

$$\begin{array}{rr} & 20x+12y=4 \\ +) & 9x-12y=54 \\ \hline & 29x \quad\;\; =58 \end{array} \qquad x=2$$

①に代入して，

$10+3y=1$

$3y=-9 \qquad y=-3$

（答） $x=2,\ y=-3$

(5) 与式を 2 つに分けて書くと，

$\begin{cases} \frac{x-y}{3} = \frac{2x+3}{4} & \cdots ① \\ \frac{2x+3}{4} = -\frac{5y+3}{6} & \cdots ② \end{cases}$

①の両辺に 12 をかけて，

$4(x-y)=3(2x+3)$

$4x-4y=6x+9$

$-2x-4y=9$

$2x+4y=-9 \quad \cdots ①'$

②の両辺に 12 をかけて，

$3(2x+3)=-2(5y+3)$

$6x+9=-10y-6$

$6x+10y=-15 \quad \cdots ②'$

①′×3－②′より，

$$\begin{array}{rr} & 6x+12y=-27 \\ -) & 6x+10y=-15 \\ \hline & 2y=-12 \end{array} \qquad y=-6$$

①′に代入して，

$2x-24=-9$

$2x=15 \qquad x=\frac{15}{2}$

（答）　$x=\dfrac{15}{2}$，$y=-6$

45

(1)　$2x+3>1$ より

$2x>-2$

$x>-1$　…①

$6x-1<11$ より

$6x<12$

$x<2$　…②

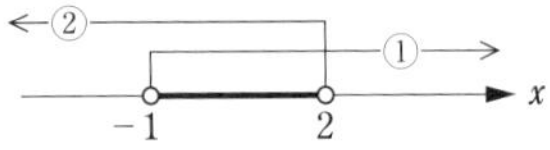

①，②より，$-1<x<2$

(2)　$4x-5<2x-1$ より，

$2x<4$

$x<2$　…①

$2-3x<11$ より，

$-3x<9$

$x>-3$　…②

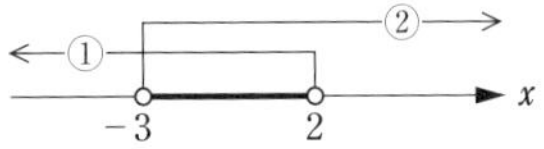

①，②より，$-3<x<2$

(3)　$3(x-2)\leqq 7x$ より

$3x-6\leqq 7x$

$-4x\leqq 6$

$x\geqq -\dfrac{3}{2}$　…①

$4x+2(3x-4)<2$ より

$4x+6x-8<2$

$10x<10$

$x<1$　…②

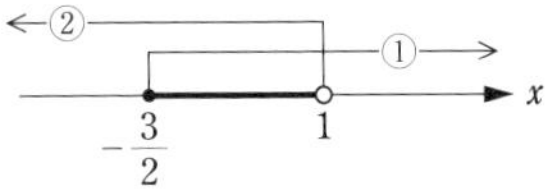

①，②より，$-\dfrac{3}{2}\leqq x<1$

(4)　$3x+2>10$ より，

$3x>8$

$x>\dfrac{8}{3}$　…①

$\dfrac{2x+7}{2}>\dfrac{2}{5}+2x$ の両辺を10倍して，

$5(2x+7)>4+20x$

$10x+35>4+20x$

$-10x>-31$

$x<\dfrac{31}{10}$　…②

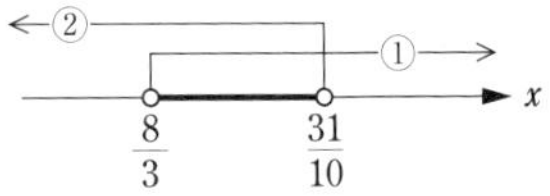

①，②より，$\dfrac{8}{3}<x<\dfrac{31}{10}$

(5)　与式を2つに分けて書くと，

$$\begin{cases} 4x+3>5-2x \\ 5-2x\geqq 6x-1 \end{cases}$$

$4x+3>5-2x$ より，

$6x>2$

$x>\dfrac{1}{3}$　…①

$5-2x\geqq 6x-1$ より，

$-8x\geqq -6$

$x\leqq \dfrac{3}{4}$　…②

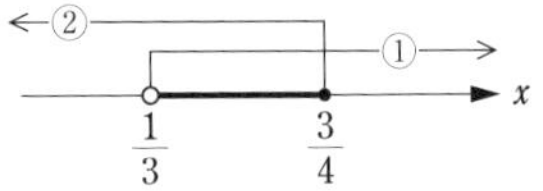

①，②より，$\dfrac{1}{3}<x\leqq \dfrac{3}{4}$

46

本体価格を x 円とすると，

$x\times\dfrac{108}{100}=972$

$x=972\times\dfrac{100}{108}=900$〔円〕

47

注

整数：0，±1，±2，±3，…
自然数：1，2，3，…

$-12x-20<-6x-9+8$

$-6x<19$

$x>-\dfrac{19}{6}=-3.1\cdots$

x は負の整数より $x=-1$，-2，-3

よって，3個

48

ある自然数を x とすると

$4x+5>6x-5$

$-2x>-10$

$x<5$

x は自然数より，最も大きいものは 4

49

(1)　$300\times\dfrac{5}{100}=15$〔g〕

(2)　水 100g を加えた後の食塩水は，

400g，9%

であるから，溶けている食塩の量は

$$400\times\frac{9}{100}=36〔\mathrm{g}〕$$

水を加える前にも 36g 溶けていたことになるから，求める濃度は，

$$\frac{36}{300}\times100=12〔\%〕$$

別解

300g の食塩水の濃度を x% とすると，溶けていた食塩の量は，

$$300\times\frac{x}{100}〔\mathrm{g}〕\quad\cdots①$$

水 100g を加えた後の食塩水に含まれている食塩の量は，

$$400\times\frac{9}{100}〔\mathrm{g}〕\quad\cdots②$$

①，②より，

$$300\times\frac{x}{100}=400\times\frac{9}{100}$$

$$x=12〔\%〕$$

(3) 2％の食塩水を x g 加えるものとすると，加える前と後の食塩の総量は同じだから，

$$100\times\frac{8}{100}+x\times\frac{2}{100}=(100+x)\times\frac{4}{100}$$

両辺に 100 をかけて，

$$100\times8+x\times2=(100+x)\times4$$

$$800+2x=400+4x$$

$$-2x=-400$$

$$x=200〔\mathrm{g}〕$$

50

3％の食塩水を x g，15％の食塩水を y g 混ぜるものとする。

あわせて 900g を作るから，

$$x+y=900\quad\cdots①$$

混合前後の食塩の量は同じだから

$$x\times\frac{3}{100}+y\times\frac{15}{100}=900\times\frac{8}{100}$$

$$3x+15y=7200\quad\cdots②$$

①×3−②より，

$$-12y=-4500$$

$$y=375$$

①に代入して，

$$x+375=900$$

$$x=525$$

よって，3％の食塩水は 525g

51

300円のノートを x 冊買うものとすると，合わせて20冊買うから，160円のノートは $(20-x)$ 冊買うことになる。

合計金額が 4000円以内だから，

$$300x+160(20-x)\leqq4000$$

$$300x+3200-160x\leqq4000$$

$$140x\leqq800$$

$$x\leqq\frac{800}{140}=\frac{40}{7}=5.7\cdots$$

よって，x がとり得る最大の値は 5。

したがって，300円のノートをできるだけ多く買うとすると，5冊になる。

52

$$\begin{cases}\text{分速 60m で歩く時間を } x \text{ 分}\\ \text{分速 150m で走る時間を } y \text{ 分}\end{cases}$$

とする。

時間について，

$$x+y=30\quad\cdots①$$

距離（道のり）について，

$$60x+150y=3000$$

$$2x+5y=100\quad\cdots②$$

①×2−②より，

$$-3y=-40$$

$$y=\frac{40}{3}$$

よって，分速 150m で走る道のりは，

$$150\times\frac{40}{3}=2000〔\mathrm{m}〕$$

$$=2〔\mathrm{km}〕$$

別解

$$\begin{cases}\text{分速 60m で歩く道のりを } x\text{m}\\ \text{分速 150m で走る道のりを } y\text{m}\end{cases}$$

とする。

時間について，

$$\frac{x}{60}+\frac{y}{150}=30$$

両辺に 300 をかけて，

$$5x+2y=9000\quad\cdots①$$

距離（道のり）について，

$$x+y=3000\quad\cdots②$$

①−②×5 より，

$$-3y=-6000$$

$$y=2000〔\mathrm{m}〕$$

よって，求める道のりは，2km

53

(1) $\frac{2x-a}{3}\leqq\frac{x-1}{2}$

両辺に 6 をかけて，

$$2(2x-a)\leqq3(x-1)$$

$$4x-2a\leqq3x-3$$

$$x\leqq2a-3$$

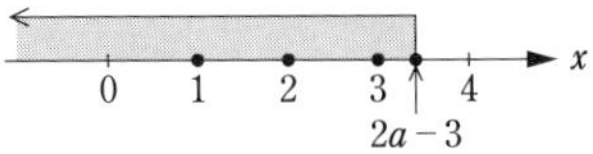

題意を満たすのは，$2a-3$ が 3 と 4 の間にあって，$x=1$，2，3 の 3 個が与式を満たすときである。

$3 \leqq 2a-3 < 4$

各辺に 3 を加えて，

$6 \leqq 2a < 7$

各辺を 2 で割って，

$3 \leqq a < \dfrac{7}{2}$

(2) 与式を 2 つに分けて書くと，

$$\begin{cases} -x < 3x+6 & \cdots ① \\ 3x+6 < x+2a & \cdots ② \end{cases}$$

①より，

$-4x < 6 \qquad x > -\dfrac{3}{2}$

②より，

$2x < 2a-6 \qquad x < a-3$

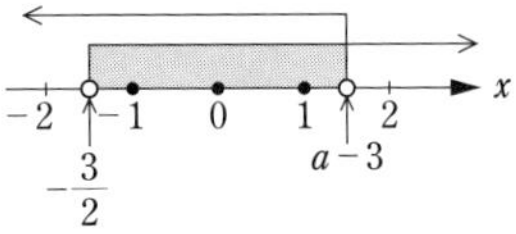

題意を満たすのは，$a-3$ が 1 と 2 の間にあって，$x=-1$，0，1 の 3 つが与式を満たすときである。

$1 < a-3 \leqq 2$

$4 < a \leqq 5$

54

(1) $ax+4 < x+a$

$ax-x < a-4$

$(a-1)x < a-4 \quad \cdots ①$

(i) $a-1>0$ すなわち $a>1$ のとき

①より，$x < \dfrac{a-4}{a-1}$

(ii) $a-1<0$ すなわち $a<1$ のとき

①より，$x > \dfrac{a-4}{a-1}$

(iii) $a-1=0$ すなわち $a=1$ のとき

①に代入すると，

$0 \cdot x < -3$

この式を成り立たせる x は存在しない。

(i)(ii)(iii)より，

$$\begin{cases} a>1 \text{ のとき，} x < \dfrac{a-4}{a-1} \\ a<1 \text{ のとき，} x > \dfrac{a-4}{a-1} \\ a=1 \text{ のとき，解なし} \end{cases}$$

(2) $ax+4 > x+a$

$ax-x > a-4$

$(a-1)x > a-4 \quad \cdots ①$

(i) $a-1>0$ すなわち $a>1$ のとき

①より，$x > \dfrac{a-4}{a-1}$

(ii) $a-1<0$ すなわち $a<1$ のとき

①より，$x < \dfrac{a-4}{a-1}$

(iii) $a-1=0$ すなわち $a=1$ のとき

①に代入すると，

$0 \cdot x > -3$

この式はすべての x に対して成り立つ。

(i)(ii)(iii)より，

$$\begin{cases} a>1 \text{ のとき，} x > \dfrac{a-4}{a-1} \\ a<1 \text{ のとき，} x < \dfrac{a-4}{a-1} \\ a=1 \text{ のとき，すべての実数 } x \end{cases}$$

55

$ax-a = -x+a^2$

$ax+x = a^2+a$

$(a+1)x = a(a+1) \quad \cdots ①$

(i) $a+1 \neq 0$ すなわち $a \neq -1$ のとき

①の両辺を $a+1$ で割って，

$x=a$

(ii) $a+1=0$ すなわち $a=-1$ のとき

①に代入すると，

$0 \cdot x = 0$

この式はすべての x に対して成り立つ。

(i)(ii)より，

$$\begin{cases} a \neq -1 \text{ のとき，} x=a \\ a=-1 \text{ のとき，すべての実数} x \end{cases}$$

56

注

絶対値記号が 1 つだけで，| | の中だけに x がある場合は，次を利用するのがよい。

$\lvert A \rvert = k \longrightarrow A = \pm k$
$\lvert A \rvert < k \longrightarrow -k < A < k$
$\lvert A \rvert > k \longrightarrow A < -k,\ k < A$

(1) $|2x-3|=5$

$2x-3=\pm 5$

$2x=\pm 5+3$

$=8,\ -2$

$x=4,\ -1$

(2) $|x-5|<9$

$-9<x-5<9$

各辺に 5 を加えて,

$-4<x<14$

(3) $|2x-5|>3$

$2x-5<-3,\ 3<2x-5$

$x<1,\ 4<x$

57

注

56 のパターン以外の場合は原則として場合分けを行う。

(i) $A\geqq 0$ のとき, $|A|=A$
(ii) $A<0$ のとき, $|A|=-A$

↑ (i) $A>0$, (ii) $A\leqq 0$ でもよい

(1) $|x-3|=3x-1$

(i) $x-3\geqq 0$ すなわち $x\geqq 3$ のとき

$x-3=3x-1$

$x=-1$

$x\geqq 3$ を満たさないので不適。

(ii) $x-3<0$ すなわち $x<3$ のとき

$-(x-3)=3x-1$

$-x+3=3x-1$

$x=1$

$x<3$ を満たす。

(i)(ii)より, $x=1$

(2) $|2x-1|=x$

(i) $2x-1\geqq 0$ すなわち $x\geqq \frac{1}{2}$ のとき

$2x-1=x$

$x=1$

$x\geqq \frac{1}{2}$ を満たす。

(ii) $2x-1<0$ すなわち $x<\frac{1}{2}$ のとき

$-(2x-1)=x$

$-2x+1=x$

$x=\frac{1}{3}$

$x<\frac{1}{2}$ を満たす。

(i)(ii)より, $x=1,\ \frac{1}{3}$

58

(1) $|x-4|>3x$

(i) $x-4\geqq 0$ すなわち $x\geqq 4$ …① のとき

$x-4>3x$

$x<-2$ …②

①, ②を満たす x は存在しない。

(ii) $x-4<0$ すなわち $x<4$ …③ のとき

$-(x-4)>3x$

$x<1$ …④

③, ④より, $x<1$

(i)(ii)より, $x<1$

(2) $|3x-1|<2x+3$

(i) $3x-1\geqq 0$ すなわち $x\geqq \frac{1}{3}$ …① のとき

$3x-1<2x+3$

$x<4$ …②

①, ②より, $\frac{1}{3}\leqq x<4$

(ii) $3x-1<0$ すなわち $x<\frac{1}{3}$ …③ のとき

$-(3x-1)<2x+3$

$x>-\frac{2}{5}$ …④

③, ④より, $-\frac{2}{5}<x<\frac{1}{3}$

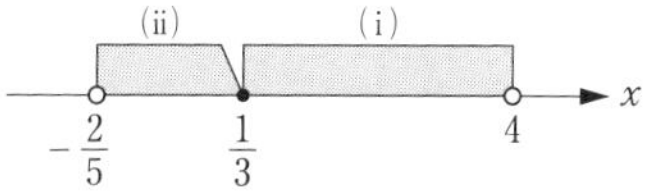

(i)(ii)より, $-\frac{2}{5}<x<4$

59

(i) $x\leqq -\frac{1}{2}$ のとき

$-x+2-2x-1=3 \qquad x=-\frac{2}{3}$

$x\leqq -\frac{1}{2}$ を満たす。

(ii) $-\frac{1}{2}<x\leqq 2$ のとき

$-x+2+2x+1=3 \qquad x=0$

$-\frac{1}{2}<x\leqq 2$ を満たす。

(iii) $2<x$ のとき

$x-2+2x+1=3 \qquad x=\frac{4}{3}$

$2<x$ を満たさないので不適。

(i)~(iii)より, $x=0,\ -\frac{2}{3}$

60

(1) $|2x-1|+|3-5x|-|3x+4|=2$

(i)　$x \leqq -\frac{4}{3}$ のとき

$-(2x-1)+(3-5x)+(3x+4)=2$

$x=\frac{3}{2}$

$x \leqq -\frac{4}{3}$ を満たさない。

(ii)　$-\frac{4}{3}<x \leqq \frac{1}{2}$ のとき

$-(2x-1)+(3-5x)-(3x+4)=2$

$x=-\frac{1}{5}$

$-\frac{4}{3}<x \leqq \frac{1}{2}$ を満たす。

(iii)　$\frac{1}{2}<x \leqq \frac{3}{5}$ のとき

$(2x-1)+(3-5x)-(3x+4)=2$

$x=-\frac{2}{3}$

$\frac{1}{2}<x \leqq \frac{3}{5}$ を満たさない。

(iv)　$\frac{3}{5}<x$ のとき

$(2x-1)-(3-5x)-(3x+4)=2$

$x=\frac{5}{2}$

$\frac{3}{5}<x$ を満たす。

(i)〜(iv)より，$x=-\frac{1}{5},\ \frac{5}{2}$

(2)　(i)　$x \leqq -3$ のとき

$-(x+3)-(x-2)<x+5$

$x>-2$

$x \leqq -3$ を満たさないので不適。

(ii)　$-3<x \leqq 2$ のとき

$(x+3)-(x-2)<x+5$

$x>0$

$-3<x \leqq 2$ との共通部分より，

$0<x \leqq 2$

(iii)　$2<x$ のとき

$(x+3)+(x-2)<x+5$

$x<4$

$2<x$ との共通部分より，

$2<x<4$

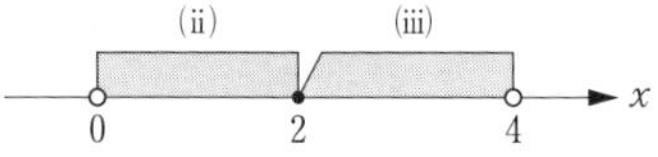

(i)〜(iii)より，$0<x<4$

61

$|x+2|+|x-1| \leqq x+4$

(i)　$x \leqq -2$ のとき

$-(x+2)-(x-1) \leqq x+4$

$x \geqq -\frac{5}{3}$

$x \leqq -2$ より不適。

(ii)　$-2<x \leqq 1$ のとき

$(x+2)-(x-1) \leqq x+4$

$x \geqq -1$

$-2<x \leqq 1$ との共通部分より，

$-1 \leqq x \leqq 1$

(iii)　$1<x$ のとき

$(x+2)+(x-1) \leqq x+4$

$x \leqq 3$

$1<x$ との共通部分より，

$1<x \leqq 3$

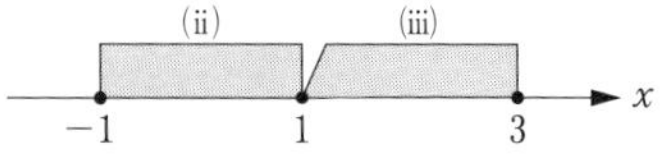

(i)(ii)(iii)より，$-1 \leqq x \leqq 3$

よって整数解は $x=-1,\ 0,\ 1,\ 2,\ 3$ の5個

62

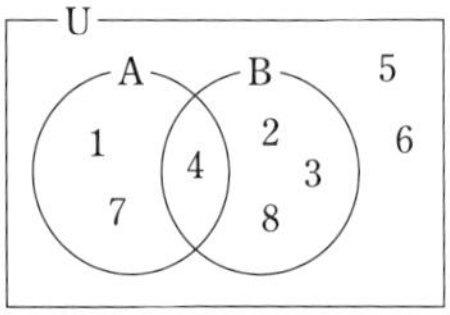

(1)　$A \cap B=\{4\}$

(2)　$A \cup B=\{1,\ 2,\ 3,\ 4,\ 7,\ 8\}$

(3)　$\overline{A} \cap B=\{2,\ 3,\ 8\}$

63

・集合 A について

$m \in Z$ より m は整数だから，

$m=0,\ \pm1,\ \pm2,\ \pm3,\ \cdots$

$x=2m$ に代入すると，

$x=0,\ \pm2,\ \pm4,\ \pm6,\ \cdots$

よって，

$A=\{0,\ \pm2,\ \pm4,\ \pm6,\ \cdots\}$

・集合 B について

$m \in Z$ より m は整数であり，さらに，

$0 \leqq m \leqq 5$ であるから，

$m=0,\ 1,\ 2,\ 3,\ 4,\ 5$

$x=3m+1$ に代入すると，

$x=1,\ 4,\ 7,\ 10,\ 13,\ 16$

よって，

$B=\{1,\ 4,\ 7,\ 10,\ 13,\ 16\}$

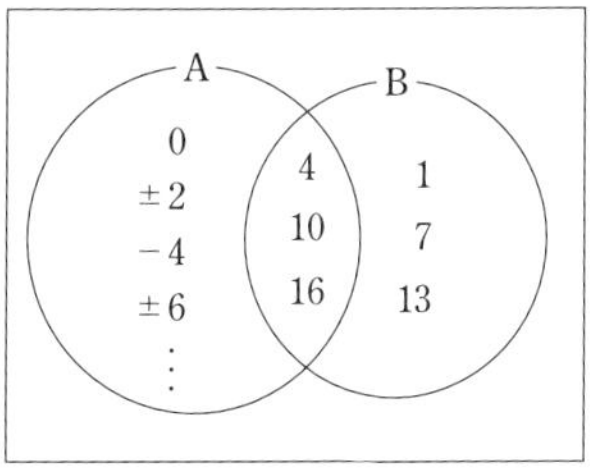

$A \cap B = \{4,\ 10,\ 16\}$

$\overline{A} \cap B = \{1,\ 7,\ 13\}$

64

(1)～(5)が表す部分を図示してみる。

$\overline{A} \cap B$　　　(1)　$\overline{\overline{A} \cap B}$

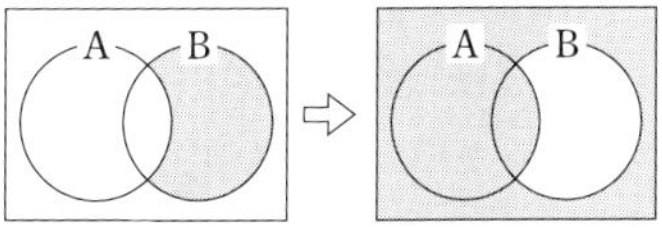

$A \cup B$　　　(2)　$\overline{A \cup B}$

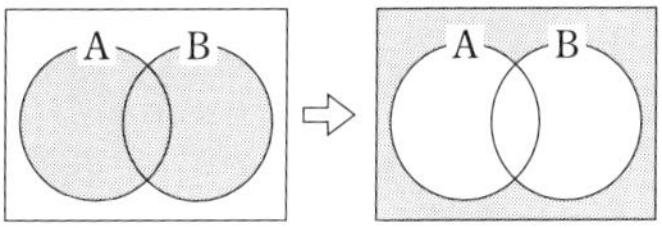

(3)　$A \cap \overline{B}$

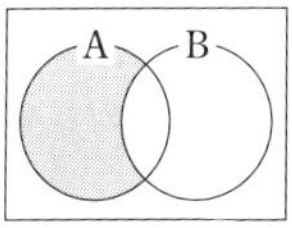

$A \cap B$　　　(4)　$\overline{A \cap B}$

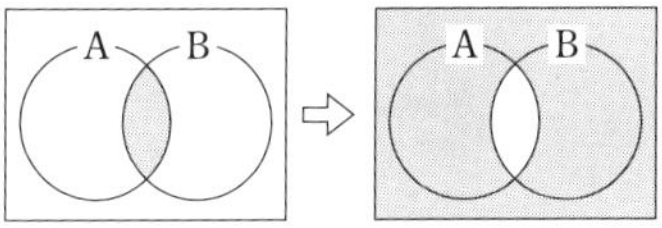

(5)は，$A \cup \overline{B}$ がわかりづらいので，ド・モルガンの法則を利用する。

$\overline{A \cup \overline{B}} = \overline{A} \cap \overline{\overline{B}}$（ド・モルガンの法則より）

$= \overline{A} \cap B$

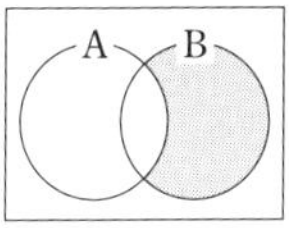

以上より，該当する集合は(5)

65

$\varnothing$，$\{a\}$，$\{b\}$，$\{c\}$，$\{a,\ b\}$，$\{b,\ c\}$，$\{a,\ c\}$，$\{a,\ b,\ c\}$

注

$\varnothing$ は空集合を表す。{ } と表記してもよい。また，空集合は，すべての集合の部分集合と決められている。

66

全体集合 $U = \{x | x$は10以下の自然数$\}$

$= \{1,\ 2,\ 3,\ 4,\ 5,\ 6,\ 7,\ 8,\ 9,\ 10\}$

(1)　$P \cap Q = \{3,\ 5\}$，$Q = \{1,\ 3,\ a^2 - 4a\}$

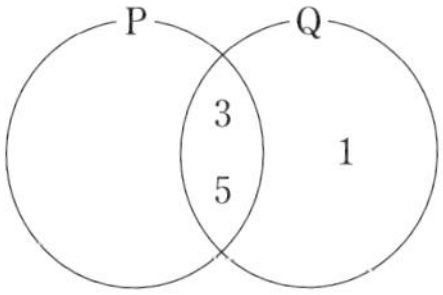

$a^2 - 4a$ と 5 が等しいから，

$a^2 - 4a = 5$

$a^2 - 4a - 5 = 0$

$(a-5)(a+1) = 0$

$a = 5,\ -1$

・$a = 5$ のとき

$P = \{2,\ 5,\ 7,\ a+9,\ a+b\}$

$= \{2,\ 5,\ 7,\ 14,\ 5+b\}$

全体集合に含まれない 14 が要素になってしまうので，不適。

・$a = -1$ のとき

$P = \{2,\ 5,\ 7,\ 8,\ -1+b\}$

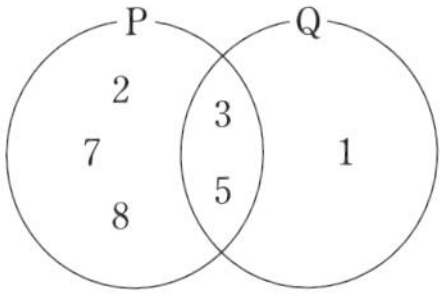

$-1+b$ と 3 が等しいから

$-1 + b = 3$

$b = 4$

以上より，$a = -1$，$b = 4$

(2)

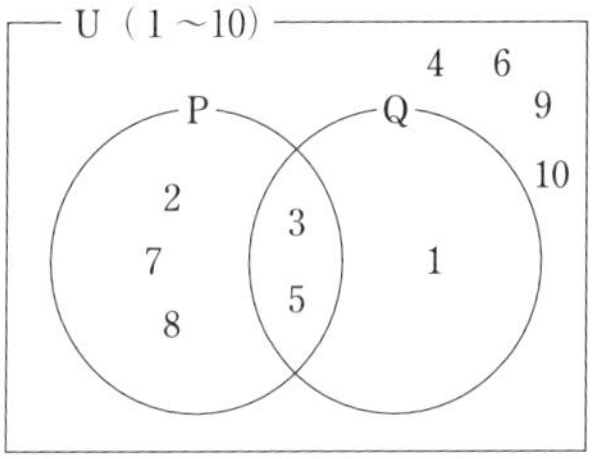

$\overline{P} = \{1,\ 4,\ 6,\ 9,\ 10\}$

よって，$\overline{P}\cap Q=\{1\}$

(3) $\overline{P\cup Q}=\{4,\ 6,\ 9,\ 10\}$

67

(1) $A=\{2,\ 4,\ 6,\ 8,\ 10,\ 12\}$，$B=\{3,\ 6,\ 9,\ 12\}$，
$C=\{1,\ 2,\ 3,\ 5,\ 6,\ 10\}$
ベン図は次のようになる。

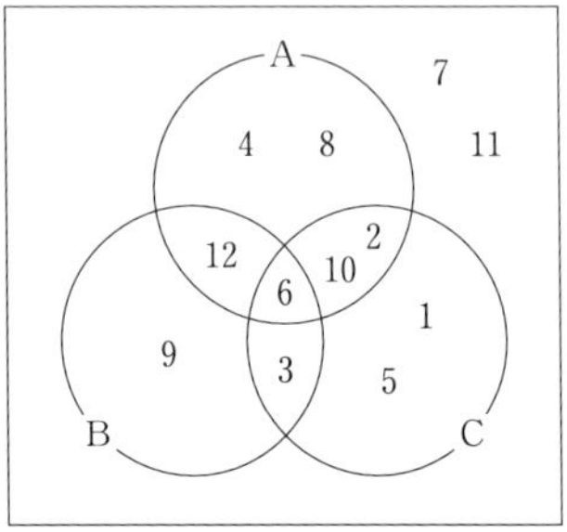

(2)(i)

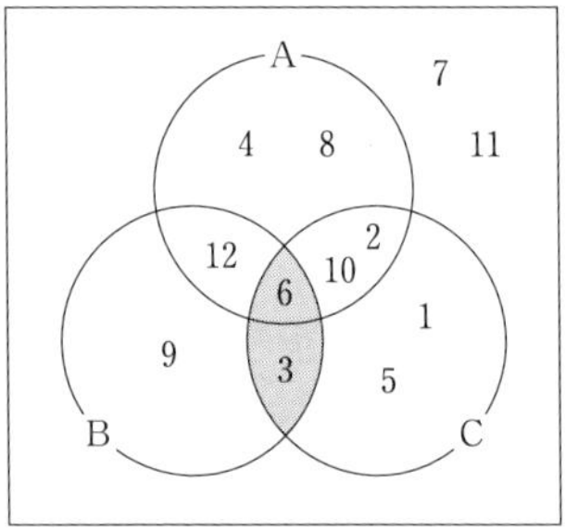

$B\cap C=\{3,\ 6\}$

(ii)

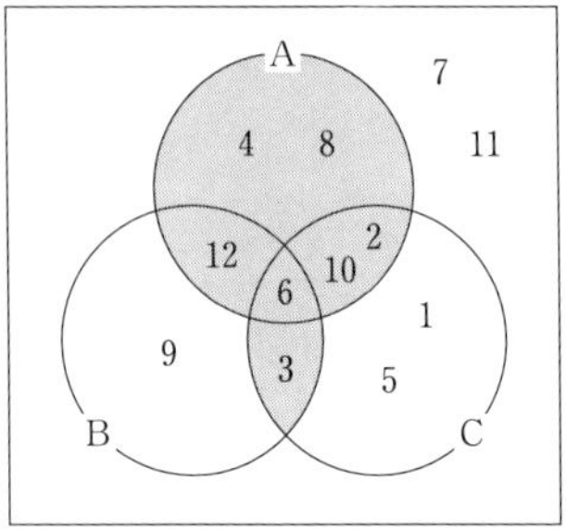

$A\cup(B\cap C)=\{2,\ 3,\ 4,\ 6,\ 8,\ 10,\ 12\}$

(iii)

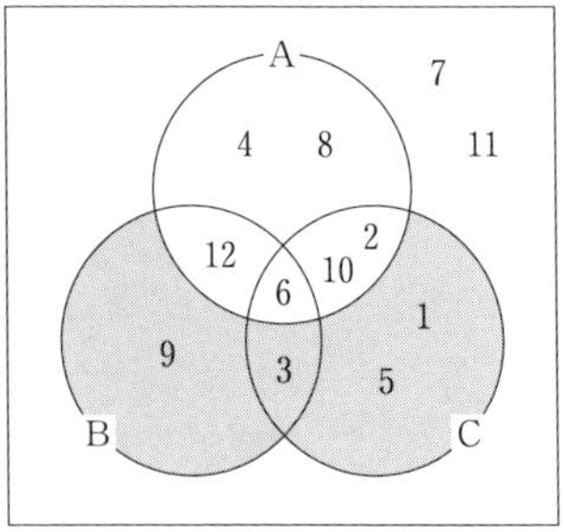

$\overline{A}\cap(B\cup C)=\{1,\ 3,\ 5,\ 9\}$

68

注

本問の場合，x は整数，あるいは自然数という条件はないので，5.5 や $\frac{1}{2}$ といった小数や分数も含まれることに注意しよう。

(1)

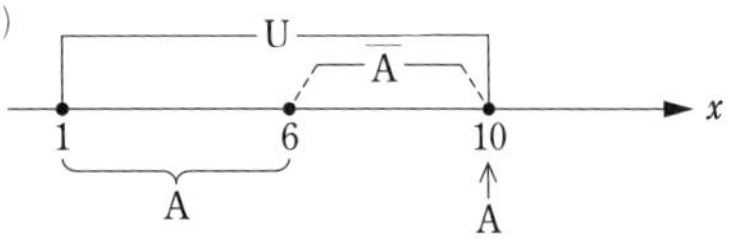

$\overline{A}=\{x\,|\,6<x<10\}$ より，
　$A=\{x\,|\,1\leqq x\leqq 6,\ x=10\}$　…①
$\overline{B}=\{x\,|\,3\leqq x<7\}$ より，
　$B=\{x\,|\,1\leqq x<3,\ 7\leqq x\leqq 10\}$　…②
①と②の共通部分より，
　$A\cap B=\{x\,|\,1\leqq x<3,\ x=10\}$

(2)

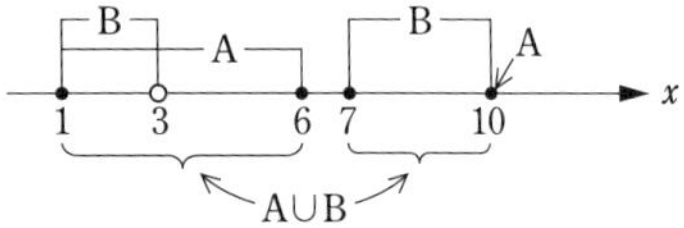

$A\cup B=\{x\,|\,1\leqq x\leqq 6,\ 7\leqq x\leqq 10\}$
よって，
　$\overline{A\cup B}=\{x\,|\,6<x<7\}$

69

(1) 偽〈反例〉$x=-3$

(2) 偽〈反例〉$x=1$，$y=-1$

(3) まず，$xy>0$ ならば，
　$x>0$，$y>0$ または $x<0$，$y<0$
一方，$x+y>0$ より，
$x<0$，$y<0$ は不適だから，$x>0$，$y>0$
よって，真

(4) 偽〈反例〉$x=4$，$y=\frac{1}{2}$

(5) $x^2+y^2=0$
$x^2\geqq 0$，$y^2\geqq 0$ より，

この式が成立するためには，

$x^2=0$ かつ $y^2=0$

$x=0$ かつ $y=0$

よって，真

(6) 偽 〈反例〉$a=0$，$b=1$

(7) 偽 〈反例〉$a=2$，$b=-3$

(8) $a+b$ が偶数ならば，

「a，b はともに偶数」…①

または

「a，b はともに奇数」…②

一方，ab が偶数より，a，b のうち少なくとも一方は偶数なので，②は不適。

よって①が成り立つので，真。

(9) 偽 〈反例〉$a=-2$，$b=-3$

70

(1) $x^2=1 \overset{\times}{\underset{\bigcirc}{\rightleftarrows}} x=1$

(→の反例は $x=-1$)

(答) ア

(2) (第2章4．2次方程式を参照)

$x^2-x-2=0$ を解くと，

$(x+1)(x-2)=0$

$x=-1$，2

これより，

$x=2 \overset{\bigcirc}{\underset{\times}{\rightleftarrows}} x^2-x-2=0$

(←の反例は $x=-1$)

(答) イ

(3) $x^2-10x+16=0$ を解くと，

$(x-2)(x-8)=0$

$x=2$，8

$|x-5|=3$ を解くと，

$x-5=\pm3$

$x=\pm3+5=8$，2

よって，

$x^2-10x+16=0 \overset{\bigcirc}{\underset{\bigcirc}{\rightleftarrows}} |x-5|=3$

(答) ウ

(4) $ab=0 \overset{\times}{\underset{\bigcirc}{\rightleftarrows}} a^2+b^2=0$

(→の反例は $a=1$，$b=0$)

(答) ア

(5) $ab>0 \overset{\bigcirc}{\underset{\times}{\rightleftarrows}} a^2+b^2>0$

(←の反例は $a=1$，$b=-1$)

(答) イ

(6) $a+b>0 \overset{\times}{\underset{\times}{\rightleftarrows}} ab>0$

(→の反例は $a=2$，$b=-1$
←の反例は $a=-1$，$b=-1$)

(答) エ

(7) $a+b>0 \overset{\times}{\underset{\bigcirc}{\rightleftarrows}} a>0$ かつ $b>0$

(→の反例は $a=2$，$b=-1$)

(答) ア

(8) $x+y>0$ かつ $xy>0$

$\overset{\bigcirc}{\underset{\bigcirc}{\rightleftarrows}} x>0$ かつ $y>0$

(答) ウ

(9) $x>1$ かつ $y>1$

$\overset{\bigcirc}{\underset{\times}{\rightleftarrows}} x+y>2$ かつ $xy>1$

$\left(\text{←の反例は } x=4,\ y=\frac{1}{2}\right)$

(答) イ

(10) $ab=0 \overset{\times}{\underset{\bigcirc}{\rightleftarrows}} a=0$

(→の反例は $a=1$，$b=0$)

(答) ア

(11) $a=b \overset{\bigcirc}{\underset{\times}{\rightleftarrows}} ma=mb$

(←の反例は $m=0$，$a=1$，$b=2$)

(答) イ

(12) $a>b \overset{\times}{\underset{\times}{\rightleftarrows}} ma>mb$

(→の反例は $a=2$，$b=1$，$m=-1$
←の反例は $a=1$，$b=2$，$m=-1$)

(答) エ

(13) 長方形 $\overset{\bigcirc}{\underset{\times}{\rightleftarrows}}$ 平行四辺形

(←の反例は，隣り合う角が 60°，120°
の平行四辺形)

(答) イ

71

(1) $|x-2|<3$ より，

$-3<x-2<3$

$-1<x<5$ …①

$1<7-x<9$ より，

$-6<-x<2$

$6>x>-2$

$-2<x<6$ …②

(2)

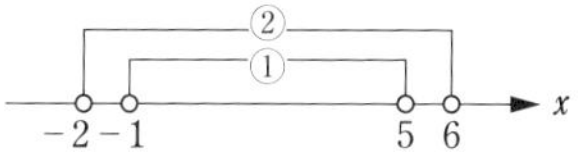

①が②の中に含まれることに注意すると，

①→②は真

②→①は偽 $\left(\text{反例は } x=\frac{11}{2}\right)$

よって，

$|x-2|<3 \underset{\times}{\overset{\bigcirc}{\rightleftarrows}} 1<7-x<9$

空欄に入る言葉は順に，

真，偽，十分

72

(1) $|x-4|<2$ より，

$-2<x-4<2$

$2<x<6$

$2<x<6 \underset{\bigcirc}{\overset{\times}{\rightleftarrows}} 3\leqq x\leqq 5$

$\left(\rightarrow の反例は\ x=\dfrac{5}{2}\right)$

よって，必要条件

(2) $|x|<1$ より，

$-1<x<1$

$x<1 \underset{\bigcirc}{\overset{\times}{\rightleftarrows}} -1<x<1$

($\rightarrow$の反例は $x=-2$)

よって，必要条件

73

(1) $-a\leqq x\leqq a \underset{\bigcirc}{\rightleftarrows} -1\leqq x\leqq 2$

題意を満たすのは←が真のときであり，そのためには，$-1\leqq x\leqq 2$ が $-a\leqq x\leqq a$ の中に含まれればよい。

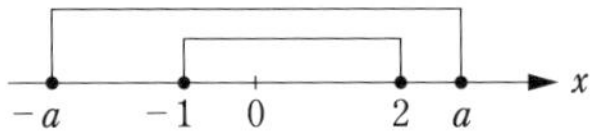

そのため条件は，$a\geqq 2$

(2) $|x-1|<a$ より，

$-a<x-1<a$

$1-a<x<1+a$

$-3<x<2 \overset{\bigcirc}{\rightleftarrows} 1-a<x<1+a$

$-3<x<2$ が $1-a<x<1+a$ の中に含まれればよい。

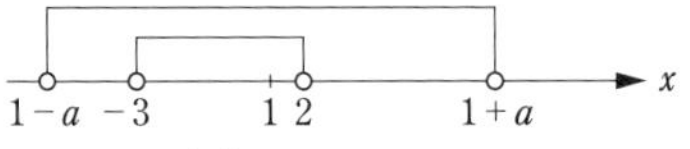

そのため条件は，$1-a\leqq -3$

$a\geqq 4$

74

$x\geqq 1$ かつ $x\leqq 2$

注

$1\leqq x\leqq 2$ としてもよい。

75

$a^2\neq 4$ ならば $a\neq 2$

76

否定命題は，

「ある実数 x，y について $x^2+y^2\leqq 0$」 …①

$x^2+y^2\leqq 0$ を満たす実数として，$x=0$，$y=0$ があるので，①は真である。

注

当然，もとの命題は偽である。

(反例は $x=0$，$y=0$)

また①は，もとの命題を否定していれば別の表現でもよい。たとえば，「$x^2+y^2\leqq 0$ を満たす実数 x，y が存在する」など。

77

(1) ［逆］

$x+y>2$ ならば $x>1$ かつ $y>1$

偽，〈反例〉$x=3$，$y=0$

［裏］

$x\leqq 1$ または $y\leqq 1$ ならば $x+y\leqq 2$

偽，〈反例〉$x=3$，$y=0$

［対偶］

$x+y\leqq 2$ ならば $x\leqq 1$ または $y\leqq 1$

真

(2) ［逆］

$a+b$，$a-b$ がともに整数ならば，a，b はともに整数である。

偽，〈反例〉$a=\dfrac{1}{2}$，$b=\dfrac{1}{2}$

［裏］

a，b の少なくとも一方が整数でないならば，$a+b$，$a-b$ の少なくとも一方は整数でない。

(逆と裏の真偽と反例は一致するため)

偽，〈反例〉$a=\dfrac{1}{2}$，$b=\dfrac{1}{2}$

［対偶］

$a+b$，$a-b$ の少なくとも一方が整数でないならば，a，b の少なくとも一方は整数でない。

(もとの命題と対偶は，真偽と反例が一致し，もとの命題は明らかに真であるから。)

真

78

(1) まず対偶は，

「$a-b=2$ かつ $a+b=4$ ならば，$a=3$ かつ $b=1$」

ここで,

$$\begin{cases} a-b=2 & \cdots\text{㋐} \\ a+b=4 & \cdots\text{㋑} \end{cases}$$

とおくと,㋐+㋑より,

$2a=6 \qquad a=3$

㋑に代入すると,$3+b=4 \qquad b=1$

したがって,対偶は真である。

次に,裏は,

「$a=3$ かつ $b=1$ ならば,

$a-b=2$ かつ $a+b=4$」

$a=3$, $b=1$ を,$a-b=2$, $a+b=4$ に代入すると成り立つから,裏は真である。

最後に,逆は,

「$a-b\neq2$ または $a+b\neq4$ ならば,

$a\neq3$ または $b\neq1$」

この真偽の判定は難しいので,すでに求めてある裏を利用する。一般に,逆と裏は互いに対偶の関係になっているので真偽も一致する。したがって,裏が真であることから,逆も真である。

(2) 背理法を用いる。

m, n がともに奇数であるとすると,m^2 と n^2 も奇数となるから,m^2+n^2 は奇数+奇数で偶数となってしまい,m^2+n^2 が奇数であることに反する。したがって〰〰部は誤りであるから,m, n のうち,少なくとも一方は偶数である。(証明終)

別解

②の対偶をつくると,

「m, n を整数とするとき,m, n がともに奇数ならば,m^2+n^2 は偶数である」

m, n がともに奇数ならば,m^2 と n^2 も奇数だから,m^2+n^2 は偶数。よって,②の対偶は真であるから,命題②も真である。(証明終)

(3)

(i) 「$a\neq3$ または $b\neq1$」

$\rightleftarrows$「$a-b\neq2$ または $a+b\neq4$」

・$\longrightarrow$ は命題①であり,その対偶は(1)で調べたように真であるから,$\longrightarrow$ も真である。

・$\longleftarrow$ は命題①の逆であり,これも(1)で調べたように真である。

したがって,必要十分条件。 (答) ウ

(ii) 「m^2+n^2 が奇数」

$\rightleftarrows$「m, n の少なくとも一方は偶数」

・$\longrightarrow$ は(2)より真。

・$\longleftarrow$ は偽。(反例は $m=2$, $n=2$)

したがって,十分条件。 (答) イ

79

(1) $y=(x+3)^2-3^2+13$

$=(x+3)^2+4$ 頂点 $(-3,\ 4)$

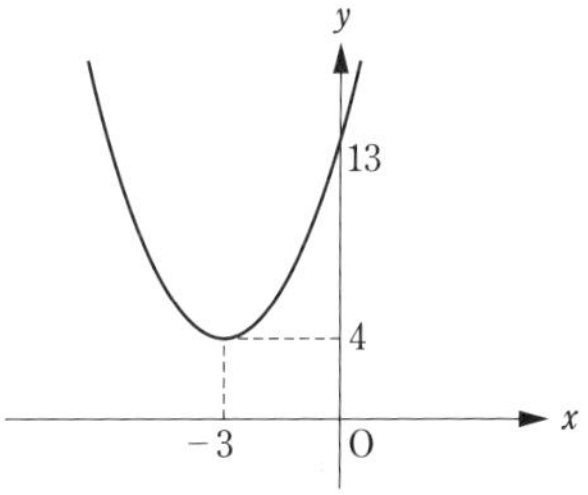

(2) $y=\left(x-\dfrac{5}{2}\right)^2-\dfrac{25}{4}$ 頂点 $\left(\dfrac{5}{2},\ -\dfrac{25}{4}\right)$

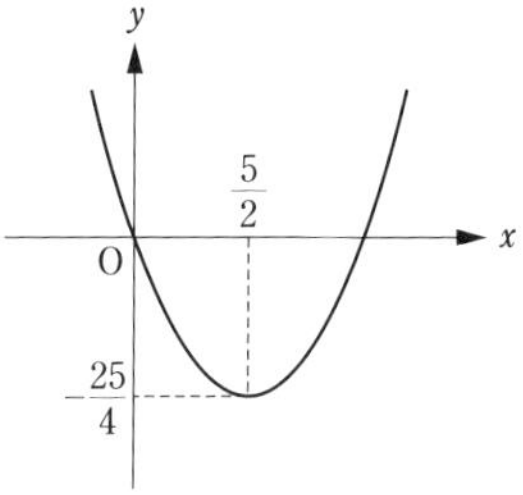

(3) $y=x^2+2$ 頂点 $(0,\ 2)$

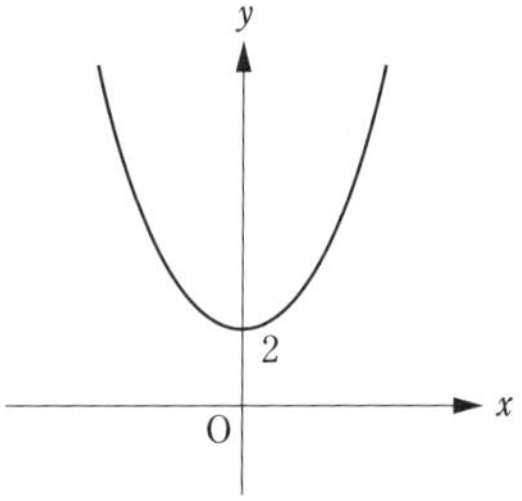

(4) $y=-(x^2-4x)+5$

$=-(x-2)^2+2^2+5$

$=-(x-2)^2+9$

上に凸,頂点 $(2,\ 9)$

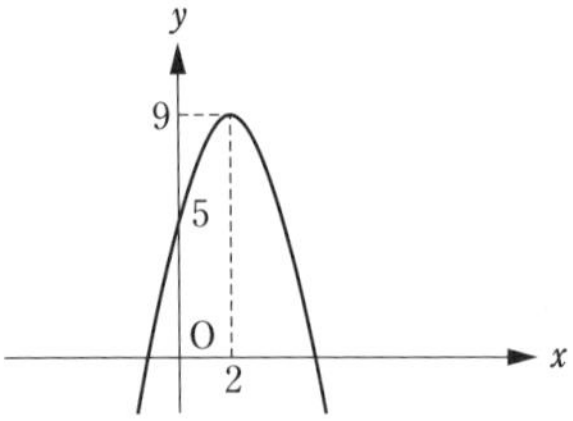

(5)　$y=2(x^2+2x)+1$

$=2(x+1)^2-2\cdot1^2+1$

$=2(x+1)^2-1$　頂点 $(-1,\ -1)$

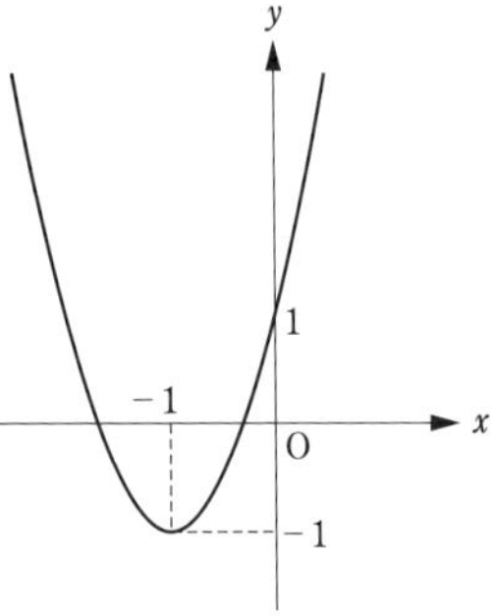

(6)　$y=-2x^2+6x+2$

$=-2(x^2-3x)+2$

$=-2\left(x-\dfrac{3}{2}\right)^2+2\cdot\dfrac{9}{4}+2$

$=-2\left(x-\dfrac{3}{2}\right)^2+\dfrac{13}{2}$

上に凸，頂点 $\left(\dfrac{3}{2},\ \dfrac{13}{2}\right)$

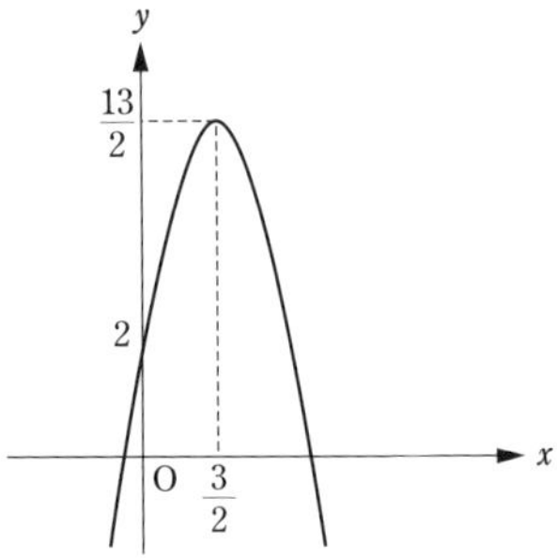

80

(1)　$y=2x^2-4x+3=2(x-1)^2+1$

よって，頂点は $(1,\ 1)$　…㋐

①　1　　②　1

(2)　$y=2x^2-8x+11=2(x-2)^2+3$

よって，頂点は $(2,\ 3)$　…㋑

㋐が㋑に移ることから，x 軸方向へ 1，y 軸方向へ 2 平行移動すればよい。

③　1　　④　2

81

$y=\dfrac{1}{3}x^2-2x+4$

$=\dfrac{1}{3}(x^2-6x)+4$

$=\dfrac{1}{3}(x-3)^2-\dfrac{1}{3}\cdot9+4$

$=\dfrac{1}{3}(x-3)^2+1$　…①

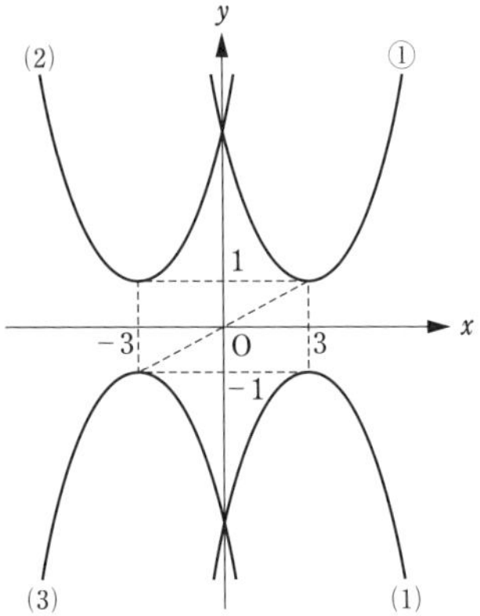

(1)　上に凸で頂点が $(3,\ -1)$ だから，

$y=-\dfrac{1}{3}(x-3)^2-1$

$y=-\dfrac{1}{3}x^2+2x-4$

(2)　下に凸で頂点が $(-3,\ 1)$ だから，

$y=\dfrac{1}{3}(x+3)^2+1$

$y=\dfrac{1}{3}x^2+2x+4$

(3)　上に凸で頂点が $(-3,\ -1)$ だから，

$y=-\dfrac{1}{3}(x+3)^2-1$

$y=-\dfrac{1}{3}x^2-2x-4$

別解

次を利用する。

- x 軸に関する対称移動では，y を $-y$ におきかえる。
- y 軸に関する対称移動では，x を $-x$ におきかえる。
- 原点に関する対称移動では，x を $-x$，y を $-y$ におきかえる。

$y=\dfrac{1}{3}x^2-2x+4$　…⊛

(1)　⊛式で，y を $-y$ におきかえて，

$$-y=\frac{1}{3}x^2-2x+4$$

$$y=-\frac{1}{3}x^2+2x-4$$

(2)　⊛式で，x を $-x$ におきかえて，

$$y=\frac{1}{3}(-x)^2-2(-x)+4$$

$$y=\frac{1}{3}x^2+2x+4$$

(3)　⊛式で，x を $-x$，y を $-y$ におきかえて，

$$-y=\frac{1}{3}(-x)^2-2(-x)+4$$

$$-y=\frac{1}{3}x^2+2x+4$$

$$y=-\frac{1}{3}x^2-2x-4$$

82

注

本問は，**80** とは異なり，頂点を利用しようとすると面倒になるので，次を使うのがよい。

> x 軸方向に p，y 軸方向に q 平行移動するときは，
> $x\to x-p$，$y\to y-q$
> とおきかえる。

$y=-2x^2+17x-32$ を x 軸方向に -3，y 軸方向に a 平行移動すると，

$$y-a=-2(x+3)^2+17(x+3)-32$$

$$y-a=-2(x^2+6x+9)+17x+51-32$$

$$y=-2x^2+5x+1+a$$

これが $y=-2x^2+bx+3$ と一致するから，

$$5=b,\ 1+a=3$$

$$b=5,\ a=2$$

よって，

$$y=-2x^2+5x+3$$

x 軸方向に c 平行移動すると，

$$y=-2(x-c)^2+5(x-c)+3$$

原点を通るから，$x=0$，$y=0$ を代入すると，

$$0=-2(-c)^2+5(-c)+3$$

$$2c^2+5c-3=0$$

$$(2c-1)(c+3)=0$$

「正の向きに」とあるから，$c>0$

よって，$c=\frac{1}{2}$

(a)　2　　(b)　5　　(c)　$\frac{1}{2}$

注

(c)は -3 を答に含めてもよい。

83

(1)　$y=x^2-8x+21$

$y=(x-4)^2+5$　…①

頂点 (4，5)

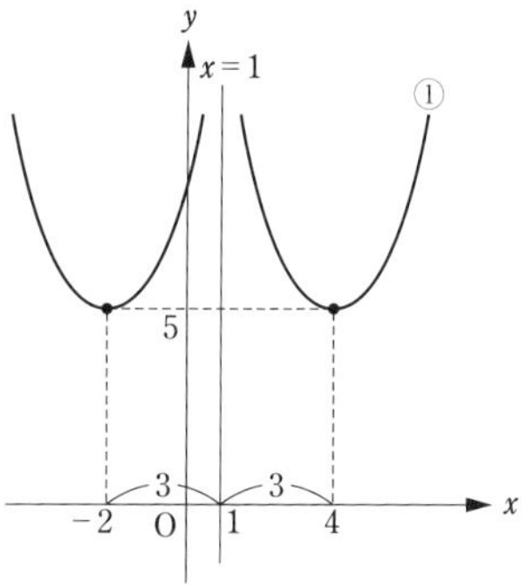

移動後は，下に凸で，頂点が (−2，5) だから，

$$y=(x+2)^2+5$$

$$y=x^2+4x+9$$

(2)

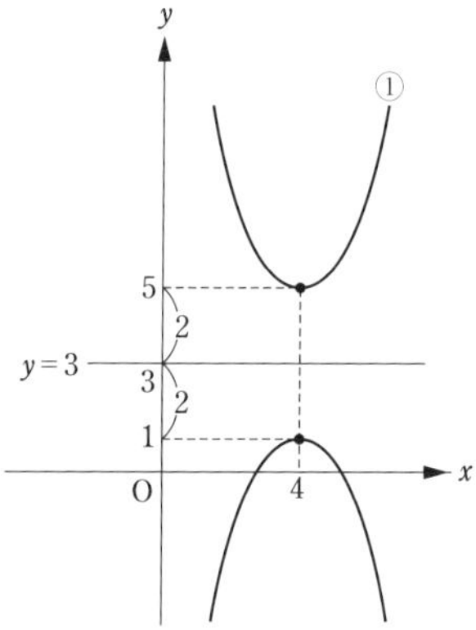

移動後は，上に凸で，頂点が (4，1) だから，

$$y=-(x-4)^2+1$$

$$y=-x^2+8x-15$$

84

(1)　$y=x^2+ax-2a-4$ より，

$$0=x^2+ax-2a-4-y$$

$$x^2+ax-2a-4-y=0$$

左辺を a について整理する。

$$ax-2a+x^2-y-4=0$$

$(x-2)a+x^2-y-4=0$

この式が，a の値にかかわらず成り立つための条件より，

$x-2=0$ …①，$x^2-y-4=0$ …②

①より，$x=2$

②に代入して，

$4-y-4=0$，$y=0$

よって，求める点の座標は $(2,\ 0)$

(2) $y=2kx+k-1$

$(2x+1)k-y-1=0$

$2x+1=0$，$-y-1=0$

$x=-\dfrac{1}{2}$，$y=-1$

ア．$2x+1$ イ．$-y-1$ ウ．$-\dfrac{1}{2}$ エ．-1

85

(1) $y=x^2-2x+4$

$=(x-1)^2+3$

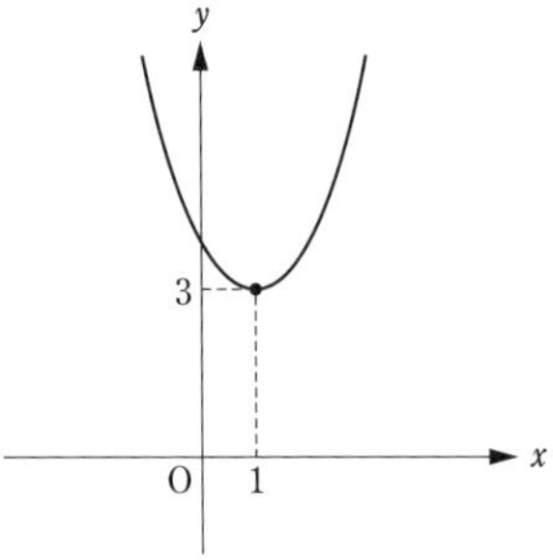

最小値 3（$x=1$ のとき）

(2) $y=-x^2-4x+1$

$=-(x^2+4x)+1$

$=-(x+2)^2+4+1$

$=-(x+2)^2+5$

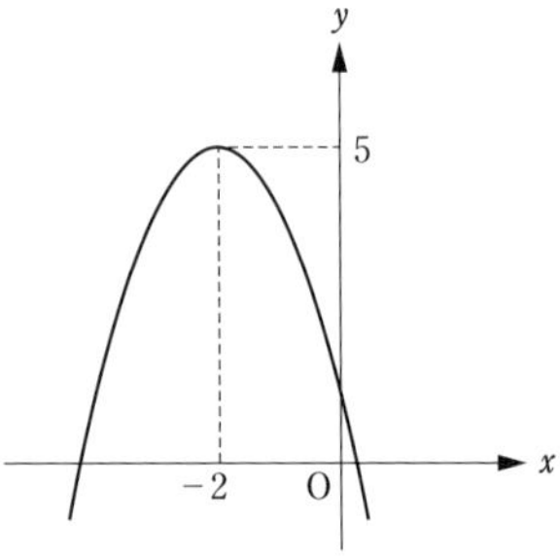

最大値 5（$x=-2$ のとき）

86

(1) $y=x^2-8x+17$

$=(x-4)^2+1$

$x=2$ のとき，

$y=(2-4)^2+1=4+1=5$

$x=7$ のとき，

$y=(7-4)^2+1=9+1=10$

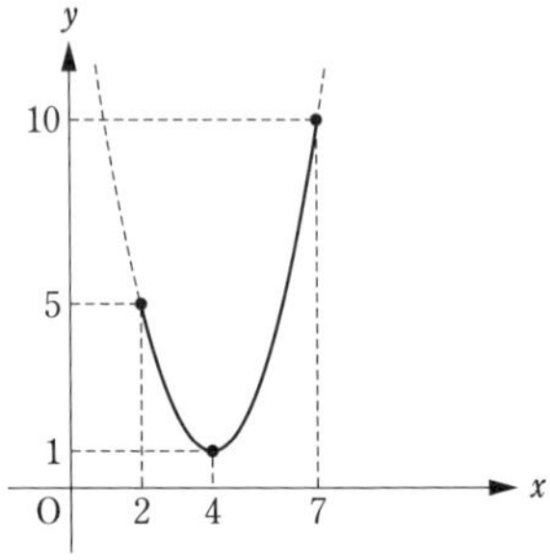

最大値 10（$x=7$ のとき）

最小値 1（$x=4$ のとき）

(2) $y=-2x^2+3x-2$ …①

$=-2\left(x^2-\dfrac{3}{2}x\right)-2$

$=-2\left(x-\dfrac{3}{4}\right)^2+2\cdot\dfrac{9}{16}-2$

$=-2\left(x-\dfrac{3}{4}\right)^2-\dfrac{7}{8}$

$x=-1$ のとき，①より，

$y=-2-3-2=-7$

$x=2$ のとき，①より，

$y=-8+6-2=-4$

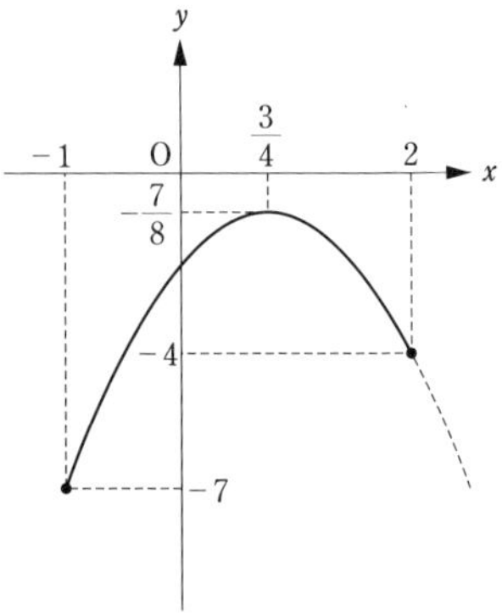

最大値 $-\dfrac{7}{8}$ $\left(x=\dfrac{3}{4}\right.$ のとき$\left.\right)$

最小値 -7（$x=-1$ のとき）

87

(1) $y=3x^2-7x+5$

$=3\left(x^2-\dfrac{7}{3}x\right)+5$

$=3\left(x-\dfrac{7}{6}\right)^2-3\cdot\dfrac{49}{36}+5$

$=3\left(x-\dfrac{7}{6}\right)^2+\dfrac{11}{12}$

頂点 $\left(\dfrac{7}{6},\ \dfrac{11}{12}\right)$

(2) $-1\leqq x\leqq 3$ におけるグラフは次の通り。

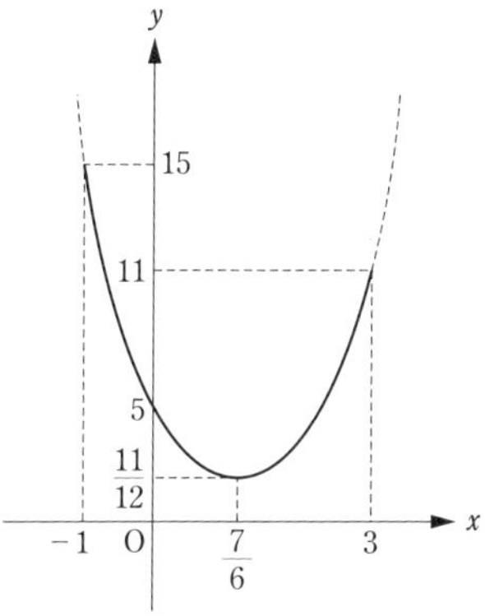

最大値　15 ($x=-1$ のとき)

最小値　$\dfrac{11}{12}$ $\left(x=\dfrac{7}{6}のとき\right)$

88

$y=x^2-4x+2-k$

$=(x-2)^2-2-k$

最小値 $-2-k=-10$　　$k=8$

89

$y=x^2-3x+a$　…①

$=\left(x-\dfrac{3}{2}\right)^2-\dfrac{9}{4}+a$

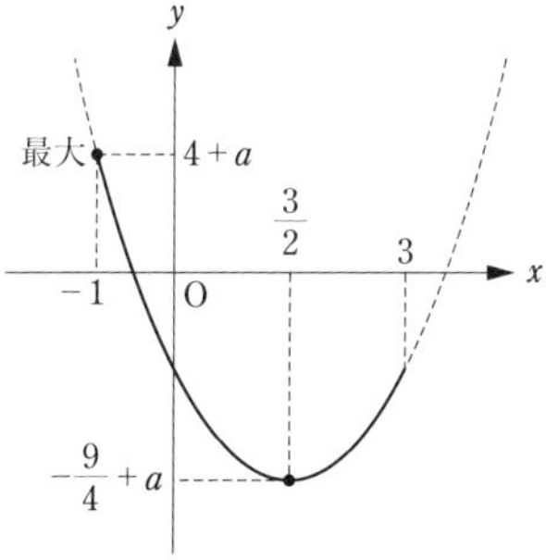

グラフより，$x=-1$ のとき最大となり，最大値は①より，

$y=1+3+a=4+a$

これが 2 と等しいから，

$4+a=2$　　$a=-2$

90

(1) $y=ax^2-4ax+6a+3$

$=a(x^2-4x)+6a+3$

$=a(x-2)^2-4a+6a+3$

$=a(x-2)^2+2a+3$

よって，頂点の座標は，

$(2,\ 2a+3)$

(2) $0\leqq x\leqq 3$ より，最大値は $x=0$ のときにとる。このときの y の値は，

$y=a\cdot 0^2-4a\cdot 0+6a+3$

$=6a+3$

91

(1) $f(x)=-ax^2+ax+b$

$=-a(x^2-x)+b$

$=-a\left(x-\dfrac{1}{2}\right)^2+\dfrac{1}{4}a+b$

軸は，$x=\dfrac{1}{2}$

頂点は，$\left(\dfrac{1}{2},\ \dfrac{1}{4}a+b\right)$

(2) $a>0$ より，$-a<0$。

よって，グラフは上に凸になる。

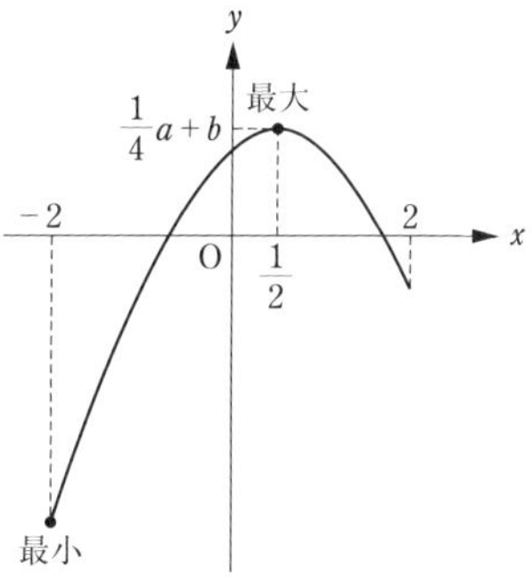

$\begin{cases} 最大値\quad f\left(\dfrac{1}{2}\right)=\dfrac{1}{4}a+b \\ 最小値\quad f(-2)=-4a-2a+b=-6a+b \end{cases}$

題意より

$\begin{cases} \dfrac{1}{4}a+b=7 & \cdots① \\ -6a+b=-18 & \cdots② \end{cases}$

①−②より

$\dfrac{25}{4}a=25$　　$a=4$

①に代入して，

$1+b=7$　　$b=6$

92

$f(x)=x^2+4px-4p+3$

$=(x+2p)^2-4p^2-4p+3$

よって $f(x)$ の最小値 $g(p)$ は，

$g(p)=-4p^2-4p+3$

$=-4(p^2+p)+3$

$=-4\left(p+\dfrac{1}{2}\right)^2+4$

よって $g(p)$ は，$p=-\dfrac{1}{2}$ のとき最大値 4 をとる。

93

(1)　$y=x^2+2x-1=(x+1)^2-2$（$-2\leqq x\leqq 1$）

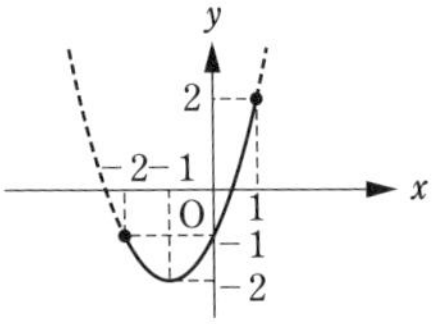

最大値 2（$x=1$ のとき）

最小値 -2（$x=-1$ のとき）

(2)　$y=(x^2+2x-1)^2-2x^2-4x+3$

$=(x^2+2x-1)^2-2x^2-4x+2+1$

$=(x^2+2x-1)^2-2(x^2+2x-1)+1$

ここで，$t=x^2+2x-1$　…①とおくと，

$y=t^2-2t+1=(t-1)^2$

また，(1)より，$-2\leqq t\leqq 2$

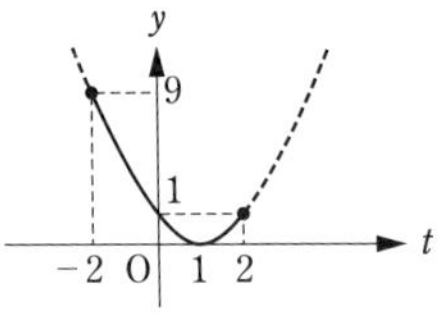

よってグラフより，

最大値 9

（$t=-2$，すなわち①より，

$x^2+2x-1=-2$

$x^2+2x+1=0$

$(x+1)^2=0$

$x=-1$ のとき）

最小値 0

（$t=1$，すなわち①より，

$x^2+2x-1=1$

$x^2+2x-2=0$

$x=-1\pm\sqrt{3}$

$-2\leqq x\leqq 1$ より，

$x=\sqrt{3}-1$ のとき）

94

(1)　$f(x)=x^2-2ax+3a+2$　($0\leqq x\leqq 2$)

$=(x-a)^2-a^2+3a+2$

よって，軸（頂点の x 座標）は，$x=a$

(i)　$a\leqq 0$ のとき

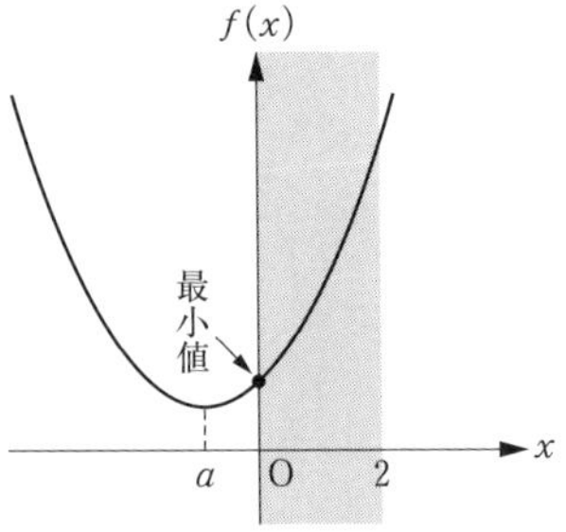

$m=f(0)=3a+2$

(ii)　$0<a\leqq 2$ のとき

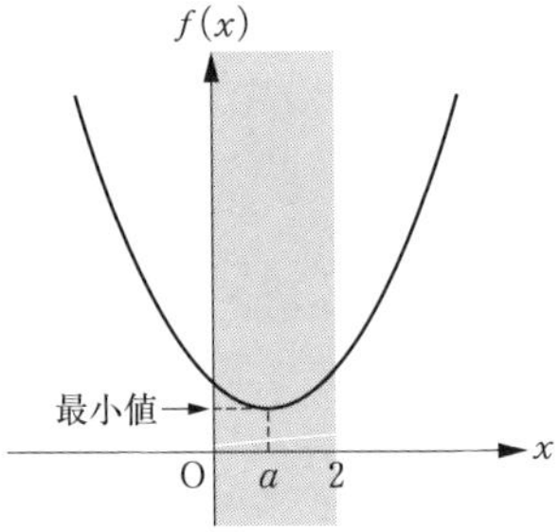

$m=f(a)=-a^2+3a+2$

(iii)　$2<a$ のとき

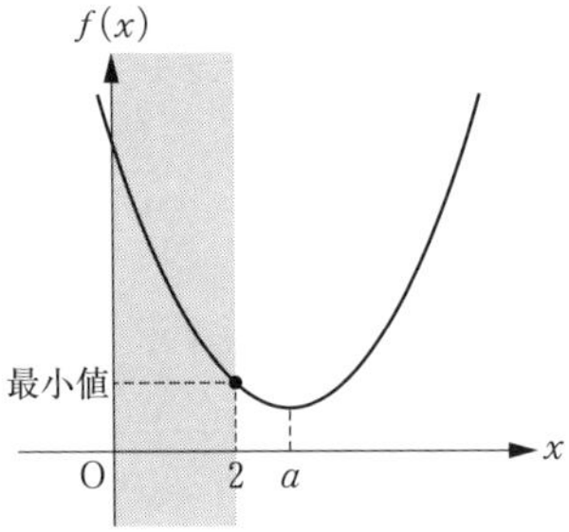

$m=f(2)=4-4a+3a+2$

$=-a+6$

(2)(i)　$a\leqq 0$ のとき

$m=3a+2=\dfrac{13}{4}$

$12a+8=13$

$a=\dfrac{5}{12}$

$a \leqq 0$ を満たさないので不適。

(ii) $0<a \leqq 2$ のとき

$$m=a^2+3a+2=\frac{13}{4}$$

両辺に -4 をかけて,

$$4a^2-12a-8=-13$$

$$4a^2-12a+5=0$$

$$(2a-5)(2a-1)=0$$

$0<a \leqq 2$ より, $a=\frac{1}{2}$

(iii) $2<a$ のとき

$$m=-a+6=\frac{13}{4}$$

$$-4a+24=13$$

$$a=\frac{11}{4}$$

これは $2<a$ を満たす。

(i)(ii)(iii)より,

$$a=\frac{1}{2},\ \frac{11}{4}$$

95

$f(x)=x^2-2x-1$ とおく。

$$f(x)=(x-1)^2-2 \quad (a \leqq x \leqq a+1)$$

軸が $x=1$, 定義域が $a \leqq x \leqq a+1$ であることと, 定義域のまん中が $x=a+\frac{1}{2}$ であることに注意して, 次の(i)〜(iv)に場合分けする。

(i) $a+1 \leqq 1$ すなわち $a \leqq 0$ のとき

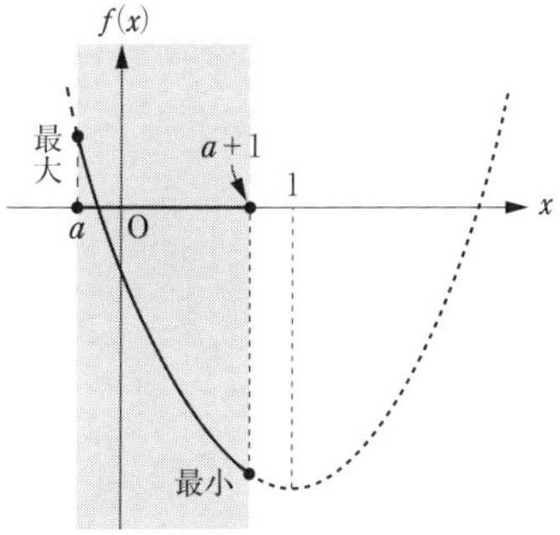

$M(a)=f(a)=(a-1)^2-2$

$m(a)=f(a+1)=a^2-2$

(ii) $a+\frac{1}{2} \leqq 1<a+1$

すなわち $0<a \leqq \frac{1}{2}$ のとき

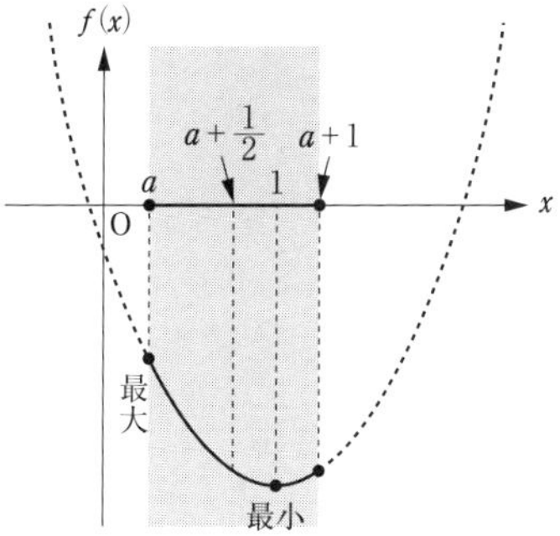

$M(a)=f(a)=(a-1)^2-2$

$m(a)=f(1)=-2$

(iii) $a \leqq 1<a+\frac{1}{2}$

すなわち $\frac{1}{2}<a \leqq 1$ のとき

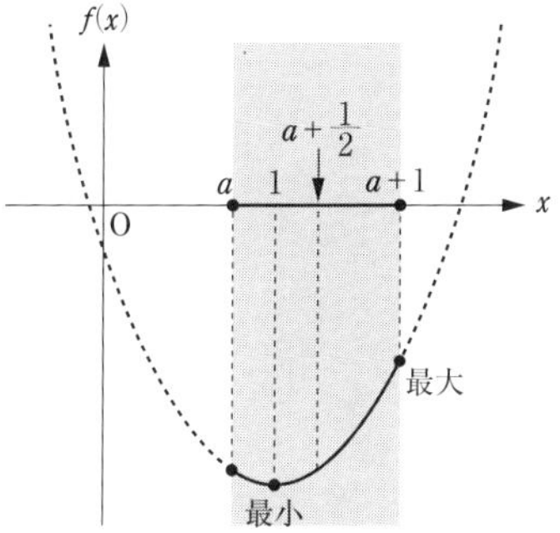

$M(a)=f(a+1)=a^2-2$

$m(a)=f(1)=-2$

(iv) $1<a$ のとき

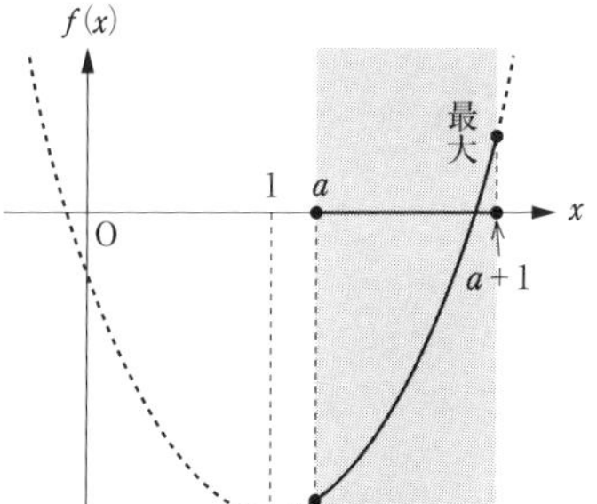

$M(a)=f(a+1)=a^2-2$

$m(a)=f(a)=(a-1)^2-2$

(i)〜(iv)より,

$$M(a)=\begin{cases}(a-1)^2-2 & \left(a\leqq\dfrac{1}{2}\ \text{のとき}\right)\\ a^2-2 & \left(a>\dfrac{1}{2}\ \text{のとき}\right)\end{cases}$$

$$m(a)=\begin{cases}a^2-2 & (a\leqq 0\ \text{のとき})\\ -2 & (0<a\leqq 1\ \text{のとき})\\ (a-1)^2-2 & (1<a\ \text{のとき})\end{cases}$$

それぞれグラフをかくと次の実線部分のようになる。

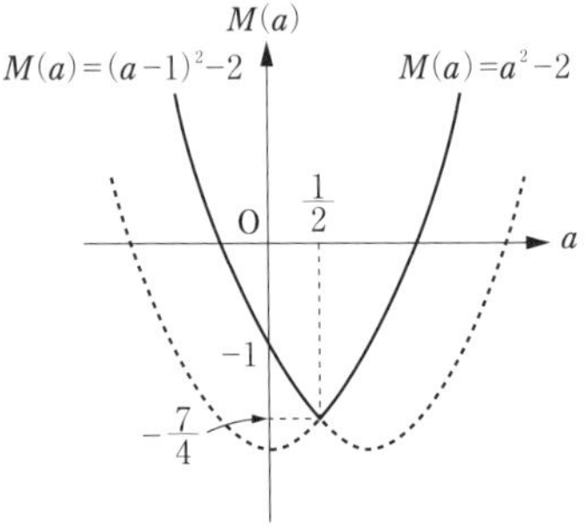

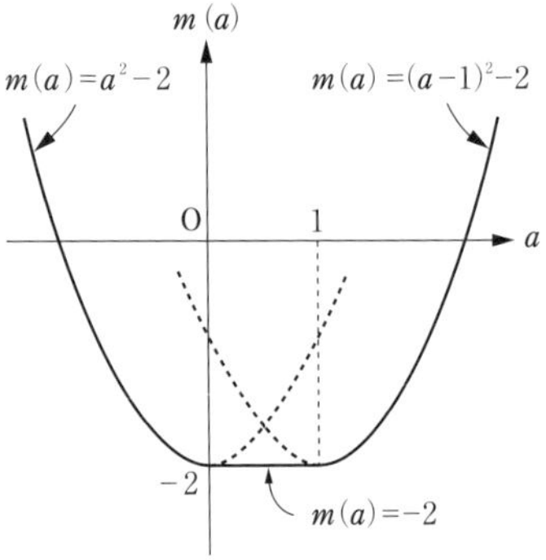

96

(1) 頂点が $(1,\ 3)$ であるから，

$y=a(x-1)^2+3\ (a\neq 0)$

とおける。これが点 $(0,\ 7)$ を通るから，

$7=a(0-1)^2+3$

$a=4$

すなわち，

$y=4(x-1)^2+3$

$y=4x^2-8x+7$

(2) $y=ax^2+bx+c\ (a\neq 0)$ とおくと，

$(-1,\ 8)$ を通るから，

$8=a-b+c\quad\cdots①$

$(0,\ 5)$ を通るから，

$5=c\quad\cdots②$

$(2,\ 5)$ を通るから，

$5=4a+2b+c\quad\cdots③$

①，②，③の連立方程式を解いて，

$a=1,\ b=-2,\ c=5$

よって，

$y=x^2-2x+5$

(3) x 軸と 2 点 $(4,\ 0)$，$(1,\ 0)$ で交わることより，

$y=a(x-4)(x-1)\ (a\neq 0)$

とおける。これが $(0,\ -4)$ を通るから，

$-4=a(0-4)(0-1)$

$a=-1$

よって，

$y=-(x-4)(x-1)$

$y=-x^2+5x-4$

(4) 軸が $x=3$ であるから，

$y=a(x-3)^2+b$

とおける。

$(0,\ 18)$ を通るから，

$18=a(0-3)^2+b$

$18=9a+b\quad\cdots①$

$(5,\ 3)$ を通るから，

$3=a(5-3)^2+b$

$3=4a+b\quad\cdots②$

①，②より，$a=3,\ b=-9$

よって，

$y=3(x-3)^2-9$

$y=3x^2-18x+18$

(5)

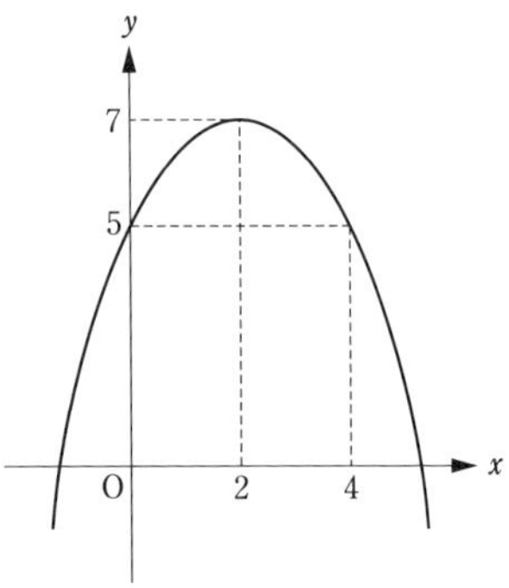

上図より，頂点は $(2,\ 7)$ だから，

$y=a(x-2)^2+7\quad\cdots①$

とおける。

$(0,\ 5)$ を通るから，

$5=a(0-2)^2+7$

$-2=4a$

$a=-\dfrac{1}{2}$

①に代入して,

$y=-\dfrac{1}{2}(x-2)^2+7$

$y=-\dfrac{1}{2}x^2+2x+5$

97

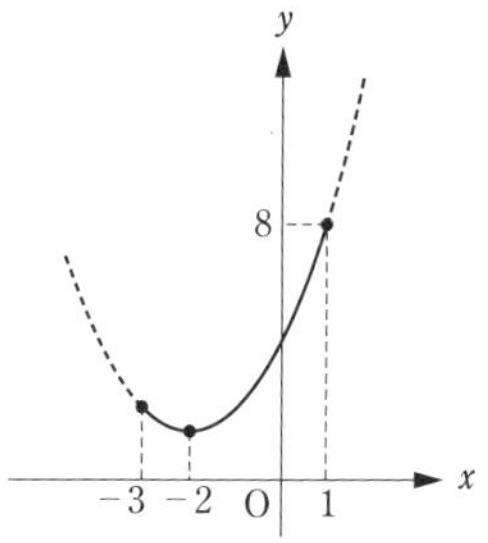

頂点の x 座標が -2 だから,

$y=(x+2)^2+k$ …①

とおける。

$x=1$ のとき $y=8$ だから,

$8=(1+2)^2+k$

$k=-1$

①に代入して,

$y=(x+2)^2-1$ …②

$y=x^2+4x+3$

$a=4,\ b=3$

また②より，最小値 -1

98

$y=ax^2+2x+b$ …①

頂点が $(1,\ 5)$ だから，①は次のように表すことができる。

$y=a(x-1)^2+5$

$y=ax^2-2ax+a+5$ …②

①と②が一致することから,

$2=-2a,\ b=a+5$

$a=-1,\ b=4$

99

$y=ax^2+2ax+b$ が点 $(2,\ 4)$ を通るから,

$4=4a+4a+b$

$b=-8a+4$ …①

よって，与式は,

$y=ax^2+2ax-8a+4$

$\quad=a(x^2+2x)-8a+4$

$\quad=a(x+1)^2-9a+4$

頂点は $(-1,\ -9a+4)$ であり，これが $y=2x+1$ 上にあるので,

$x=-1,\ y=-9a+4$

を代入して,

$-9a+4=2\cdot(-1)+1$

$-9a=-5$

$a=\dfrac{5}{9}$

①より,

$b=-\dfrac{40}{9}+4=-\dfrac{4}{9}$

100

(1) $(x-1)(x-2)=0\qquad x=1,\ 2$

(2) $(2x-1)(x+2)=0\qquad x=\dfrac{1}{2},\ -2$

(3) $(3x+5)(x+1)=0\qquad x=-\dfrac{5}{3},\ -1$

(4) $(x-2)(4x-7)=0\qquad x=2,\ \dfrac{7}{4}$

(5) $(x-10)(x+7)=0\qquad x=10,\ -7$

(6) $x^2+4x+3=8$

$x^2+4x-5=0$

$(x-1)(x+5)=0\qquad x=1,\ -5$

(7) $x^2-2x+1=x+5$

$x^2-3x-4=0$

$(x-4)(x+1)=0\qquad x=4,\ -1$

(8) $x^2+x-3=0$

$$\left(\begin{array}{l} a=1,\ b=1,\ c=-3 \\ x=\dfrac{-b\pm\sqrt{b^2-4ac}}{2a} \end{array}\right)$$

$$x=\frac{-1\pm\sqrt{1^2-4\cdot1\cdot(-3)}}{2\cdot1}$$

$$=\frac{-1\pm\sqrt{1+12}}{2}$$

$$=\frac{-1\pm\sqrt{13}}{2}$$

(9) $5x^2-6x-4=0$

$$\left(\begin{array}{c} a=5,\ b=-6,\ c=-4 \\ \downarrow \\ b'=-3 \\ x=\dfrac{-b'\pm\sqrt{b'^2-ac}}{a} \end{array}\right)$$

$$x=\frac{-(-3)\pm\sqrt{(-3)^2-5\cdot(-4)}}{5}$$

$$=\frac{3\pm\sqrt{9+20}}{5}$$

$$=\frac{3\pm\sqrt{29}}{5}$$

(10) $x=\dfrac{2\pm\sqrt{4+2}}{2}$

$= \dfrac{2 \pm \sqrt{6}}{2}$

(11) $x = \dfrac{-7 \pm \sqrt{7^2 - 4 \cdot 1 \cdot 2}}{2 \cdot 1}$

$= \dfrac{-7 \pm \sqrt{49 - 8}}{2}$

$= \dfrac{-7 \pm \sqrt{41}}{2}$

(12) $x = \dfrac{-(-1) \pm \sqrt{(-1)^2 - 4 \cdot 3 \cdot (-3)}}{2 \cdot 3}$

$= \dfrac{1 \pm \sqrt{1 + 36}}{6}$

$= \dfrac{1 \pm \sqrt{37}}{6}$

101

与式に $x=3$ を代入して，

$2 \cdot 3^2 - (3a+1) \cdot 3 + 2a - 1 = 0$

$18 - 9a - 3 + 2a - 1 = 0$

$-7a = -14 \qquad a = 2$

与式に代入して，

$2x^2 - (6+1)x + 4 - 1 = 0$

$2x^2 - 7x + 3 = 0$

$(x-3)(2x-1) = 0$

$x = 3,\ \dfrac{1}{2}$

よって，もう 1 つの解は，$x = \dfrac{1}{2}$

102

判別式を D とすると，

$D = k^2 - 4(2k+5) = 0$

$k^2 - 8k - 20 = 0$

$(k+2)(k-10) = 0$

k は正だから，$k = 10$

与式に代入すると，

$x^2 + 10x + 25 = 0$

$(x+5)^2 = 0$

$x = -5$（重解）

103

判別式を D とすると，

$D = 5^2 - 4 \cdot 3k > 0$

$-12k > -25$

$k < \dfrac{25}{12}$

104

(1) $5x^2 + 7x + 1 = 0$

$x = \dfrac{-7 \pm \sqrt{7^2 - 4 \cdot 5 \cdot 1}}{2 \cdot 5}$

$= \dfrac{-7 \pm \sqrt{29}}{10}$

(2) $5x^2 + 7x + k = 0 \quad \cdots ①$

判別式を D とすると，

$D = 7^2 - 4 \cdot 5 \cdot k = 0$

$k = \dfrac{49}{20}$

①に代入して

$5x^2 + 7x + \dfrac{49}{20} = 0$

$100x^2 + 140x + 49 = 0$

$(10x+7)^2 = 0$

$x = -\dfrac{7}{10}$（重解）

105

(1) $x^2 + 3x - 5 = |x|$

(i) $x \geqq 0$ のとき

$x^2 + 3x - 5 = x$

$x^2 + 2x - 5 = 0$

$x = -1 \pm \sqrt{6}$

$x \geqq 0$ より，$x = -1 + \sqrt{6}$

(ii) $x < 0$ のとき

$x^2 + 3x - 5 = -x$

$x^2 + 4x - 5 = 0$

$(x+5)(x-1) = 0$

$x < 0$ より，$x = -5$

(i)(ii)より，

$x = -1 + \sqrt{6},\ -5$

(2) $x^2 - 4|x-1| - 4 = 0$

(i) $x \geqq 1$ のとき

$x^2 - 4(x-1) - 4 = 0$

$x^2 - 4x = 0$

$x(x-4) = 0$

$x \geqq 1$ より，$x = 4$

(ii) $x < 1$ のとき

$x^2 + 4(x-1) - 4 = 0$

$x^2 + 4x - 8 = 0$

$x = -2 \pm 2\sqrt{3}$

$x < 1$ より，$x = -2 - 2\sqrt{3}$

(i)(ii)より，$x = 4,\ -2 - 2\sqrt{3}$

106

それぞれの判別式を D_1，D_2 とする。

$\dfrac{D_1}{4} = \{-(k-1)\}^2 - 1 \cdot (k^2 - k + 2) \geqq 0$

$(k-1)^2 - (k^2 - k + 2) \geqq 0$

$-k - 1 \geqq 0$

$k \leqq -1 \quad \cdots ①$

$D_2 = (-3)^2 - 4 \cdot 1 \cdot (-2k) \geqq 0$

$9 + 8k \geqq 0$

$$k \geqq -\frac{9}{8} \quad \cdots②$$

①，②より

$$-\frac{9}{8} \leqq k \leqq -1$$

107

中央の数を x とおくと，連続した3つの自然数は，

$x-1,\ x,\ x+1 \quad \cdots①$

題意より，

$$x^2 \times 2 = \{(x-1)+(x+1)\} \times 5$$
$$2x^2 = 2x \cdot 5$$
$$x^2 = 5x$$
$$x^2 - 5x = 0$$
$$x(x-5) = 0$$

①より，x は 2 以上の整数だから，$x=5$

よって，中央の数は 5

108

底辺の長さを $x$cm とする。

$$\frac{1}{2}x(x+3) = 27$$
$$x^2 + 3x - 54 = 0$$
$$(x+9)(x-6) = 0$$

$x>0$ より $x=6$

よって，6cm

109

$x^2 + ax - 12 = 0 \quad \cdots①$

$x^2 - 4x + 3a = 0 \quad \cdots②$

x^2 を消去するために，①－②をつくると，

$$ax + 4x - 12 - 3a = 0$$
$$(a+4)x - 3(a+4) = 0$$
$$(a+4)(x-3) = 0$$

よって，$a=-4$ または $x=3$

(i)　$a=-4$ のとき

①，②はともに，次となる。

$$x^2 - 4x - 12 = 0$$
$$(x+2)(x-6) = 0$$
$$x = -2,\ 6$$

2つの共通解をもってしまうので不適。

(ii)　$x=3$ のとき

①に代入すると，

$9 + 3a - 12 = 0 \qquad a = 1$

これを①，②に代入すると，

①：$x^2 + x - 12 = 0$

$(x+4)(x-3) = 0 \qquad x = -4,\ 3$

②：$x^2 - 4x + 3 = 0$

$(x-1)(x-3) = 0 \qquad x = 1,\ 3$

よって，題意を満たす。

(i)(ii)より，

$a=1$，共通解は $x=3$

110

(1)　$x^2 + \dfrac{1}{x^2} = \left(x + \dfrac{1}{x}\right)^2 - 2 \cdot x \cdot \dfrac{1}{x}$

$= k^2 - 2$

(2)　$x^4 + 2x^3 - x^2 + 2x + 1 = 0 \quad \cdots①$

$x=0$ は解ではないので，両辺を x^2 で割ると，

$$x^2 + 2x - 1 + \frac{2}{x} + \frac{1}{x^2} = 0$$
$$x^2 + \frac{1}{x^2} + 2\left(x + \frac{1}{x}\right) - 1 = 0$$
$$k^2 - 2 + 2k - 1 = 0$$
$$k^2 + 2k - 3 = 0$$
$$(k+3)(k-1) = 0$$
$$k = -3,\ 1$$

(i)　$k=-3$ のとき

$$x + \frac{1}{x} = -3$$

両辺に x をかけて，

$$x^2 + 1 = -3x$$

$x^2 + 3x + 1 = 0 \qquad x = \dfrac{-3 \pm \sqrt{5}}{2}$

(ii)　$k=1$ のとき

$$x + \frac{1}{x} = 1$$
$$x^2 + 1 = x$$
$$x^2 - x + 1 = 0$$

これは実数解をもたないから不適。

(i)(ii)より，$x = \dfrac{-3 \pm \sqrt{5}}{2}$

111

与式に $y=0$ を代入すると，

$$0 = 3x^2 - 4x - 2$$
$$x = \frac{2 \pm \sqrt{10}}{3}$$

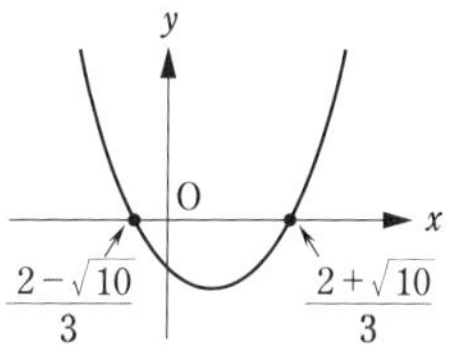

求める線分の長さは，

$$\frac{2+\sqrt{10}}{3} - \frac{2-\sqrt{10}}{3} = \frac{2\sqrt{10}}{3}$$

よって，③

112

$x^2-3x-k-2=0$ の判別式を D とすると，

$D=(-3)^2-4(-k-2)$

$=4k+17$

(1)　$4k+17>0$ より　$k>-\dfrac{17}{4}$

(2)　$4k+17=0$ より　$k=-\dfrac{17}{4}$

(3)　$4k+17<0$ より　$k<-\dfrac{17}{4}$

113

(1)　$y=3x^2-6x+7$

$=3(x^2-2x)+7$

$=3(x-1)^2-3+7$

$=3(x-1)^2+4$

頂点 (1，4)

(2)　$x^2+ax+b=0$ の判別式を D とすると，

$D=a^2-4b$

x 軸と接するから，$D=0$

$a^2-4b=0$　…③

また，点 (1，4) を通るから，

$4=1+a+b$

$b=3-a$　…④

④を③に代入して，

$a^2-4(3-a)=0$

$a^2+4a-12=0$

$(a+6)(a-2)=0$

$a>0$ より，$a=2$

④より，$b=1$

114

$y=-x^2+2x+a$ と $y=x$ から y を消去すると，

$-x^2+2x+a=x$

$x^2-x-a=0$

判別式を D とすると，

$D=(-1)^2-4(-a)>0$

$a>-\dfrac{1}{4}$

115

上に凸だから $a<0$　…①

$y=ax^2+bx+c$

$=a\left(x^2+\dfrac{b}{a}x\right)+c$

$=a\left\{\left(x+\dfrac{b}{2a}\right)^2-\dfrac{b^2}{4a^2}\right\}+c$

$=a\left(x+\dfrac{b}{2a}\right)^2-\dfrac{b^2}{4a}+c$

示されているグラフより，頂点の x 座標は負だから，

$-\dfrac{b}{2a}<0$

$\dfrac{b}{2a}>0$　…②

①より $2a$ は負であるから，

②より b も負。　$b<0$

また，x 軸と異なる 2 点で交わっているから，

$b^2-4ac>0$

次に，$f(x)=ax^2+bx+c$ とおくと，y 軸との交点の y 座標が正だから，

$f(0)=a\cdot0^2+b\cdot0+c>0$

$c>0$

$x=-1$ のとき，グラフは x 軸上にあるから，

$f(-1)=a-b+c=0$

$x=1$ のとき，グラフは x 軸より下にあるから，

$f(1)=a+b+c<0$

以上に該当する選択肢は，①

116

(ア)　2

$y=2x^2-4x+3$　…①

$=2(x-1)^2+1$

頂点 A(1，1)

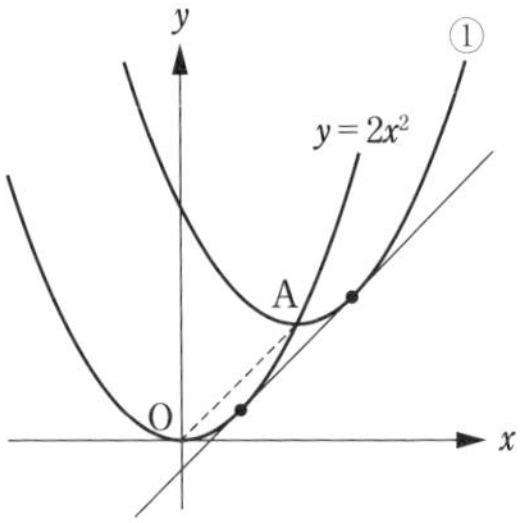

求める接線は，O，A を通る直線と平行だから，傾きは 1。

よって，$y=x+k$ とおける。

$y=2x^2$ と $y=x+k$ より，

$2x^2=x+k$

$2x^2-x-k=0$

判別式を D とすると，

$D=(-1)^2-4\cdot2\cdot(-k)=0$

$k=-\dfrac{1}{8}$

よって求める接線の方程式は，

$y=x-\dfrac{1}{8}$

(イ) 1　(ウ) $-\frac{1}{8}$

117

$y=(x+a)^2+a$, $y=mx+n$ より

$(x+a)^2+a=mx+n$

$x^2+(2a-m)x+a^2+a-n=0$　…①

この判別式を D とすると，接することから

$D=(2a-m)^2-4(a^2+a-n)=0$

$m^2+4n-4(m+1)a=0$

すべての a の値に対して成り立つから

$\begin{cases} m^2+4n=0 \\ m+1=0 \end{cases}$

これを解いて，

$m=-1$, $n=-\frac{1}{4}$

118

(1)　$x^2-4x+3>0$

$(x-1)(x-3)>0$

$x<1$, $3<x$

(2)　$x^2-4x+3<0$

$(x-1)(x-3)<0$

$1<x<3$

(3)　$-x^2+3x+4\geqq 0$

両辺に -1 をかけて，

$x^2-3x-4\leqq 0$

$(x+1)(x-4)\leqq 0$

$-1\leqq x\leqq 4$

(4)　$3x^2+8x-3\geqq 0$

$(3x-1)(x+3)\geqq 0$

$x\leqq -3$, $\frac{1}{3}\leqq x$

(5)　$x^2-9<0$

$(x+3)(x-3)<0$

$-3<x<3$

(6)　$x^2-4x+2\leqq 0$　…①

$x^2-4x+2=0$ を解くと，

$x=2\pm\sqrt{2}$

よって①の解は，

$2-\sqrt{2}\leqq x\leqq 2+\sqrt{2}$

(7)　$2x^2-4x+1>0$　…①

$2x^2-4x+1=0$ を解くと，

$x=\frac{2\pm\sqrt{2}}{2}$

よって①の解は

$x<\frac{2-\sqrt{2}}{2}$, $\frac{2+\sqrt{2}}{2}<x$

119

判別式を D とすると，

$D=k^2-4\cdot 1\cdot(k+8)>0$

$k^2-4k-32>0$

$(k+4)(k-8)>0$

$k<-4$, $8<k$

120

x についての2次方程式，

$x^2-2(m-1)x+3-m=0$

の判別式を D とすると，

$\frac{D}{4}=\{-(m-1)\}^2-1\cdot(3-m)>0$

$(m-1)^2-3+m>0$

$m^2-m-2>0$

$(m+1)(m-2)>0$

$m<-1$, $2<m$

121

(1)　$x^2-6x-7\leqq 0$ より

$(x-7)(x+1)\leqq 0$

$-1\leqq x\leqq 7$　…①

$x^2-7x+10>0$

$(x-2)(x-5)>0$

$x<2$, $5<x$　…②

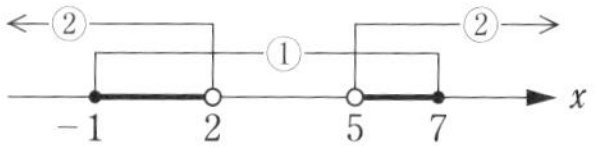

①，②より，

$-1\leqq x<2$, $5<x\leqq 7$

(2)　$\begin{cases} (x-2)(2x-3)\leqq x^2 & \cdots ① \\ x^2<-x+6 & \cdots ② \end{cases}$ とする。

①より，$2x^2-7x+6\leqq x^2$

$x^2-7x+6\leqq 0$

$(x-1)(x-6)\leqq 0$

$1\leqq x\leqq 6$　…①′

②より，$x^2+x-6<0$

$(x+3)(x-2)<0$

$-3<x<2$　…②′

①′②′より，$1\leqq x<2$

122

(1)　$x^2-5x\leqq 0$

$x(x-5)\leqq 0$

$0\leqq x\leqq 5$　…①′

(2)　$x^2-2x-1>0$

$x<1-\sqrt{2}$, $1+\sqrt{2}<x$　…②′

(3)　$1<\sqrt{2}<2$ より，

$1-\sqrt{2}<0,\ 2<1+\sqrt{2}<3$

であることに注意して，①′，②′ を数直線で表すと次のようになる。

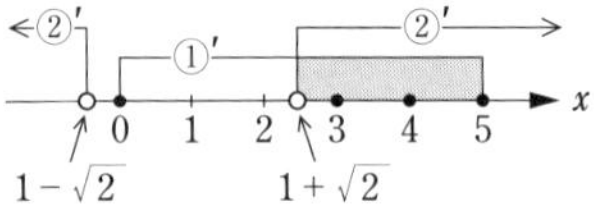

よって，①，②を同時に満たす x の整数値は，$x=3,\ 4,\ 5$ であるから，最小のものは，

$x=3$

123

4 辺の長さの和が 60cm だから，隣り合う 2 辺の和は 30cm。よって縦の長さを $x$cm とすれば横の長さは $(30-x)$cm。

ただし，$0<x<30$。

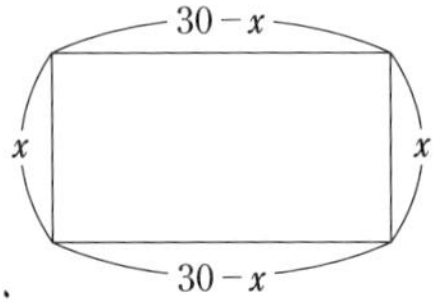

面積が 144cm^2以上だから，

$x(30-x)\geqq 144$

$-x^2+30x-144\geqq 0$

$x^2-30x+144\leqq 0$

$(x-6)(x-24)\leqq 0$

$6\leqq x\leqq 24$　　（答）⑤

124

(1)　$x^2+2x+3>0$

（因数分解できないので解の公式を使うと，

$x=-1\pm\sqrt{-2}$

のように $\sqrt{\ }$ の中が負の数になってしまう。その場合は，左辺を平方完成して考える。）

$x^2+2x+3>0$

$(x+1)^2+2>0$

常に，$(x+1)^2\geqq 0,\ 2>0$ であるから，上式はすべての実数 x に対して成り立つ。

（答）すべての実数 x

(2)　$x^2-4x+7<0$

$(x-2)^2+3<0$

常に，$(x-2)^2\geqq 0,\ 3>0$ であるから，上式が成り立つことはない。

（答）解なし

(3)　$x^2-6x+9\geqq 0$

$(x-3)^2\geqq 0$

上式は常に成り立つ。

（答）すべての実数 x

(4)　$x^2-6x+9>0$

$(x-3)^2>0$

上式は $x-3=0$ のとき以外は成り立つ。

（答）3 以外のすべての実数 x

(5)　$x^2-6x+9<0$

$(x-3)^2<0$

上式が成り立つことはない。

（答）解なし

(6)　$x^2-6x+9\leqq 0$

$(x-3)^2\leqq 0$

上式は $x-3=0$ のときだけ成り立つ。

（答）$x=3$

125

$ax^2+bx+3\leqq 0$　…①

(1)　$1\leqq x\leqq 3$ を解とする 2 次不等式は

$(x-1)(x-3)\leqq 0$

$x^2-4x+3\leqq 0$

①と一致するから，$a=1,\ b=-4$

(2)　$x\leqq -1,\ 3\leqq x$ を解とする 2 次不等式は

$(x+1)(x-3)\geqq 0$

$x^2-2x-3\geqq 0$

①と比較するため，両辺に -1 をかけると

$-x^2+2x+3\leqq 0$

$a=-1,\ b=2$

(3)　$x=3$ を解とする 2 次不等式は

$(x-3)^2\leqq 0$

$x^2-6x+9\leqq 0$

①と比較するため，両辺を 3 で割ると，

$\dfrac{1}{3}x^2-2x+3\leqq 0$

$a=\dfrac{1}{3},\ b=-2$

126

(1)　$x^2-(3a-1)x+a^2>0$

すべての実数 x に対して，上の不等式が成り立つためには，

$y=x^2-(3a-1)x+a^2$

のグラフが，すべての x の範囲で，x 軸より上にあればよい。

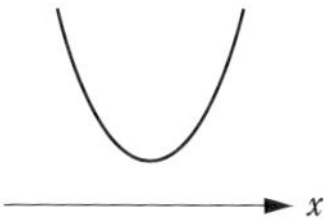

すなわち，x 軸と共有点をもたなければよいので，$y=0$ の判別式を D として，

$$D=(3a-1)^2-4a^2<0$$

$$5a^2-6a+1<0$$

$$(5a-1)(a-1)<0$$

$$\frac{1}{5}<a<1$$

(2) $$x(a-x)\leqq(x-1)^2$$

$$ax-x^2\leqq x^2-2x+1$$

$$-2x^2+(a+2)x-1\leqq 0$$

$$2x^2-(a+2)x+1\geqq 0$$

$y=2x^2-(a+2)x+1$ のグラフが，次の 2 つのどちらかであればよい。

$y=0$ の判別式を D として

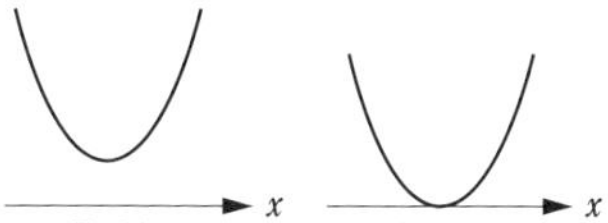

$D<0$　　$D=0$

$$D=(a+2)^2-4\cdot 2\cdot 1\leqq 0$$

$$a^2+4a-4\leqq 0$$

$$-2-2\sqrt{2}\leqq a\leqq -2+2\sqrt{2}$$

(3) $y=ax^2+4x+a+3$ のグラフが常に x 軸より上にあればよい。

x^2 の係数が a であることに注意して，下に凸より，$a>0$ …①

$y=0$ の判別式を D として，

$$\frac{D}{4}=2^2-a(a+3)<0$$

$$-a^2-3a+4<0$$

$$a^2+3a-4>0$$

$$(a+4)(a-1)>0$$

$$a<-4,\ 1<a \quad \cdots②$$

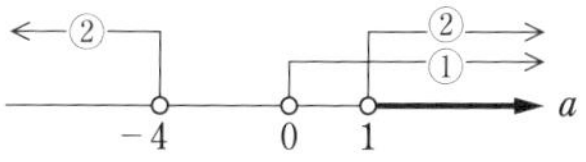

①，②より，$a>1$

127

$y=(a+1)x^2+(3a-2)x+3a-2$ のグラフが常に x 軸より下にあればよい。

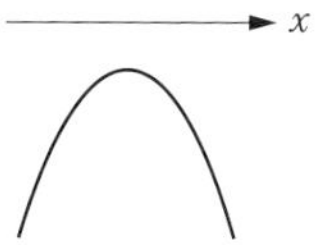

上に凸より $a+1<0$

$$a<-1 \quad \cdots①$$

x 軸と共有点をもたないから，

判別式 $D=(3a-2)^2-4(a+1)(3a-2)<0$

$$3a^2+16a-12>0$$

$$(a+6)(3a-2)>0$$

$$a<-6,\ \frac{2}{3}<a \quad \cdots②$$

①，②より　$a<-6$

128

$$x^2+2(a+b)x+2a-b^2+6b-4=0$$

判別式を D とすると，相異なる 2 つの実数解をもつ条件は，

$$\frac{D}{4}=(a+b)^2-(2a-b^2+6b-4)>0$$

展開して a について整理すると，

$$a^2+2ab-2a+2b^2-6b+4>0$$

$$a^2+2(b-1)a+2b^2-6b+4>0$$

この不等式がすべての実数 a に対して成り立つように b の値の範囲を定めればよい。そのためには，a の関数

$$y=a^2+2(b-1)a+2b^2-6b+4$$

のグラフが次のようになればよい。

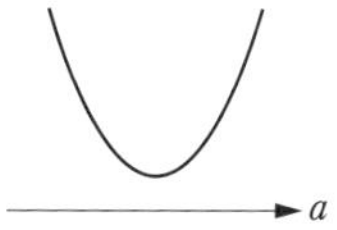

判例式を D_a とすると，

$$\frac{D_a}{4}=(b-1)^2-(2b^2-6b+4)<0$$

$$-b^2+4b-3<0$$

$$b^2-4b+3>0$$

$$(b-1)(b-3)>0$$

$$b<1,\ 3<b$$

129

$$x^2-(a-3)x-3a<0$$

$$x^2+(-a+3)x-3a<0$$

$$(x-a)(x+3)<0 \quad \cdots①$$

①の解は，

$a<-3$ ならば，$a<x<-3$

$a>-3$ ならば，$-3<x<a$

また，$a=-3$ のとき，①に代入すると，

$(x+3)(x+3)<0$

$(x+3)^2<0$

よって解なし，となる。

ア．-3　イ．a　ウ．-3　エ．a

オ．-3

130

$3x^2-(3a+1)x+a\leqq 0$

$(3x-1)(x-a)\leqq 0$　…①

(i)　$a<\dfrac{1}{3}$ のとき

①の解は，

$a\leqq x\leqq \dfrac{1}{3}$

x は $x=0$ の整数解をもてばよいので，

$-1<a\leqq 0$

(ii)　$a=\dfrac{1}{3}$ のとき

不適

(iii)　$a>\dfrac{1}{3}$ のとき

①の解は，

$\dfrac{1}{3}\leqq x\leqq a$

x は $x=1$ の整数解をもてばよいので，

$1\leqq a<2$

よって求める範囲は(i)(ii)(iii)より，

$-1<a\leqq 0,\ 1\leqq a<2$

131

$x+y+5=0$ より，$y=-x-5$　…①

$xy=x(-x-5)$

$=-x^2-5x$

$=-\left(x+\dfrac{5}{2}\right)^2+\dfrac{25}{4}$

よって最大値は

$\dfrac{25}{4}$$\left(x=-\dfrac{5}{2},\ y=-\dfrac{5}{2}\right.$(①より）のとき$\left.\right)$

132

$y=-2x+4\geqq 0$

$2x\leqq 4$

$x\leqq 2$

よって，x の値の範囲は $0\leqq x\leqq 2$　…①

x^2+xy+y^2

$=x^2+x(-2x+4)+(-2x+4)^2$

$=3x^2-12x+16$

$=3(x-2)^2+4$

①の範囲のグラフは，次のようになる。

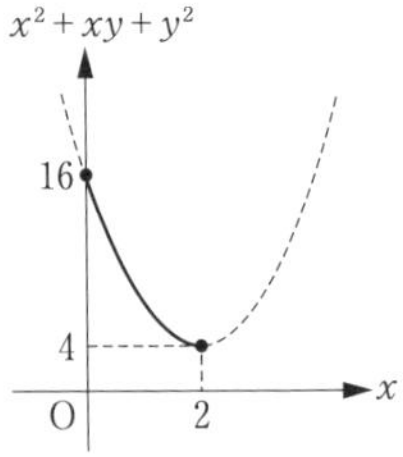

最大値 16（$x=0,\ y=4$ のとき）

最小値 4（$x=2,\ y=0$ のとき）

133

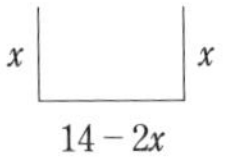

深さを $x$cm とすれば，断面積 S は，

$S=x(14-2x)$

$=-2x^2+14x$

$=-2(x^2-7x)$

$=-2\left(x-\dfrac{7}{2}\right)^2+\dfrac{49}{2}$

よって，深さを $\dfrac{7}{2}$cm にすればよい。

134

(1)　P$(x,\ y)$ は，$y=-2x+8$ 上にあるから，

y 座標は $-2x+8$

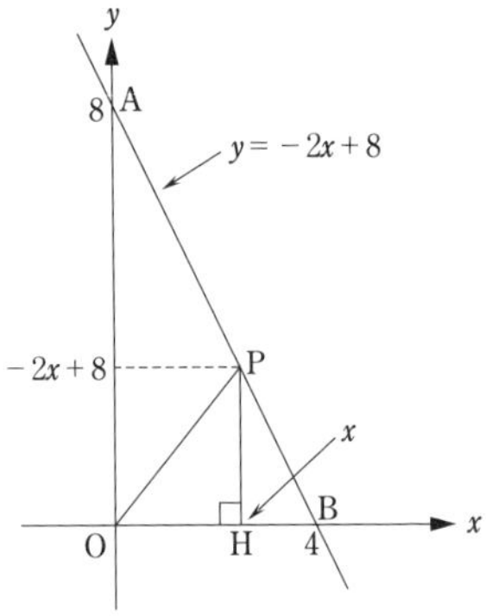

よって，PH$=-2x+8$

(2)　OH$=x$

三角形 OPH の面積を S とすると，

$S=\dfrac{1}{2}\cdot\text{OH}\cdot\text{PH}$

$=\dfrac{1}{2}\cdot x(-2x+8)$

$=-x^2+4x$

(3)　$S=-(x-2)^2+4$

ここで，P$(x,\ y)$ は線分 AB 上にあるか

ら，

$0 \leqq x \leqq 4$

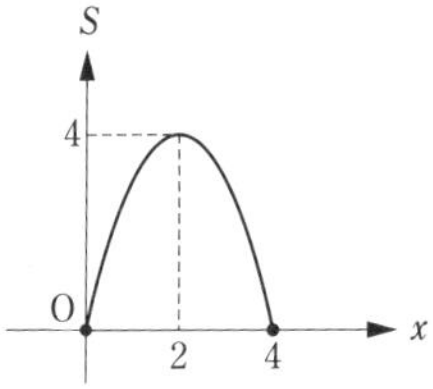

最大値 4（$x=2$ のとき）

135

(1) x 円値上げすると，

$\begin{cases} 価格は\ (20+x)\ 円 \\ 売り上げは\ (140-5x)\ 個 \end{cases}$

よって，

$y=(20+x)(140-5x)$

$y=-5x^2+40x+2800$

(2) x 円値下げすると，

$\begin{cases} 価格は\ (20-x)\ 円 \\ 売り上げは\ (140+10x)\ 個 \end{cases}$

よって，

$y=(20-x)(140+10x)$

$y=-10x^2+60x+2800$

(3)(i) x 円値上げするとき，

$y=-5x^2+40x+2800$

$=-5(x^2-8x)+2800$

$=-5(x-4)^2+2880$

よって，$x=4$ のとき最大値 2880

(ii) x 円値下げするとき，

$y=-10x^2+60x+2800$

$=-10(x^2-6x)+2800$

$=-10(x-3)^2+2890$

よって，$x=3$ のとき最大値 2890

(i)(ii)より，3 円値下げしたとき，すなわち，価格を17円にしたとき，最大の売り上げ金額を得る。

136

(1) 周囲の長さが 20cm より，縦と横の長さの和は 10cm であるから，横の長さは $(10-x)$cm

三平方の定理より，

$y^2=x^2+(10-x)^2$

$=2x^2-20x+100$

$y=\sqrt{2x^2-20x+100}$

(2) 正方形の面積は y^2。(1)より

$y^2=2x^2-20x+100$

$=2(x-5)^2+50$

したがって，$x=5$ のとき最小値 50cm^2

137

t 秒後について考えると，

OA$=200-2t$〔m〕，OB$=50+4t$〔m〕

三平方の定理より，

AB^2=OA^2+OB^2

$=(200-2t)^2+(50+4t)^2$

$=20t^2-400t+42500$

$=20(t^2-20t)+42500$

$=20(t-10)^2+40500$

よって，AB 間の距離は 10 秒後に最小となる。

138

$x^2+2xy+2x+2y^2+8y+14$

$=x^2+2(y+1)x+2y^2+8y+14$

$=\{x+(y+1)\}^2-(y+1)^2+2y^2+8y+14$

$=(x+y+1)^2+y^2+6y+13$

$=(x+y+1)^2+(y+3)^2+4$

よって，$x+y+1=0$ かつ $y+3=0$

すなわち，$x=2$，$y=-3$ のとき最小値 4 をとる。

139

$3x^2+2y^2=6x$ より

$y^2=\dfrac{-3x^2+6x}{2} \geqq 0$

両辺に 2 をかけて

$-3x^2+6x \geqq 0$

$x^2-2x \leqq 0$

$x(x-2) \leqq 0$

$0 \leqq x \leqq 2$

また，

$x^2+y^2=x^2+\dfrac{-3x^2+6x}{2}$

$=-\dfrac{1}{2}x^2+3x$

$=-\dfrac{1}{2}(x-3)^2+\dfrac{9}{2}$

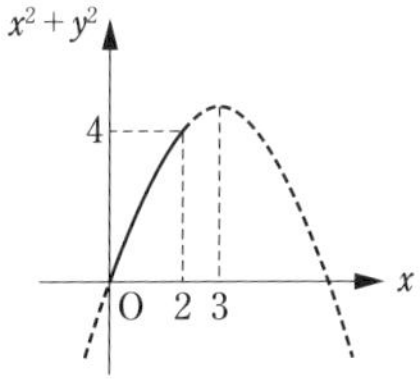

最大値 4（$x=2$，$y=0$ のとき）

最小値 0（$x=0$，$y=0$ のとき）

140

(1) $x+2=-2x+4$ として，

$3x=2$

$x=\dfrac{2}{3}$

$y=\dfrac{2}{3}+2=\dfrac{8}{3}$　　$\mathrm{A}\left(\dfrac{2}{3},\ \dfrac{8}{3}\right)$

(2) $\mathrm{F}(a,\ -2a+4)$ とすると，点 G は，点 F と y 座標が等しく，直線 $y=x+2$ 上にあるので，$\mathrm{G}(-2a+2,\ -2a+4)$ となる。

よって，

$\mathrm{DE}=a-(-2a+2)=3a-2$

$\mathrm{FE}=-2a+4$

DEFG が正方形より，

$\mathrm{DE}=\mathrm{FE}$

$3a-2=-2a+4$

$a=\dfrac{6}{5}$

したがって，$\mathrm{F}\left(\dfrac{6}{5},\ \dfrac{8}{5}\right)$

(3) $S=\mathrm{DE}\cdot\mathrm{FE}$

$=(3a-2)(-2a+4)$

$=-6a^2+16a-8$

$=-6\left(a-\dfrac{4}{3}\right)^2+\dfrac{8}{3}$

したがって，$a=\dfrac{4}{3}$ のとき S は最大となり，このとき，

$\mathrm{F}\left(\dfrac{4}{3},\ \dfrac{4}{3}\right)$，$S=\dfrac{8}{3}$

141

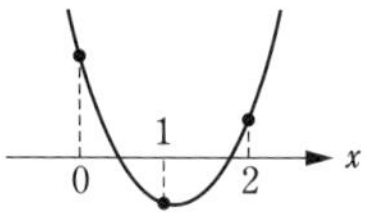

$y=f(x)=2x^2-ax+2$ のグラフが上のようになればよい。そのための条件は次の 3 つ。

$f(0)>0$，$f(1)<0$，$f(2)>0$，

$f(0)=2>0$

$f(1)=2-a+2<0$

$a>4$　…①

$f(2)=8-2a+2>0$

$a<5$　…②

①，②より，$4<a<5$

142

(1) $x=1$ を代入して，

$1^2+a(a-3)\cdot 1+a-4=0$

$a^2-2a-3=0$

$(a+1)(a-3)=0$

$a=-1,\ 3$

(2) $x=-2$ を代入して，

$(-2)^2-2a(a-3)+a-4=0$

$-2a^2+7a=0$

$2a^2-7a=0$

$a(2a-7)=0$

$a=0,\ \dfrac{7}{2}$

(3) $f(x)=x^2+a(a-3)x+a-4$ とおく。

$y=f(x)$ のグラフが次のようになればよい。

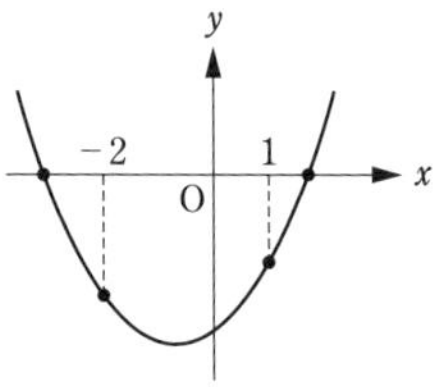

$f(1)=1+a(a-3)+a-4<0$

$a^2-2a-3<0$

$(a+1)(a-3)<0$

$-1<a<3$　…①

$f(-2)=4-2a(a-3)+a-4<0$

$-2a^2+7a<0$

$2a^2-7a>0$

$a(2a-7)>0$

$a<0,\ \dfrac{7}{2}<a$　…②

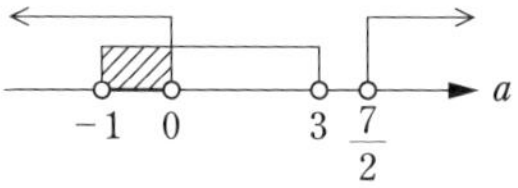

①，②より，$-1<a<0$

143

(1) x についての 2 次方程式 $x^2+kx+k+3=0$ の判別式を D として，

$D=k^2-4\cdot 1\cdot(k+3)>0$

$k^2-4k-12>0$

$(k+2)(k-6)>0$

$k<-2,\ 6<k$

(2) $y=x^2+kx+k+3$

$=\left(x+\dfrac{k}{2}\right)^2-\dfrac{k^2}{4}+k+3$

よって頂点は $\left(-\dfrac{k}{2},\ -\dfrac{k^2}{4}+k+3\right)$

(3)　$f(x)=x^2+kx+k+3$ とおく。

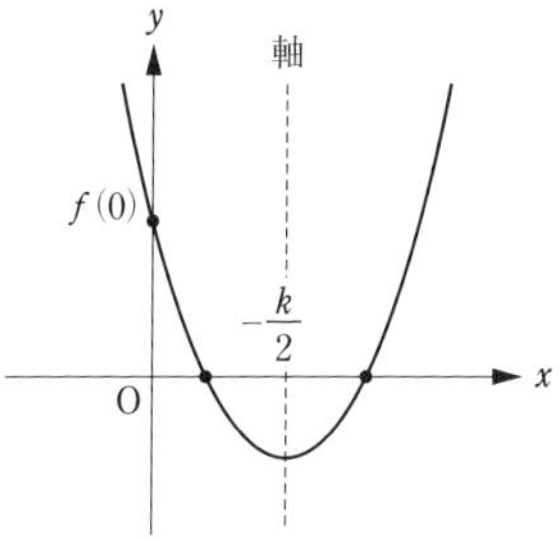

題意を満たすための条件は次の 3 つ。

$$\begin{cases} D>0 \\ f(0)>0 \\ 軸>0 \end{cases}$$

・$D>0$ より,

　$k<-2,\ 6<k$　…①（(1)の結果）

・$f(0)=0^2+k\cdot0+k+3>0$

　$k+3>0$　　$k>-3$　…②

・軸 >0 より,

　$-\frac{k}{2}>0$　　$k<0$　…③

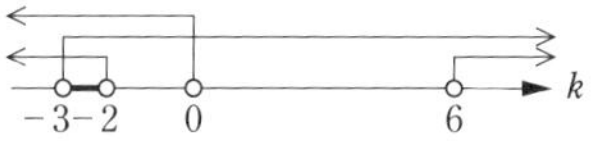

①, ②, ③より, $-3<k<-2$

144

(1)　判別式を D とすると, $D\geqq0$

$$D=\{-(a+1)\}^2-4\cdot1\cdot(-2a-1)$$
$$=a^2+10a+5\geqq0$$
$$a\leqq-5-2\sqrt{5},\ -5+2\sqrt{5}\leqq a$$

(2)　$f(x)=x^2-(a+1)x-2a-1$

$$=\left(x-\frac{a+1}{2}\right)^2-\frac{(a+1)^2}{4}-2a-1$$

とおく。

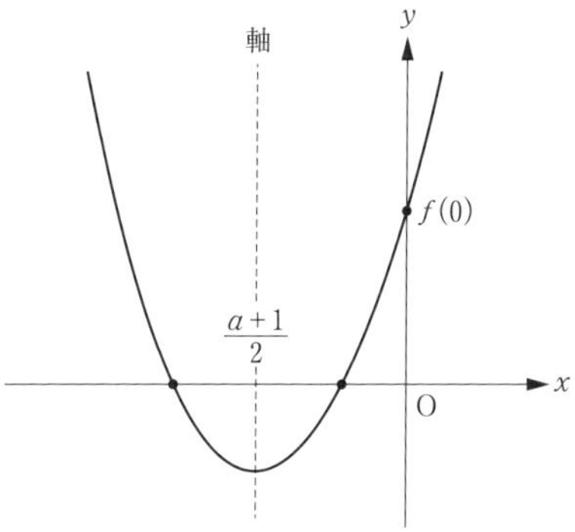

題意を満たすための条件は次の 3 つ。

$$\begin{cases} D>0 \\ 軸<0 \\ f(0)>0 \end{cases}$$

・$D>0$ より,

　$a<-5-2\sqrt{5},\ -5+2\sqrt{5}<a$　…①

・$\frac{a+1}{2}<0$ より, $a<-1$　…②

・$f(0)=-2a-1>0$　$a<-\frac{1}{2}$　…③

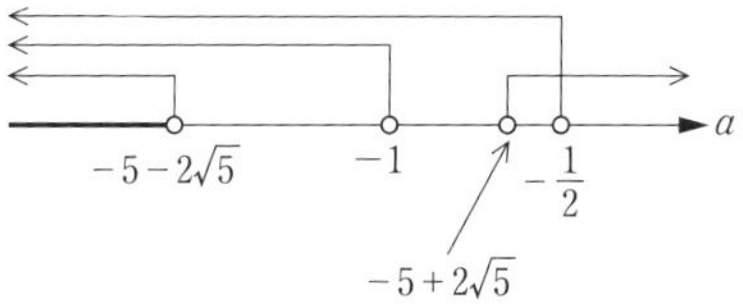

①, ②, ③より,

　$a<-5-2\sqrt{5}$

(3)

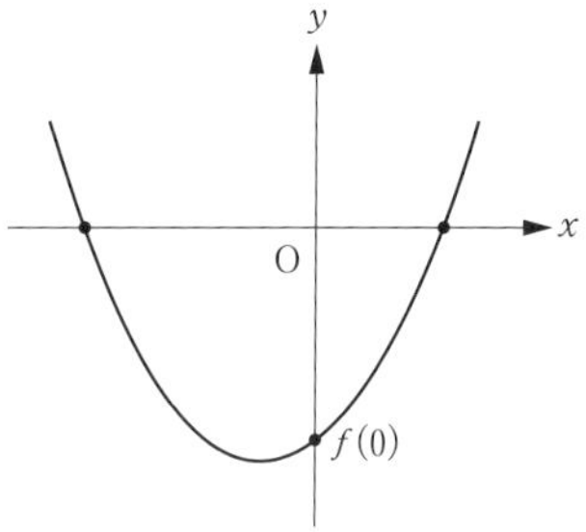

題意を満たすための条件は $f(0)<0$

$$f(0)=-2a-1<0$$
$$a>-\frac{1}{2}$$

145

$f(x)=x^2-ax+4$ とおく。

$y=f(x)$ のグラフが次のようになればよい。

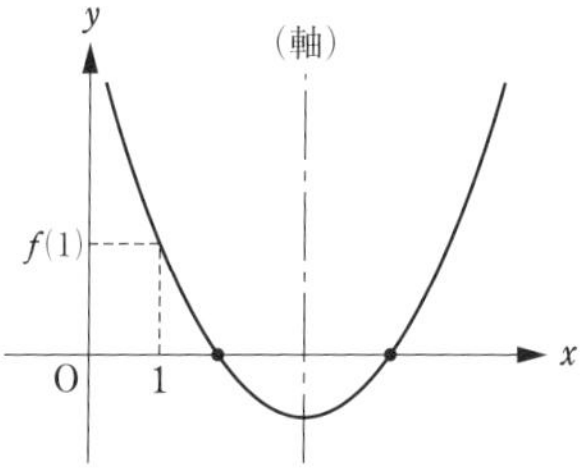

・与式の判別式を D とおくと, x 軸と異なる 2 点で交わるから,

$$D=(-a)^2-4\cdot1\cdot4>0$$
$$a^2-16>0$$
$$(a+4)(a-4)>0$$

$a<-4,\ 4<a$　…①

・$f(x)=\left(x-\dfrac{a}{2}\right)^2-\dfrac{a^2}{4}+4$ より，

軸の方程式は $x=\dfrac{a}{2}$ であり，

1<軸だから，$1<\dfrac{a}{2}$　　$2<a$　…②

・$f(1)=1^2-a\cdot 1+4>0$　　$a<5$　…③

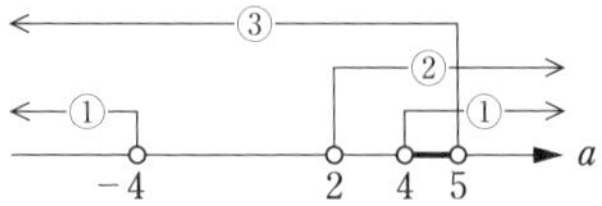

①，②，③より，求める値の範囲は，$4<a<5$

146

$y=f(x)=x^2-2ax+2a^2-5$

$\quad=(x-a)^2+a^2-5$

とおくと，この 2 次関数のグラフが次のようになればよい。

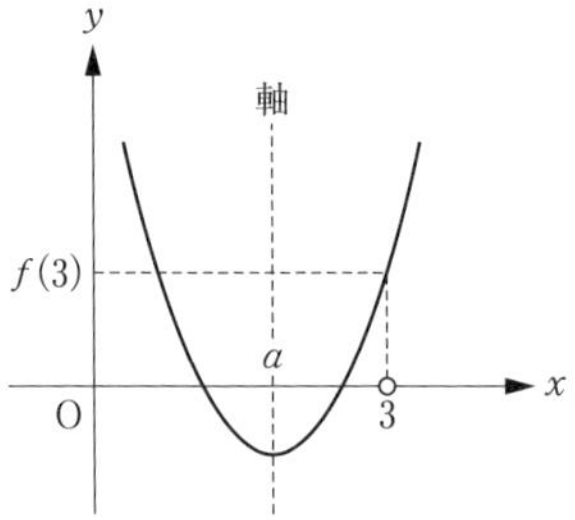

そのための条件は次の 3 つ。

$\begin{cases}\text{判別式 } D>0\\ f(3)>0\\ \text{軸}<3\end{cases}$

・$D>0$ より，

$\dfrac{D}{4}=(-a)^2-1\cdot(2a^2-5)>0$

$a^2-2a^2+5>0$

$-a^2+5>0$

$a^2-5<0$

$(a+\sqrt{5})(a-\sqrt{5})<0$

$-\sqrt{5}<a<\sqrt{5}$　…①

・$f(3)=9-6a+2a^2-5>0$

$2a^2-6a+4>0$

$a^2-3a+2>0$

$(a-1)(a-2)>0$

$a<1,\ 2<a$　…②

・軸<3 より，$a<3$　…③

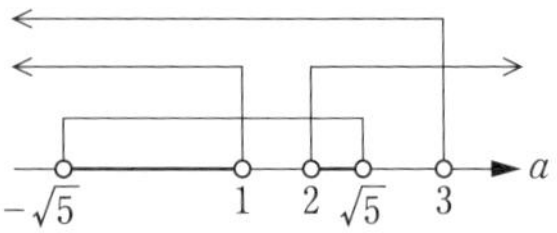

①〜③より，

$-\sqrt{5}<a<1,\ 2<a<\sqrt{5}$

147

(1)　①の判別式を D とすると，重解をもつので，

$D=(a-3)^2-4(a^2-2a-3)=0$

$-3a^2+2a+21=0$

$3a^2-2a-21=0$

$(a-3)(3a+7)=0$

したがって，$a=3,\ -\dfrac{7}{3}$

・$a=3$ のとき方程式は $x^2=0$

重解は $x=0$

・$a=-\dfrac{7}{3}$ のとき方程式は $\left(x-\dfrac{8}{3}\right)^2=0$

重解は $x=\dfrac{8}{3}$

(2)

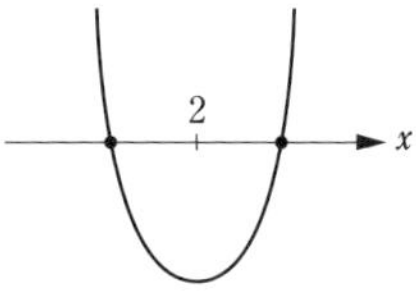

$y=f(x)=x^2+(a-3)x+a^2-2a-3$ とすると，題意を満たすには，$f(2)<0$

$f(2)=2^2+(a-3)\cdot 2+a^2-2a-3<0$

$a^2-5<0$

$-\sqrt{5}<a<\sqrt{5}$

(3)

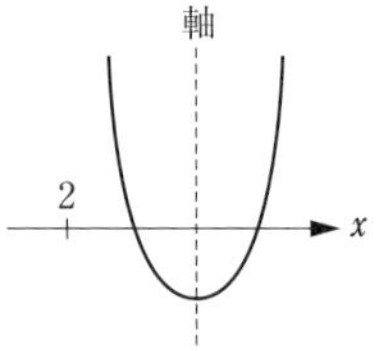

①の判別式について，

$D=(a-3)^2-4(a^2-2a-3)>0$

$(a-3)(3a+7)<0$

$-\dfrac{7}{3}<a<3$　…②

$f(2)>0$ より，

$f(2)=a^2-5>0$

$a<-\sqrt{5},\ \sqrt{5}<a$　…③

また，$y=f(x)$ のグラフの軸は，

$$x=\frac{3-a}{2}>2$$

$$a<-1 \quad \cdots④$$

したがって，②③④より，$-\frac{7}{3}<a<-\sqrt{5}$

148

$f(x)=x^2-ax+2=\left(x-\frac{a}{2}\right)^2+2-\frac{a^2}{4}$ とおく。

(1) 判別式 $D=a^2-4\cdot 2\geqq 0$

$(a+2\sqrt{2})(a-2\sqrt{2})\geqq 0$

$a\leqq -2\sqrt{2}$，$2\sqrt{2}\leqq a \quad \cdots①$

軸 $x=\frac{a}{2}<1 \qquad a<2 \quad \cdots②$

$f(1)=1-a+2>0 \qquad a<3 \quad \cdots③$

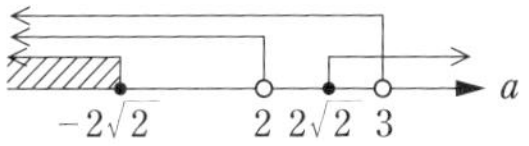

①〜③より，$a\leqq -2\sqrt{2}$

(2)

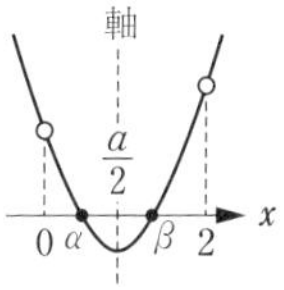

判別式 $D>0$ より，

$a<-2\sqrt{2}$，$2\sqrt{2}<a \quad \cdots①$

軸について，

$$0<\frac{a}{2}<2$$

$0<a<4 \quad \cdots②$

$f(0)=2>0$

$f(2)=4-2a+2>0$

$a<3 \quad \cdots③$

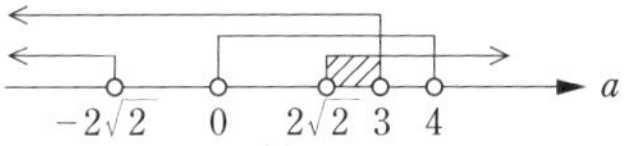

①〜③より，$2\sqrt{2}<a<3$

149

> $y=|f(x)|$ のグラフは，$y=f(x)$ のグラフの x 軸より下の部分を上に折り返せばよい。

(1) $y=x-2$ のグラフの x 軸より下の部分を上に折り返せばよい。

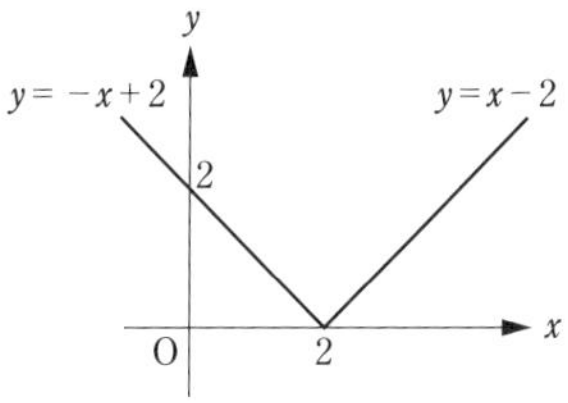

(2) $y=x^2-2x-3=(x-1)^2-4$ のグラフの x 軸より下の部分を上へ折り返せばよい。

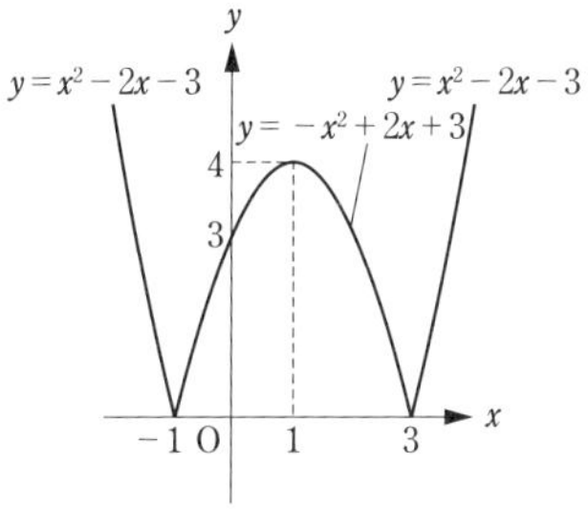

150

(1) $y=x^2-4x=(x-2)^2-4$

のグラフの x 軸より下の部分を上へ折り返せばよいから，次のようになる。

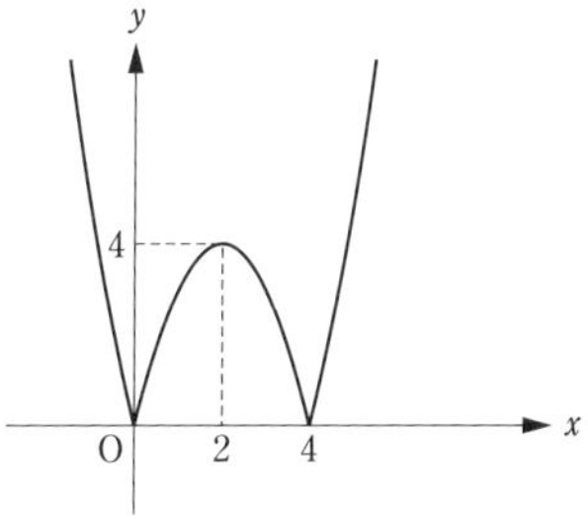

(2)

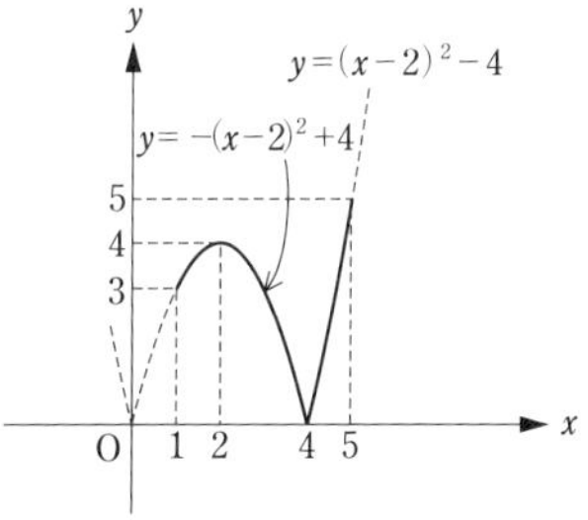

グラフより，

最大値 5（$x=5$ のとき）

最小値 0（$x=4$ のとき）

151

注　**149**，**150** のパターン以外は原則として場合分けを行う。

(1)　$y=2|x-3|+x$

(i)　$x-3\geqq 0$ すなわち $x\geqq 3$ のとき，

$y=2(x-3)+x$

$y=3x-6$

(ii)　$x-3<0$ すなわち $x<3$ のとき，

$y=-2(x-3)+x$

$y=-x+6$

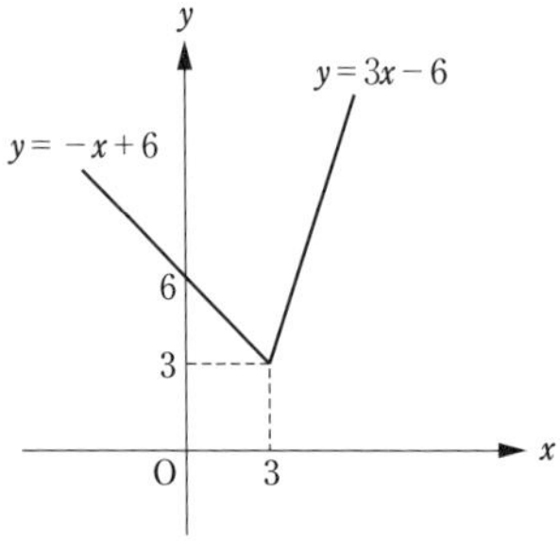

(2)　$y=x^2-2|x|-3$

(i)　$x\geqq 0$ のとき，

$y=x^2-2x-3$

$=(x-1)^2-4$

(ii)　$x<0$ のとき，

$y=x^2+2x-3$

$=(x+1)^2-4$

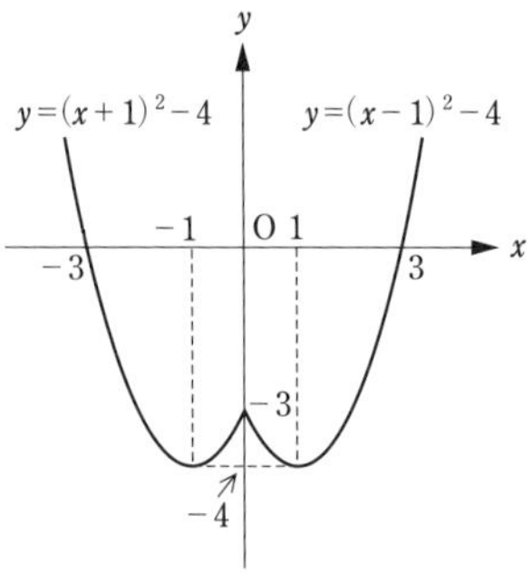

(3)　$y=|x+2|+|x-1|$

(i)　$x\leqq -2$ のとき，

$y=-(x+2)-(x-1)=-2x-1$

(ii)　$-2<x\leqq 1$ のとき，

$y=x+2-(x-1)=3$

(iii)　$1<x$ のとき，

$y=x+2+x-1=2x+1$

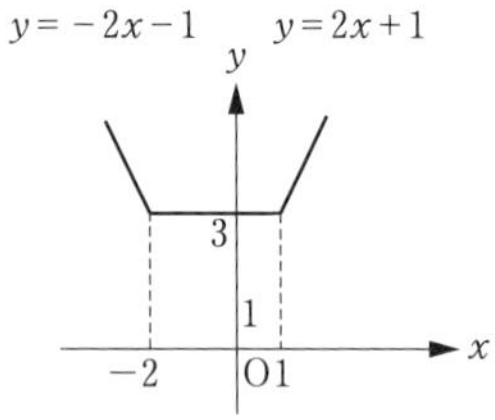

(4)　$y=|x^2-1|-2x$

(i)　$x^2-1\geqq 0$

すなわち，$x\leqq -1$，$1\leqq x$ のとき，

$y=x^2-1-2x=(x-1)^2-2$

(ii)　$x^2-1<0$

すなわち，$-1<x<1$ のとき，

$y=-(x^2-1)-2x=-(x+1)^2+2$

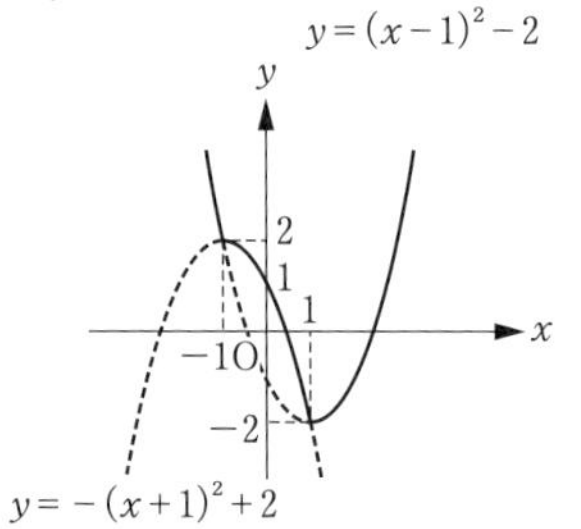

152

(1)　$y=|x^2-3x|+x-3$

(i)　$x^2-3x\geqq 0$ すなわち $x\leqq 0$，$3\leqq x$ のとき

$y=(x^2-3x)+x-3$

$=x^2-2x-3$

$=(x-1)^2-4$

(ii)　$x^2-3x<0$ すなわち $0<x<3$ のとき

$y=-(x^2-3x)+x-3$

$=-x^2+4x-3$

$=-(x-2)^2+1$

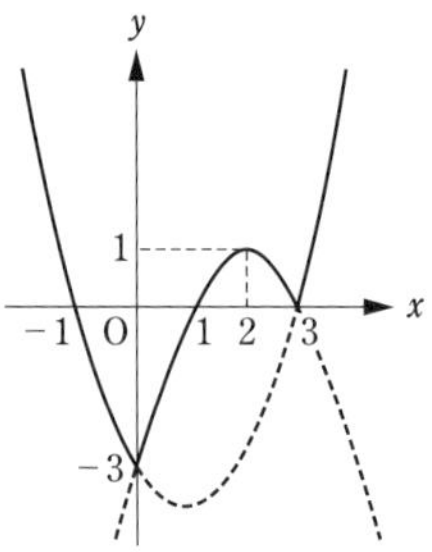

(2)　(1)のグラフと，$y=a$ との共有点の個数を

考えればよい。

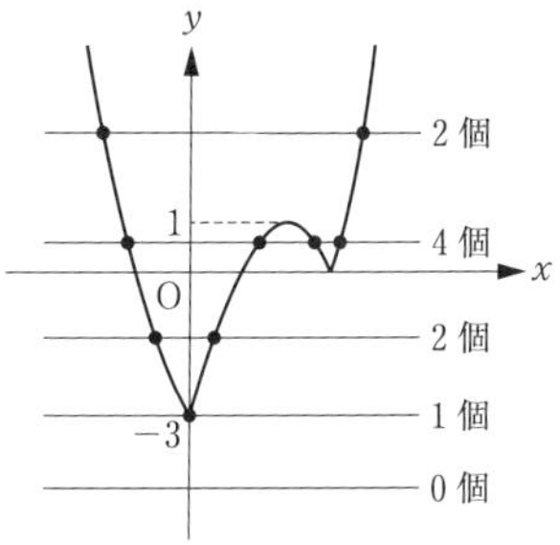

$$\begin{cases} a<-3 \text{ のとき，0 個} \\ a=-3 \text{ のとき，1 個} \\ -3<a<0,\ 1<a \text{ のとき，2 個} \\ a=0,\ 1 \text{ のとき，3 個} \\ 0<a<1 \text{ のとき，4 個} \end{cases}$$

153

三平方の定理より，

$5^2+3^2=AB^2$

$AB^2=34 \qquad AB=\sqrt{34}$

$\sin\theta=\dfrac{AC}{AB}=\dfrac{3}{\sqrt{34}}=\dfrac{3\sqrt{34}}{34}$

$\cos\theta=\dfrac{BC}{AB}=\dfrac{5}{\sqrt{34}}=\dfrac{5\sqrt{34}}{34}$

$\tan\theta=\dfrac{AC}{BC}=\dfrac{3}{5}$

154

(1) $(\text{与式})=\dfrac{1}{2}\cdot\dfrac{1}{2}+\dfrac{\sqrt{3}}{2}\cdot\dfrac{\sqrt{3}}{2}=\dfrac{1}{4}+\dfrac{3}{4}=1$

(2) $(\text{与式})=\dfrac{\sqrt{2}}{2}\cdot\dfrac{\sqrt{2}}{2}-\dfrac{\sqrt{3}}{2}\cdot\left(-\dfrac{\sqrt{3}}{2}\right)$

$=\dfrac{2}{4}+\dfrac{3}{4}=\dfrac{5}{4}$

(3) $(\text{与式})=\dfrac{1}{2}+\left(-\dfrac{\sqrt{3}}{3}\cdot\dfrac{\sqrt{3}}{2}\right)=\dfrac{1}{2}-\dfrac{1}{2}=0$

155

(1) $\sin\theta=\dfrac{1}{2} \qquad \theta=30°,\ 150°$

(2) $\theta=45°$

(3) 与式より，

$\cos\theta=0$ または $\sin\theta=\dfrac{\sqrt{3}}{2}$

$\theta=90°,\ 60°,\ 120°$

156

(1) $\sin\theta\geqq\dfrac{1}{2}$

下図より，

$30°\leqq\theta\leqq150°$

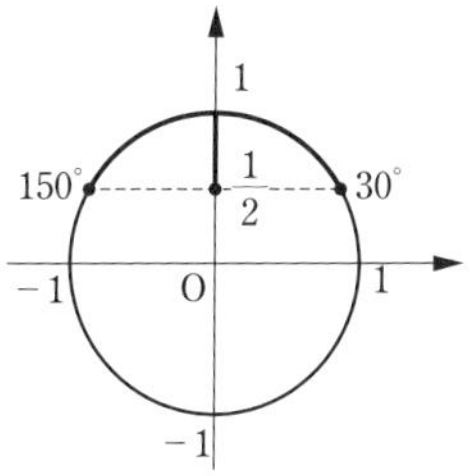

(2) $2\cos\theta>-1$ より，

$\cos\theta>-\dfrac{1}{2}$

下図より，

$0°\leqq\theta<120°$

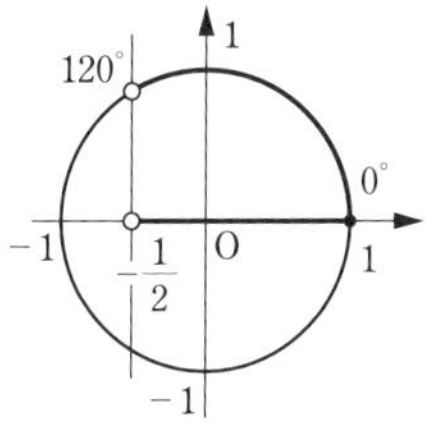

(3) $\tan\theta\leqq1$

次図より，

$$\begin{cases} 0°\leqq\theta\leqq45° \\ 90°<\theta\leqq180° \end{cases}$$

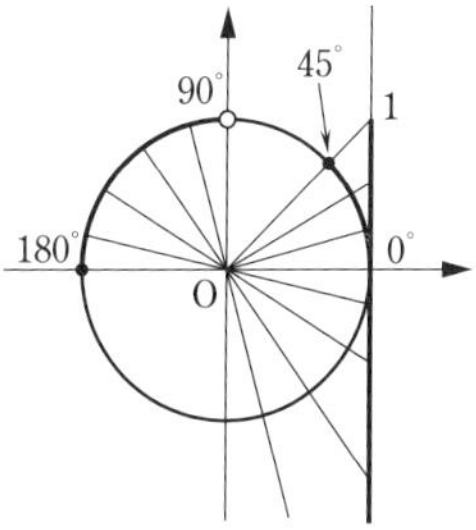

157

判別式を D とすると，

$\dfrac{D}{4}=(2\cos\theta)^2-1\cdot1\geqq0$

$4\cos^2\theta-1\geqq0$

$(2\cos\theta+1)(2\cos\theta-1)\geqq0$

$\cos\theta\leqq-\dfrac{1}{2},\ \dfrac{1}{2}\leqq\cos\theta$

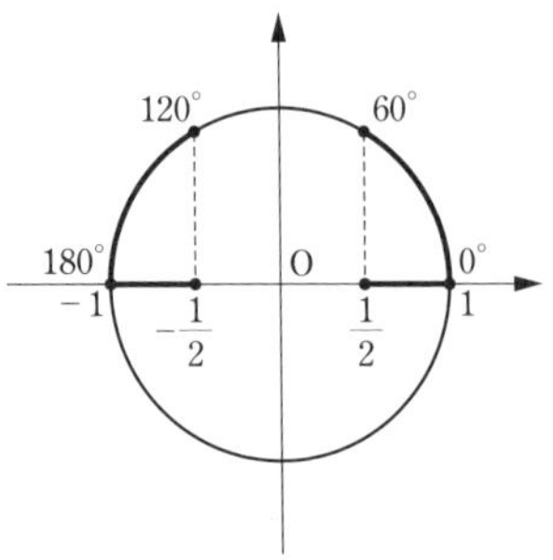

求める θ の値の範囲は,

$0^\circ \leqq \theta \leqq 60^\circ$, $120^\circ \leqq \theta \leqq 180^\circ$

158

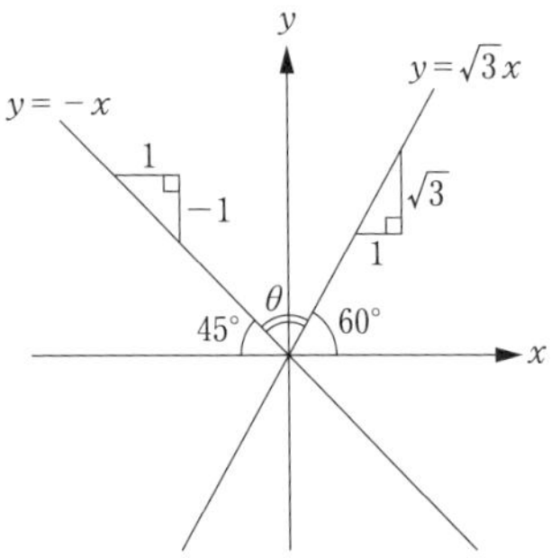

$\theta = 180^\circ - (45^\circ + 60^\circ) = 75^\circ$

159

(1) $AD : DC = 2 : \sqrt{3}$

$2 : DC = 2 : \sqrt{3}$

$DC = \sqrt{3}$

(2) △ABC において, 三平方の定理より,

$AB = \sqrt{(2+\sqrt{3})^2 + 1^2}$

$= \sqrt{8+4\sqrt{3}} = \sqrt{6}+\sqrt{2}$ (**28** 参照)

別解 (第3章3参照)

$\angle ADB = 150^\circ$, $AD = BD = 2$, △ABD において余弦定理より,

$AB^2 = 2^2 + 2^2 - 2 \cdot 2 \cdot 2 \cdot \cos 150^\circ$

$= 8 + 4\sqrt{3}$

$AB > 0$ より, $AB = \sqrt{8+4\sqrt{3}}$

$AB = \sqrt{6}+\sqrt{2}$

(3) △ABC において,

$$\sin 15^\circ = \frac{AC}{AB} = \frac{1}{\sqrt{6}+\sqrt{2}}$$

$$= \frac{\sqrt{6}-\sqrt{2}}{(\sqrt{6}+\sqrt{2})(\sqrt{6}-\sqrt{2})}$$

$$= \frac{\sqrt{6}-\sqrt{2}}{4}$$

別解 (第3章3参照)

△ABD において正弦定理より,

$$\frac{2}{\sin 15^\circ} = \frac{\sqrt{6}+\sqrt{2}}{\sin 150^\circ}$$

$2\sin 150^\circ = (\sqrt{6}+\sqrt{2})\sin 15^\circ$

$$\sin 15^\circ = \frac{2\sin 150^\circ}{\sqrt{6}+\sqrt{2}}$$

$$= \frac{1}{\sqrt{6}+\sqrt{2}}$$

$$= \frac{\sqrt{6}-\sqrt{2}}{4}$$

(4) △ABC において,

$$\tan 15^\circ = \frac{AC}{BC} = \frac{1}{2+\sqrt{3}}$$

$$= \frac{2-\sqrt{3}}{4-3}$$

$$= 2-\sqrt{3}$$

160

(1) $\angle ADC = 180^\circ - 2 \times 22.5^\circ = 135^\circ$

$\angle CDB = 180^\circ - 135^\circ = 45^\circ$

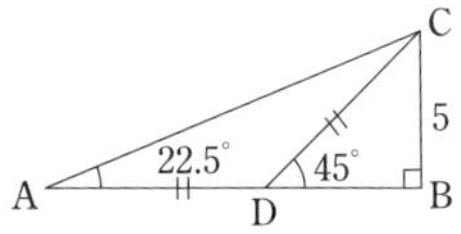

$DC : BC = \sqrt{2} : 1$ より, $DC = 5\sqrt{2}$

(2) $AD = DC = 5\sqrt{2}$, $DB = BC = 5$

$AB = 5\sqrt{2}+5$

(3) $\frac{1}{2} \cdot AB \cdot BC = \frac{1}{2}(5\sqrt{2}+5) \cdot 5 = \frac{25(\sqrt{2}+1)}{2}$

(4) △ABC について三平方の定理より,

$AC^2 = AB^2 + BC^2$

$= 25(\sqrt{2}+1)^2 + 25$

$= 50(2+\sqrt{2})$

$AC = \sqrt{50(2+\sqrt{2})} = 5\sqrt{2}\sqrt{2+\sqrt{2}}$

$$\sin 22.5^\circ = \frac{BC}{AC}$$

$$= \frac{5}{5\sqrt{2}\sqrt{2+\sqrt{2}}}$$

$$= \frac{1}{\sqrt{2}\sqrt{2+\sqrt{2}}}$$

$$= \frac{\sqrt{2-\sqrt{2}}}{\sqrt{2}\sqrt{2+\sqrt{2}}\sqrt{2-\sqrt{2}}}$$

$$= \frac{\sqrt{2-\sqrt{2}}}{\sqrt{2}\sqrt{4-2}}$$

$$= \frac{\sqrt{2-\sqrt{2}}}{2}$$

161

(1) 次図のように, 点 A, B, C, D を定める

と,

$$\angle B = \angle C = \frac{180^\circ - 36^\circ}{2} = \frac{144^\circ}{2} = 72^\circ$$

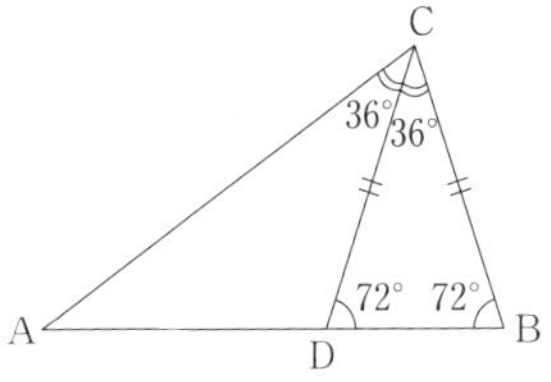

$\triangle$CDB は二等辺三角形だから,

$\angle CDB = \angle CBD = 72^\circ$

これより,

$\angle DCB = 180^\circ - 72^\circ \times 2 = 36^\circ$

$\angle ACD = \angle ACB - \angle DCB = 72^\circ - 36^\circ = 36^\circ$

よって, $\triangle$DAC は二等辺三角形であり,

$AD = DC = x$

$DB = AB - AD = 2 - x$

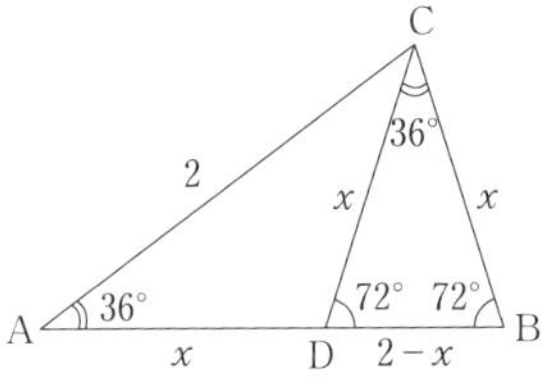

$\triangle$ABC と $\triangle$CDB はともに内角が 36°, 72°, 72° で相似

したがって, AB : CD = BC : DB

$2 : x = x : (2 - x)$

$x^2 = 2(2 - x)$

$x^2 + 2x - 4 = 0$

$x = -1 \pm \sqrt{5}$

$x > 0$ より, $x = -1 + \sqrt{5}$

(2) 次図のように点 E を定める。

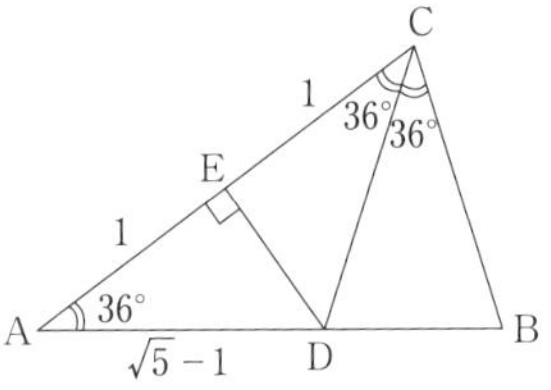

$\triangle$ADE において,

$$\cos 36^\circ = \frac{AE}{AD} = \frac{1}{\sqrt{5} - 1} = \frac{\sqrt{5} + 1}{5 - 1} = \frac{\sqrt{5} + 1}{4}$$

(3) 次図のように点 F を定める。

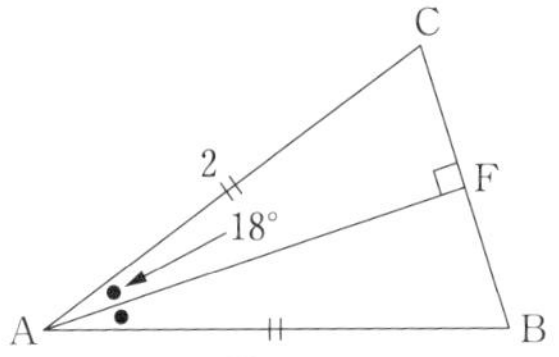

$$CF = \frac{BC}{2} = \frac{\sqrt{5} - 1}{2}$$

$\triangle$ACF において,

$$\sin 18^\circ = \frac{\frac{\sqrt{5} - 1}{2}}{2}$$

$$= \frac{\sqrt{5} - 1}{2} \div 2$$

$$= \frac{\sqrt{5} - 1}{2} \times \frac{1}{2}$$

$$= \frac{\sqrt{5} - 1}{4}$$

162

(1)

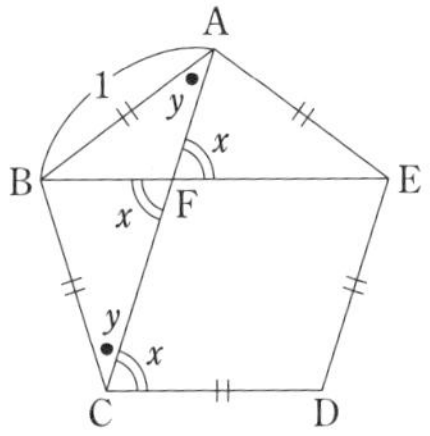

正五角形の 1 つの内角の大きさは,

$180^\circ - (360^\circ \div 5) = 108^\circ$

$\angle BFC = x$, $\angle BAC = y$ とすると,

$\triangle$ABC は二等辺三角形なので,

$\angle BAC = \angle BCA = y$

$2y = 180^\circ - \angle ABC$

$2y = 72^\circ$

$y = 36^\circ$

BE // CD より, $\angle BFC = \angle FCD = x$

$\angle BCA + \angle FCD = 108^\circ$

$y + x = 108^\circ$

$x = 108^\circ - 36^\circ$

$x = 72^\circ$

$\angle BFC = 72^\circ$

(2) $\triangle$ABF において

$\angle FAB + \angle FBA = \angle AFE$

$y + \angle FBA = x$

$\angle FBA = 72^\circ - 36^\circ = 36^\circ$

したがって, $\triangle BCA \backsim \triangle FBA$

また, $\triangle$CBF は CB = CF の二等辺三角形

であり，$AC=t$ とおくと，

$$BA:FA=CA:BA$$
$$1:(t-1)=t:1$$
$$t(t-1)=1$$
$$t^2-t-1=0$$
$$t=\frac{1\pm\sqrt{5}}{2}$$

$t>0$ より，$t=AC=\dfrac{1+\sqrt{5}}{2}$

163

(1) $\cos\theta=\dfrac{12}{13}$

$\sin^2\theta+\cos^2\theta=1$ より，

$$\sin^2\theta=1-\cos^2\theta$$

θ は鋭角であるから，$\sin\theta>0$

$$\sin\theta=\sqrt{1-\cos^2\theta}$$
$$=\sqrt{1-\frac{144}{169}}=\sqrt{\frac{25}{169}}=\frac{5}{13}$$
$$\tan\theta=\frac{\sin\theta}{\cos\theta}=\frac{\frac{5}{13}}{\frac{12}{13}}=\frac{5}{12}$$

(2) $\tan\theta=-\sqrt{2}$，$1+\tan^2\theta=\dfrac{1}{\cos^2\theta}$ より，

$$1+(-\sqrt{2})^2=\frac{1}{\cos^2\theta} \quad \cos^2\theta=\frac{1}{3}$$

θ は鈍角であるから，$\cos\theta<0$

$$\cos\theta=-\frac{\sqrt{3}}{3}$$

また，

$$\sin\theta=\tan\theta\cdot\cos\theta$$
$$=-\sqrt{2}\cdot\left(-\frac{\sqrt{3}}{3}\right)=\frac{\sqrt{6}}{3}$$

164

(1) $0^\circ<\theta<90^\circ$ より $\cos\theta>0$ だから，

$$\cos\theta=\sqrt{1-\sin^2\theta}$$
$$=\sqrt{1-\frac{1}{25}}$$
$$=\frac{2\sqrt{6}}{5}$$

(2) $\tan\theta=\dfrac{\sin\theta}{\cos\theta}=\dfrac{\frac{1}{5}}{\frac{2\sqrt{6}}{5}}=\dfrac{1}{2\sqrt{6}}=\dfrac{\sqrt{6}}{12}$

(3) $\sin(90^\circ-\theta)=\cos\theta=\dfrac{2\sqrt{6}}{5}$

(4) $\cos(90^\circ+\theta)=-\sin\theta=-\dfrac{1}{5}$

(5) $\cos(180^\circ-\theta)=-\cos\theta=-\dfrac{2\sqrt{6}}{5}$

(6) $\tan(90^\circ-\theta)=\dfrac{1}{\tan\theta}=\dfrac{1}{\frac{1}{2\sqrt{6}}}=1\div\dfrac{1}{2\sqrt{6}}$

$$=1\times\frac{2\sqrt{6}}{1}$$
$$=2\sqrt{6}$$

165

$$(与式)=\frac{\cos^2\theta\{(1+\sin\theta)+(1-\sin\theta)\}}{(1-\sin\theta)(1+\sin\theta)}$$
$$=\frac{2\cos^2\theta}{1-\sin^2\theta}$$
$$=\frac{2\cos^2\theta}{\cos^2\theta}=2$$

166

(1) (与式)

$$=\cos x\cos x-(-\sin x)\sin x$$
$$=\cos^2 x+\sin^2 x$$
$$=1$$

(2) (与式)

$$=\sin 25^\circ\cos(90^\circ-25^\circ)$$
$$-\sin(90^\circ+25^\circ)\cos(180^\circ-25^\circ)$$
$$=\sin 25^\circ\sin 25^\circ-\cos 25^\circ(-\cos 25^\circ)$$
$$=\sin^2 25^\circ+\cos^2 25^\circ$$
$$=1$$

(3) (与式)

$$=\{\cos(90^\circ+10^\circ)-\cos(180^\circ-10^\circ)\}^2$$
$$+\{\sin(90^\circ-10^\circ)+\cos(90^\circ-10^\circ)\}^2$$
$$=(-\sin 10^\circ+\cos 10^\circ)^2+(\cos 10^\circ+\sin 10^\circ)^2$$
$$=2(\sin^2 10^\circ+\cos^2 10^\circ)$$
$$=2$$

167

(1) $\sin^2 5^\circ+\cos^2 5^\circ=1$ より，

$$\cos 5^\circ=\sqrt{1-\sin^2 5^\circ}=\sqrt{1-a^2}$$
$$\sin 95^\circ=\sin(90^\circ+5^\circ)$$
$$=\cos 5^\circ$$
$$=\sqrt{1-a^2}$$

(2) $\tan 175^\circ=\tan(180^\circ-5^\circ)$

$$=-\tan 5^\circ$$
$$=-\frac{\sin 5^\circ}{\cos 5^\circ}$$
$$=-\frac{a}{\sqrt{1-a^2}}$$

注 文字が含まれている場合は，原則として分母の有理化を行わなくてよい。

168

(1) $\sin\theta+\cos\theta=\dfrac{1}{2}$ の両辺を 2 乗すると，

$$\sin^2\theta+2\sin\theta\cos\theta+\cos^2\theta=\frac{1}{4}$$
$$\sin^2\theta+\cos^2\theta+2\sin\theta\cos\theta=\frac{1}{4}$$
$$1+2\sin\theta\cos\theta=\frac{1}{4}$$
$$2\sin\theta\cos\theta=-\frac{3}{4}$$

$$\sin\theta\cos\theta=-\frac{3}{8}$$

(2) $\tan\theta+\dfrac{1}{\tan\theta}=\dfrac{\sin\theta}{\cos\theta}+\dfrac{1}{\dfrac{\sin\theta}{\cos\theta}}$

$$=\frac{\sin\theta}{\cos\theta}+\frac{\cos\theta}{\sin\theta}$$

$$=\frac{\sin^2\theta+\cos^2\theta}{\cos\theta\sin\theta}$$

$$=\frac{1}{-\dfrac{3}{8}}=-\frac{8}{3}$$

(3) まず，$(\sin\theta-\cos\theta)^2$ の値を求める。

$$(\sin\theta-\cos\theta)^2$$

$$=\sin^2\theta-2\sin\theta\cos\theta+\cos^2\theta$$

$$=\sin^2\theta+\cos^2\theta-2\sin\theta\cos\theta$$

$$=1-2\cdot\left(-\frac{3}{8}\right)=\frac{7}{4}$$

$$(\sin\theta-\cos\theta)^2=\frac{7}{4}$$

よって，

$$\sin\theta-\cos\theta=\pm\sqrt{\frac{7}{4}}=\pm\frac{\sqrt{7}}{2}$$

ここで，$\sin\theta\cos\theta=-\dfrac{3}{8}<0$ より，$\sin\theta$，$\cos\theta$ のうち，一方が正でもう一方は負であるが，$0^\circ\leqq\theta\leqq180^\circ$ より，$\sin\theta$ は負ではないので，$\cos\theta$ が負である。

よって，$\sin\theta-\cos\theta>0$

したがって，

$$\sin\theta-\cos\theta=\frac{\sqrt{7}}{2}$$

169

(1) $\cos\theta+\sin^2\theta=\cos^2\theta$

$\cos\theta+(1-\cos^2\theta)=\cos^2\theta$

$-2\cos^2\theta+\cos\theta+1=0$

$2\cos^2\theta-\cos\theta-1=0$

$(2\cos\theta+1)(\cos\theta-1)=0$

$\cos\theta=-\dfrac{1}{2}$，1

$0^\circ\leqq\theta\leqq180^\circ$ より，

$\theta=120^\circ$，0°

(2) $2\cos^2\theta+\sin\theta\geqq2$

$2(1-\sin^2\theta)+\sin\theta\geqq2$

$-2\sin^2\theta+\sin\theta\geqq0$

$2\sin^2\theta-\sin\theta\leqq0$

$\sin\theta(2\sin\theta-1)\leqq0$

$0\leqq\sin\theta\leqq\dfrac{1}{2}$

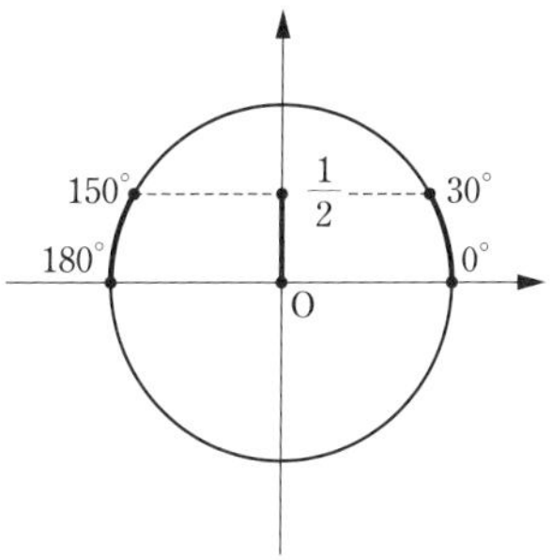

$0^\circ\leqq\theta\leqq30^\circ$，$150^\circ\leqq\theta\leqq180^\circ$

170

与式を y とおくと，

$y=\sin^2\theta-\cos\theta$

$=(1-\cos^2\theta)-\cos\theta$

$=-\cos^2\theta-\cos\theta+1$

$=-(\cos^2\theta+\cos\theta)+1$

$=-\left(\cos\theta+\dfrac{1}{2}\right)^2+\dfrac{1}{4}+1$

$=-\left(\cos\theta+\dfrac{1}{2}\right)^2+\dfrac{5}{4}$

$0^\circ\leqq\theta\leqq180^\circ$ では，

$-1\leqq\cos\theta\leqq1$

であるから，グラフは次のようになる。

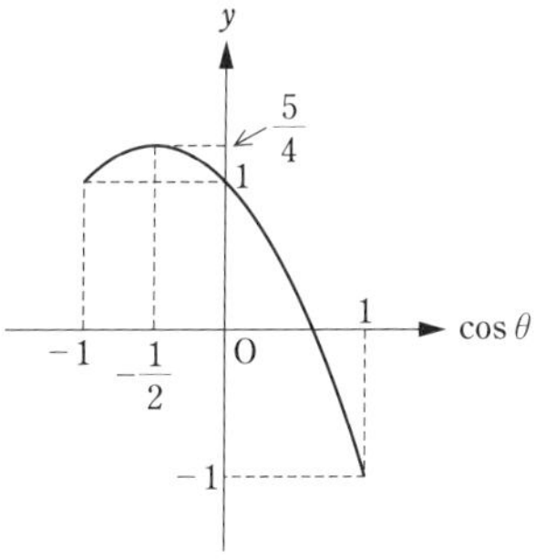

$\cos\theta=-\dfrac{1}{2}$ すなわち $\theta=120^\circ$ のとき，最大値 $\dfrac{5}{4}$ をとり，

$\cos\theta=1$ すなわち $\theta=0^\circ$ のとき，最小値 -1 をとる。

171

(1)

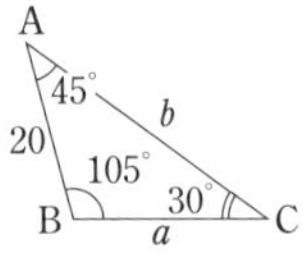

$\angle C = 180° - (45° + 105°)$

$= 30°$

$$\frac{a}{\sin 45°} = \frac{20}{\sin 30°}$$

$$a = \frac{20}{\sin 30°} \times \sin 45° = \frac{20}{\frac{1}{2}} \times \frac{\sqrt{2}}{2} = 20\sqrt{2}$$

(2)

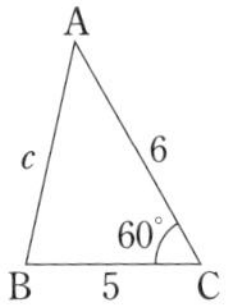

$c^2 = 5^2 + 6^2 - 2 \cdot 5 \cdot 6 \cdot \cos 60°$

$= 31$

$c = \sqrt{31}$

(3)

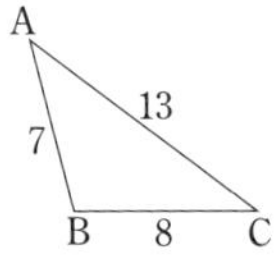

最大角は $\angle B$,

$$\cos B = \frac{7^2 + 8^2 - 13^2}{2 \cdot 7 \cdot 8} = -\frac{1}{2}$$

$\angle B = 120°$

(4) $\dfrac{10}{\sin 135°} = 2R$

$$R = \frac{10}{\frac{\sqrt{2}}{2}} \times \frac{1}{2} = 5\sqrt{2}$$

172

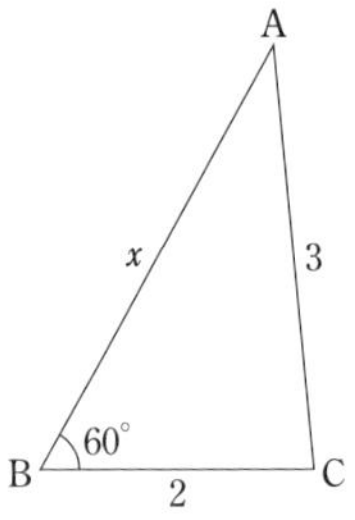

$AB = x$ とおくと，余弦定理より，

$3^2 = 2^2 + x^2 - 2 \cdot 2 \cdot x \cdot \cos 60°$

$9 = 4 + x^2 - 4x \cdot \dfrac{1}{2}$

$x^2 - 2x - 5 = 0$

$x = 1 \pm \sqrt{6}$

$x > 0$ より，$x = 1 + \sqrt{6}$　　$AB = 1 + \sqrt{6}$

次に，外接円の半径を R とすると，正弦定理より，

$$\frac{3}{\sin 60°} = 2R$$

$$R = \frac{3}{2\sin 60°}$$

$$= \frac{3}{2 \cdot \frac{\sqrt{3}}{2}} = \frac{3}{\sqrt{3}} = \frac{3\sqrt{3}}{3} = \sqrt{3}$$

よって外接円の面積は，$\pi(\sqrt{3})^2 = 3\pi$

173

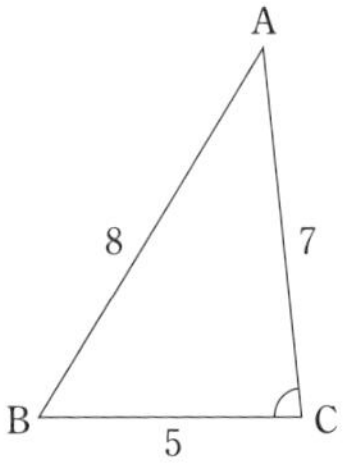

(1) 余弦定理より，

$$\cos C = \frac{5^2 + 7^2 - 8^2}{2 \cdot 5 \cdot 7}$$

$$= \frac{1}{7}$$

(2) $\sin C = \sqrt{1 - \cos^2 C}$

$$= \sqrt{1 - \frac{1}{49}} = \frac{4\sqrt{3}}{7}$$

(3) $\dfrac{c}{\sin C} = 2R$ より，

$$R = \frac{8}{2 \cdot \frac{4\sqrt{3}}{7}} = \frac{7\sqrt{3}}{3}$$

174

(1) 三角形 ABC は，30°，60°，90° の直角三角形だから，

$AB : AC : BC = 2 : 1 : \sqrt{3}$

よって，$AC = 1$，$BC = \sqrt{3}$

(2) $\triangle ADC$ は，$AC = DC$，$\angle ACD = 90°$ の直角二等辺三角形なので，

$\angle ADC = 45°$

(3) $AD : AC : DC = \sqrt{2} : 1 : 1$ より，

$AD = \sqrt{2}$

正弦定理より，

$$\frac{AD}{\sin \angle ABD} = 2R$$

$$R = \frac{AD}{2\sin \angle ABD}$$

$$= \frac{\sqrt{2}}{2\sin 30^\circ}$$
$$= \frac{\sqrt{2}}{2\cdot\frac{1}{2}}$$
$$= \sqrt{2}$$

(4)

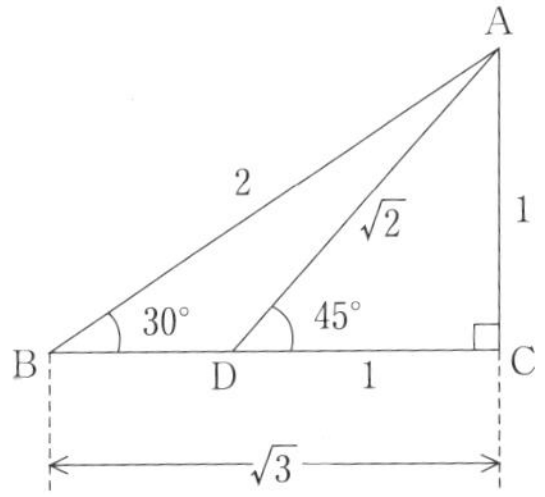

$$BD = BC - DC$$
$$= \sqrt{3} - 1$$

三角形 ABD について，正弦定理より，

$$\frac{\sqrt{2}}{\sin 30^\circ} = \frac{\sqrt{3}-1}{\sin\angle BAD}$$
$$\sqrt{2}\sin\angle BAD = (\sqrt{3}-1)\sin 30^\circ$$
$$\sin\angle BAD = \frac{\sqrt{3}-1}{2\sqrt{2}}$$
$$= \frac{\sqrt{2}(\sqrt{3}-1)}{4}$$
$$= \frac{\sqrt{6}-\sqrt{2}}{4}$$

175

(1) △ABD の内角の和より，

$$\angle ADB = 180^\circ - (75^\circ + 60^\circ) = 45^\circ$$

△ABD について正弦定理より，

$$\frac{AD}{\sin 60^\circ} = \frac{100}{\sin 45^\circ}$$
$$AD = \frac{100}{\sin 45^\circ}\cdot\sin 60^\circ = 50\sqrt{6}\,〔\mathrm{m}〕$$

(2) △ABC は，45°，45°，90° の直角二等辺三角形だから，

$$AC : AB = \sqrt{2} : 1$$
$$AC = AB \times \sqrt{2} = 100\sqrt{2}\,〔\mathrm{m}〕$$

(3)

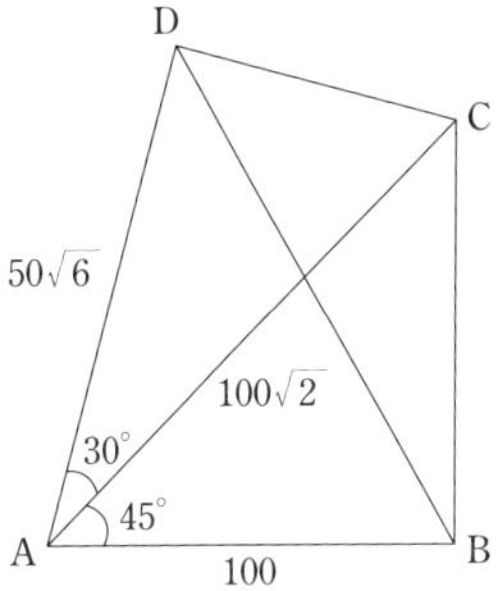

△ACD について余弦定理より，

$$CD^2 = (50\sqrt{6})^2 + (100\sqrt{2})^2 - 2\cdot 50\sqrt{6}\cdot 100\sqrt{2}\cdot\cos 30^\circ$$
$$= 15000 + 20000 - 30000$$
$$= 5000$$
$$CD = \sqrt{5000} = 50\sqrt{2}\,〔\mathrm{m}〕$$

別解

$$\angle CBD = 90^\circ - 60^\circ = 30^\circ$$

なので，∠DAC = ∠CBD となり，四角形 ABCD は円に内接する。

よって，∠ACD = ∠ABD = 60° なので，△ACD は次のような直角三角形である。

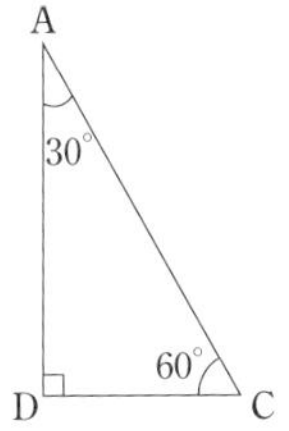

$$CD = \frac{1}{2}AC = \frac{100\sqrt{2}}{2} = 50\sqrt{2}\,〔\mathrm{m}〕$$

176

注 正弦定理より，

$$\frac{a}{\sin A} = 2R \longrightarrow \sin A = \frac{a}{2R}$$
$$\frac{b}{\sin B} = 2R \longrightarrow \sin B = \frac{b}{2R}$$
$$\frac{c}{\sin C} = 2R \longrightarrow \sin C = \frac{c}{2R}$$

(1) $2\cos A\sin B = \sin C$

正弦・余弦定理より，

$$2\cdot\frac{b^2+c^2-a^2}{2bc}\cdot\frac{b}{2R} = \frac{c}{2R}$$
$$\frac{b^2+c^2-a^2}{c}\cdot\frac{1}{2R} = \frac{c}{2R}$$

両辺に $2R\cdot c$ をかけて，

$$b^2+c^2-a^2 = c^2$$
$$b^2-a^2 = 0$$
$$b^2 = a^2$$

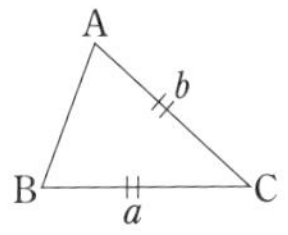

$b>0$，$a>0$ より，$b=a$

よって，

AC = BC の二等辺三角形

(2) $a = b\cos C - c\cos B$

$$a=b\cdot\frac{a^2+b^2-c^2}{2ab}-c\cdot\frac{a^2+c^2-b^2}{2ac}$$
$$a=\frac{a^2+b^2-c^2}{2a}-\frac{a^2+c^2-b^2}{2a}$$

両辺に $2a$ をかけて,

$$2a^2=a^2+b^2-c^2-(a^2+c^2-b^2)$$
$$2a^2=2b^2-2c^2$$
$$a^2=b^2-c^2$$
$$a^2+c^2=b^2$$

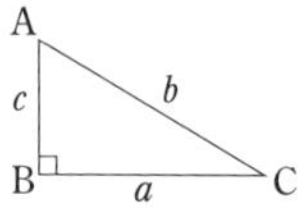

$\angle \mathrm{B}=90^\circ$ の直角三角形

177

注 **176** で用いた式より,

$$\sin A:\sin B:\sin C=\frac{a}{2R}:\frac{b}{2R}:\frac{c}{2R}$$
$$=a:b:c$$

$$\boxed{\sin A:\sin B:\sin C=a:b:c}$$

(1) $\sin A:\sin B:\sin C=a:b:c$
$$=4:5:7$$

(2) $A:B:C=1:2:3$ より,

$A=k,\ B=2k,\ C=3k\quad\cdots$①

とおける。三角形の内角の和 $=180^\circ$ より,

$$k+2k+3k=180^\circ$$
$$6k=180^\circ\quad k=30^\circ$$

①より, $A=30^\circ,\ B=60^\circ,\ C=90^\circ$

これより,

$$a:b:c=\sin A:\sin B:\sin C$$
$$=\sin30^\circ:\sin60^\circ:\sin90^\circ$$
$$=\frac{1}{2}:\frac{\sqrt{3}}{2}:1$$
$$=1:\sqrt{3}:2$$

(3) $a:b:c=2:3:4$ より,

$a=2k,\ b=3k,\ c=4k$

とおける。余弦定理より,

$$\cos A=\frac{9k^2+16k^2-4k^2}{2\cdot3k\cdot4k}=\frac{21k^2}{24k^2}=\frac{7}{8}$$
$$\cos B=\frac{4k^2+16k^2-9k^2}{2\cdot2k\cdot4k}=\frac{11k^2}{16k^2}=\frac{11}{16}$$
$$\cos C=\frac{4k^2+9k^2-16k^2}{2\cdot2k\cdot3k}=\frac{-3k^2}{12k^2}=-\frac{1}{4}$$

よって,

$$\cos A:\cos B:\cos C=\frac{7}{8}:\frac{11}{16}:\left(-\frac{1}{4}\right)$$
$$=14:11:(-4)$$

178

余弦定理より,

$$c^2=(1+\sqrt{3})^2+2^2-2(1+\sqrt{3})\cdot2\cdot\cos60^\circ$$
$$=4+2\sqrt{3}+4-2(1+\sqrt{3})$$
$$=6$$
$$c=\sqrt{6}$$

正弦定理より,

$$\frac{2}{\sin B}=\frac{\sqrt{6}}{\sin60^\circ}$$
$$2\sin60^\circ=\sqrt{6}\sin B$$
$$\sin B=\frac{2}{\sqrt{6}}\sin60^\circ=\frac{2}{\sqrt{6}}\cdot\frac{\sqrt{3}}{2}=\frac{1}{\sqrt{2}}$$

$\angle \mathrm{B}=45^\circ,\ 135^\circ$

ただし, $\angle \mathrm{C}=60^\circ$ より, $\angle \mathrm{B}=135^\circ$ は不適。

よって, $\angle \mathrm{B}=45^\circ$

$$\angle \mathrm{A}=180^\circ-(45^\circ+60^\circ)=75^\circ$$

次に正弦定理より,

$$\frac{a}{\sin A}=\frac{b}{\sin B}$$
$$\frac{1+\sqrt{3}}{\sin75^\circ}=\frac{2}{\sin45^\circ}$$
$$(1+\sqrt{3})\sin45^\circ=2\sin75^\circ$$
$$\sin75^\circ=\frac{1+\sqrt{3}}{2}\cdot\frac{\sqrt{2}}{2}$$
$$=\frac{\sqrt{2}+\sqrt{6}}{4}$$

別解

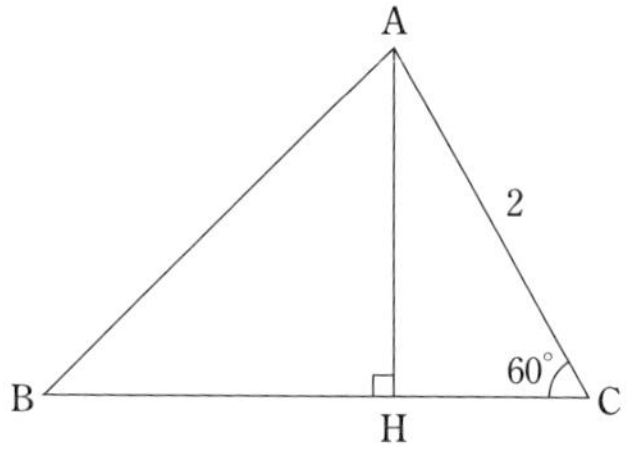

A から BC におろした垂線の足を H とすると, $\angle \mathrm{C}=60^\circ$ より,

$$\mathrm{AH}=\sqrt{3},\ \mathrm{CH}=1$$
$$\mathrm{BH}=\mathrm{BC}-\mathrm{CH}=(1+\sqrt{3})-1=\sqrt{3}$$

よって, $\mathrm{AH}=\mathrm{BH}=\sqrt{3}$ だから,

$\angle \mathrm{BAH}=\angle \mathrm{ABH}=45^\circ$ であり,

$$\mathrm{AB}=\mathrm{BH}\times\sqrt{2}=\sqrt{3}\times\sqrt{2}=\sqrt{6}$$

また, $\angle \mathrm{BAC}=45^\circ+30^\circ=75^\circ$

以上より, $c=\sqrt{6},\ \angle \mathrm{A}=75^\circ,\ \angle \mathrm{B}=45^\circ$

(以下, 同様)

179

(1) $S=\frac{1}{2}\cdot8\cdot10\cdot\sin60^\circ=20\sqrt{3}$

(2)　$s=\dfrac{3+5+7}{2}=\dfrac{15}{2}$

$S=\sqrt{\dfrac{15}{2}\times\left(\dfrac{15}{2}-3\right)\times\left(\dfrac{15}{2}-5\right)\times\left(\dfrac{15}{2}-7\right)}$

$=\sqrt{\dfrac{15}{2}\cdot\dfrac{9}{2}\cdot\dfrac{5}{2}\cdot\dfrac{1}{2}}=\dfrac{15\sqrt{3}}{4}$

180

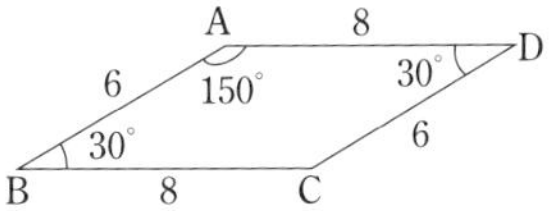

$\angle B=180^\circ-\angle A=180^\circ-150^\circ=30^\circ$

$S=2\triangle ABC=2\cdot\dfrac{1}{2}\cdot 6\cdot 8\cdot\sin 30^\circ=24$

181

(1)　2辺が1，頂角が 45° の二等辺三角形が8個集まったものと考える。

$\left(\dfrac{1}{2}\cdot 1\cdot 1\cdot\sin 45^\circ\right)\times 8=2\sqrt{2}$

(2)　$\dfrac{1}{8}\pi\cdot 1^2-\dfrac{1}{2}\cdot 1\cdot 1\cdot\sin 45^\circ$

$=\dfrac{1}{8}\pi-\dfrac{\sqrt{2}}{4}$　　（π：円周率）

182

(1)　$BC^2=5^2+8^2-2\cdot 5\cdot 8\cos 60^\circ$

$=49$

$BC>0$ より，$BC=7$

$S=\dfrac{1}{2}\cdot 5\cdot 8\cdot\sin 60^\circ$

$=10\sqrt{3}$

(2)　$\dfrac{BC}{\sin\angle BAC}=2R$ より

$\dfrac{7}{\frac{\sqrt{3}}{2}}=2R$　　$R=\dfrac{7\sqrt{3}}{3}$

$S=\dfrac{1}{2}r(5+8+7)=10\sqrt{3}$

$r=\sqrt{3}$

183

(1)　$\cos A=\dfrac{3^2+5^2-7^2}{2\cdot 3\cdot 5}$

$=\dfrac{-15}{30}=-\dfrac{1}{2}$

(2)　$\angle A=120^\circ$

(3)　$S=\dfrac{1}{2}\cdot 3\cdot 5\cdot\sin 120^\circ$

$=\dfrac{15\sqrt{3}}{4}$

(4)　$\dfrac{a}{\sin A}=2R$ より，

$\dfrac{7}{\frac{\sqrt{3}}{2}}=2R$

$R=\dfrac{7}{\sqrt{3}}=\dfrac{7\sqrt{3}}{3}$

(5)　$S=\dfrac{1}{2}r(a+b+c)$ より，

$\dfrac{15\sqrt{3}}{4}=\dfrac{1}{2}r(3+7+5)$

$r=\dfrac{\sqrt{3}}{2}$

184

余弦定理より，

$\cos A=\dfrac{3^2+4^2-2^2}{2\cdot 3\cdot 4}=\dfrac{21}{24}=\dfrac{7}{8}$

$\sin^2 A+\cos^2 A=1$ より

$\sin^2 A+\dfrac{49}{64}=1$

$\sin^2 A=\dfrac{15}{64}$

ここで，$0^\circ<A<180^\circ$ より，$\sin A>0$ だから，

$\sin A=\sqrt{\dfrac{15}{64}}=\dfrac{\sqrt{15}}{8}$

正弦定理より，

$\dfrac{BC}{\sin A}=2R$

$R=\dfrac{2}{2\cdot\frac{\sqrt{15}}{8}}=\dfrac{8}{\sqrt{15}}=\dfrac{8\sqrt{15}}{15}$

$S=\dfrac{1}{2}\cdot AB\cdot CA\cdot\sin A=\dfrac{1}{2}\cdot 4\cdot 3\cdot\dfrac{\sqrt{15}}{8}=\dfrac{3\sqrt{15}}{4}$

一方，

$S=\dfrac{1}{2}r(4+2+3)$

$S=\dfrac{9}{2}r$

$r=\dfrac{2}{9}S=\dfrac{2}{9}\cdot\dfrac{3\sqrt{15}}{4}=\dfrac{\sqrt{15}}{6}$

(ア)　$\dfrac{7}{8}$　　(イ)　$\dfrac{\sqrt{15}}{8}$　　(ウ)　$\dfrac{8\sqrt{15}}{15}$

(エ)　$\dfrac{3\sqrt{15}}{4}$　　(オ)　$\dfrac{9}{2}$　　(カ)　$\dfrac{\sqrt{15}}{6}$

185

$S=\dfrac{1}{2}AB\cdot AC\cdot\sin\angle A$

$=\dfrac{1}{2}\cdot 24\cdot 40\cdot\dfrac{\sqrt{3}}{2}$

$=240\sqrt{3}$

$\triangle ABD+\triangle ADC=\triangle ABC$

$\dfrac{1}{2}\cdot 24\cdot AD\cdot\sin 60^\circ+\dfrac{1}{2}\cdot 40\cdot AD\cdot\sin 60^\circ=240\sqrt{3}$

$16\sqrt{3}\cdot AD=240\sqrt{3}$

$AD=15$

186

CA$=x$，DA$=y$ として，余弦定理を使って考えると，

$$x^2=5^2+6^2-2\cdot5\cdot6\cos120^\circ=91$$

$x>0$ より，$x=\sqrt{91}$

∠ADC$=60^\circ$ なので

$$(\sqrt{91})^2=9^2+y^2-2\cdot y\cdot9\cos60^\circ$$

$$y^2-9y-10=0$$

$$(y+1)(y-10)=0$$

$y>0$ より，$y=10$

DA$=10$

また，四角形 ABCD を 2 つの三角形にして考えると，

△ABC の面積 S_1 は，

$$S_1=\frac{1}{2}\cdot5\cdot6\cdot\sin120^\circ=\frac{15\sqrt{3}}{2}$$

△ADC の面積 S_2 は，

$$S_2=\frac{1}{2}\cdot9\cdot10\cdot\sin60^\circ=\frac{45\sqrt{3}}{2}$$

よって，求める面積 S は，

$$S=\frac{15\sqrt{3}}{2}+\frac{45\sqrt{3}}{2}=30\sqrt{3}$$

187

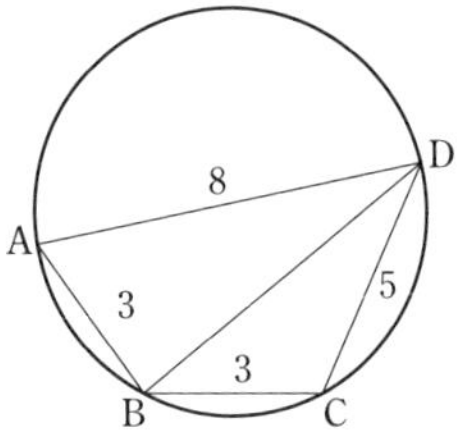

(1) △ABD において，余弦定理より，

$$\text{BD}^2=3^2+8^2-2\cdot3\cdot8\cos A$$
$$=73-48\cos A \quad \cdots①$$

△BCD において，余弦定理より，

$$\text{BD}^2=3^2+5^2-2\cdot3\cdot5\cos(180^\circ-A)$$
$$=34+30\cos A \quad \cdots②$$

①②より，

$$73-48\cos A=34+30\cos A$$
$$-78\cos A=-39$$
$$\cos A=\frac{1}{2}$$

$0^\circ<A<180^\circ$ より，∠A$=60^\circ$

(2) ①より，

$$\text{BD}^2=73-48\cdot\frac{1}{2}=49$$

BD>0 より，BD$=7$

(3) 正弦定理より，

$$\frac{\text{BC}}{\sin\angle\text{BDC}}=\frac{\text{BD}}{\sin C}$$

$$\frac{3}{\sin\angle\text{BDC}}=\frac{7}{\sin120^\circ}$$

$$\sin\angle\text{BDC}=\frac{3\sqrt{3}}{14}$$

(4) 正弦定理より，

$$\frac{7}{\sin120^\circ}=2R$$

$$R=\frac{7\sqrt{3}}{3}$$

(5) $S=\triangle\text{ABD}+\triangle\text{BCD}$

$$=\frac{1}{2}\cdot3\cdot8\sin A+\frac{1}{2}\cdot3\cdot5\sin C$$
$$=12\sin60^\circ+\frac{15}{2}\sin120^\circ$$
$$=6\sqrt{3}+\frac{15\sqrt{3}}{4}$$
$$=\frac{39\sqrt{3}}{4}$$

188

注 三角形の内角の二等分線について，次が成り立つ。

BD：CD＝AB：AC

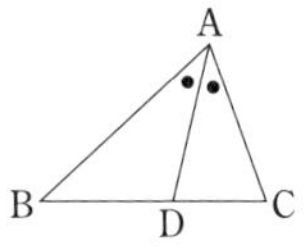

角の二等分線の性質より，

BD：DC＝AB：AC＝10：15＝2：3

BD$=x$ とおくと，DC$=20-x$ だから，

$$x:(20-x)=2:3$$
$$3x=2(20-x)$$

$x=8$，よって BD$=8$

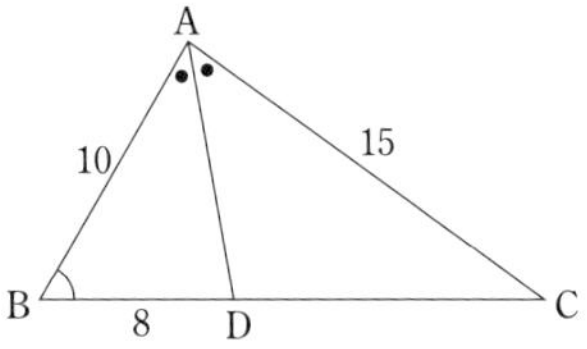

△ABC について余弦定理より，

$$\cos B=\frac{10^2+20^2-15^2}{2\cdot10\cdot20}$$
$$=\frac{275}{400}=\frac{11}{16}$$

次に，△ABD について余弦定理より，

$$\text{AD}^2=10^2+8^2-2\cdot10\cdot8\cdot\cos B$$
$$=100+64-2\cdot10\cdot8\cdot\frac{11}{16}$$

$= 54$

$AD = \sqrt{54} = 3\sqrt{6}$

189

四角形 ABCD を 2 つの三角形に分けて考える。

△ABD について，BD＝x とすると，

$x^2 = 8^2 + 5^2 - 2 \cdot 8 \cdot 5 \cdot \cos 60^\circ = 49$

$x > 0$ より，

$x = 7 \qquad BD = 7$

△CBD について，BC＝y とすると，

$7^2 = 8^2 + y^2 - 2 \cdot 8 \cdot y \cos 60^\circ$

$y^2 - 8y + 15 = 0$

$(y-3)(y-5) = 0$

$y = 3,\ 5$

四角形 ABCD は平行四辺形ではないので，BC＝3 である。

四角形 ABCD の面積を S とすると，

$S = \triangle ABD + \triangle BCD$

$= \dfrac{1}{2} \cdot 8 \cdot 5 \sin 60^\circ + \dfrac{1}{2} \cdot 8 \cdot 3 \cdot \sin 60^\circ$

$= 16\sqrt{3}$

190

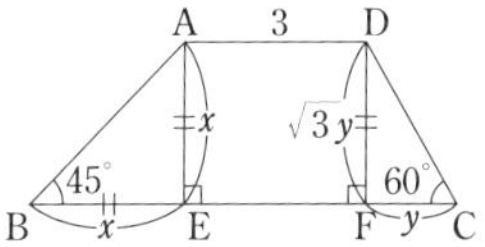

図のように点 E，F を定めると，

∠ABE＝45°，∠DCF＝60° より，

$AE = BE,\ DF = \sqrt{3}CF$

BE＝x，CF＝y とおくと，

$\begin{cases} x = \sqrt{3}y & \cdots ① \\ x + 3 + y = 7 & \cdots ② \end{cases}$

①を②に代入して，

$\sqrt{3}y + 3 + y = 7$

$(\sqrt{3}+1)y = 4$

$y = \dfrac{4}{\sqrt{3}+1} = 2(\sqrt{3}-1)$

①より，

$x = \sqrt{3}y = 2\sqrt{3}(\sqrt{3}-1) = 2(3-\sqrt{3})$

したがって，

$S = \dfrac{1}{2} \cdot (AD + BC) \cdot AE$

$= \dfrac{1}{2}(3+7) \cdot 2(3-\sqrt{3})$

$= 10(3-\sqrt{3})$

191

(1) $AF = \sqrt{1+4} = \sqrt{5}$

$FC = \sqrt{1+16} = \sqrt{17}$

$CA = \sqrt{4+16} = \sqrt{20} = 2\sqrt{5}$

(2) 余弦定理より，

$\cos\theta = \dfrac{5+20-17}{2 \cdot \sqrt{5} \cdot 2\sqrt{5}} = \dfrac{8}{20} = \dfrac{2}{5}$

(3)

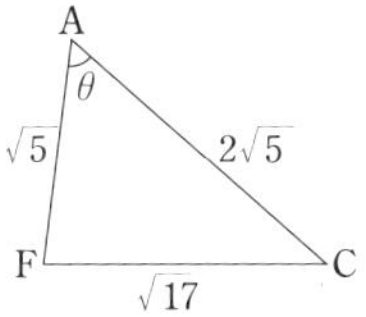

$\sin^2\theta = 1 - \dfrac{4}{25} = \dfrac{21}{25}$

$\sin\theta = \sqrt{\dfrac{21}{25}} = \dfrac{\sqrt{21}}{5}$

面積 $S = \dfrac{1}{2} \cdot \sqrt{5} \cdot 2\sqrt{5} \cdot \sin\theta$

$= 5 \cdot \dfrac{\sqrt{21}}{5}$

$= \sqrt{21}$

192

> 半径が r である球の体積と表面積
>
> 体積 $V = \dfrac{4}{3}\pi r^3$
>
> 表面積 $S = 4\pi r^2$

(1) 体積は，$\dfrac{4}{3}\pi \cdot 6^3 = 288\pi$

表面積は，$4\pi \cdot 6^2 = 144\pi$

> 相似である 2 つの図形について，
> 相似比（長さの比）が $a:b$ であるとき，
> 面積比は $a^2 : b^2$
> 体積比は $a^3 : b^3$
> 表面積の比は $a^2 : b^2$

(2) 表面積の比が

$1:2 = 1^2 : (\sqrt{2})^2$

であるから，相似比は $1:\sqrt{2}$

よって体積の比は，

$1^3 : (\sqrt{2})^3 = 1 : 2\sqrt{2}$

次に球 A の半径を r とすると，表面積が 12π だから，

$4\pi \cdot r^2 = 12\pi \quad r^2 = 3 \quad r = \sqrt{3}$

よって球 A の体積は，

$\dfrac{4}{3}\pi(\sqrt{3})^3 = 4\sqrt{3}\pi$

球 B と球 A の体積の比が $1:2\sqrt{2}$ であ

ることから，球 B の体積は，

$4\sqrt{3}\pi\times2\sqrt{2}=8\sqrt{6}\pi$

193

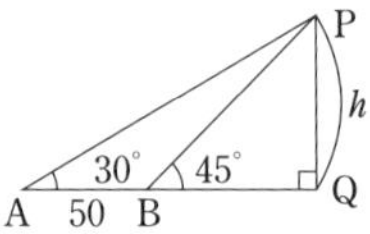

塔の頂上を P，P の真下の目の高さの位置を Q とし，PQ$=h$ とおくと，

AQ：PQ$=\sqrt{3}:1$ より，AQ$=\sqrt{3}h$

BQ：PQ$=1:1$ より，BQ$=h$

AB$=50$ より，AQ$-$BQ$=50$

$\sqrt{3}h-h=50$

$h=\dfrac{50}{\sqrt{3}-1}=25(\sqrt{3}+1)$

よって塔の高さは

$h+1.5=25(\sqrt{3}+1)+1.5$

$=25\sqrt{3}+26.5$〔m〕

194

(1) $S=\dfrac{1}{2}\cdot1\cdot1\cdot\sin60^\circ=\dfrac{\sqrt{3}}{4}$

(2)

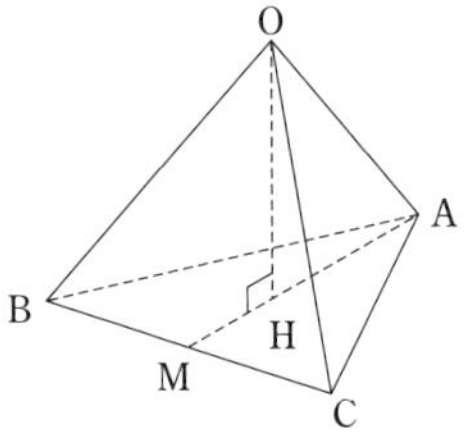

直線 AH と辺 BC との交点を M とする。H は △ABC の重心だから，

AH：HM$=2:1$

AH$=\dfrac{2}{3}$AM$=\dfrac{2}{3}\times\dfrac{\sqrt{3}}{2}=\dfrac{\sqrt{3}}{3}$

△OAH について三平方の定理より，

OH$^2+\left(\dfrac{\sqrt{3}}{3}\right)^2=1^2$

OH$^2=\dfrac{2}{3}$　　OH$=\sqrt{\dfrac{2}{3}}=\dfrac{\sqrt{6}}{3}$

(3) 体積 $V=\dfrac{1}{3}\cdot S\cdot$OH

$=\dfrac{1}{3}\cdot\dfrac{\sqrt{3}}{4}\cdot\dfrac{\sqrt{6}}{3}=\dfrac{\sqrt{2}}{12}$

195

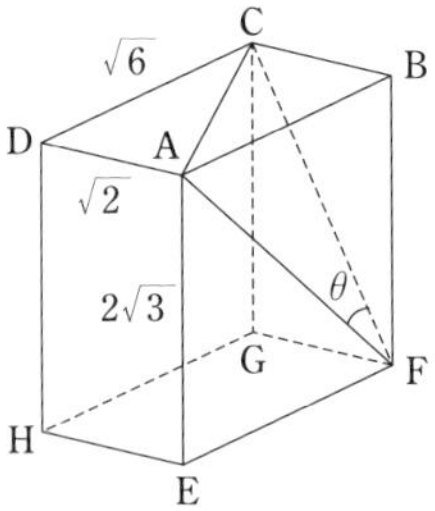

AC$=\sqrt{\text{AB}^2+\text{BC}^2}=\sqrt{6+2}=2\sqrt{2}$

AF$=\sqrt{\text{AB}^2+\text{BF}^2}=\sqrt{6+12}=3\sqrt{2}$

CF$=\sqrt{\text{CB}^2+\text{BF}^2}=\sqrt{2+12}=\sqrt{14}$

△AFC について余弦定理より，

$\cos\theta=\dfrac{18+14-8}{2\cdot3\sqrt{2}\cdot\sqrt{14}}=\dfrac{24}{12\sqrt{7}}=\dfrac{2\sqrt{7}}{7}$

$\sin^2\theta+\cos^2\theta=1$ より

$\sin^2\theta+\dfrac{4}{7}=1$　　$\sin\theta=\dfrac{\sqrt{3}}{\sqrt{7}}$

よって，△AFC の面積 S は，

$S=\dfrac{1}{2}\cdot$AF$\cdot$CF$\cdot\sin\theta$

$=\dfrac{1}{2}\cdot3\sqrt{2}\cdot\sqrt{14}\cdot\dfrac{\sqrt{3}}{\sqrt{7}}=3\sqrt{3}$

四面体 BAFC について，△ABC を底面，BF を高さとみれば，体積 V は，

$V=\dfrac{1}{3}\cdot$△ABC$\cdot$BF

$=\dfrac{1}{3}\left(\dfrac{1}{2}\cdot\sqrt{6}\cdot\sqrt{2}\right)\cdot2\sqrt{3}=2$　…①

次に，B から平面 AFC に下ろした垂線の長さを h とする。

四面体 BAFC について，△AFC を底面，h を高さとみれば，体積 V は，

$V=\dfrac{1}{3}\cdot$△AFC$\cdot h$

$=\dfrac{1}{3}\cdot3\sqrt{3}\cdot h=\sqrt{3}h$　…②

①，②より，$\sqrt{3}h=2$　　$h=\dfrac{2\sqrt{3}}{3}$

(ア) $\dfrac{2\sqrt{7}}{7}$　(イ) $3\sqrt{3}$　(ウ) 2　(エ) $\dfrac{2\sqrt{3}}{3}$

196

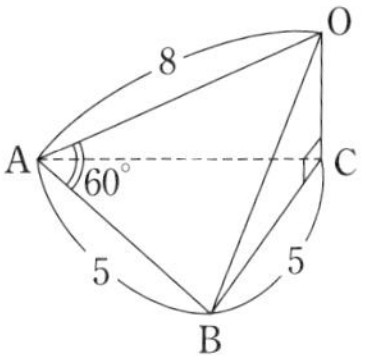

$\triangle$OAB において余弦定理より，

$OB^2 = 8^2 + 5^2 - 2 \cdot 8 \cdot 5 \cos 60^\circ$

$= 64 + 25 - 40$

$= 49$

$OB > 0$ より　　$OB = 7$

$\triangle$OBC において三平方の定理より，

$OC^2 = 7^2 - 5^2 = 24$

$OC > 0$ より　　$OC = 2\sqrt{6}$

ここで $\triangle$OAC において

$AC^2 = 8^2 - (2\sqrt{6})^2 = 40$

$AC > 0$ より　$AC = 2\sqrt{10}$

$\triangle$ABC において余弦定理より，

$$\cos\angle ABC = \frac{5^2 + 5^2 - (2\sqrt{10})^2}{2 \cdot 5 \cdot 5}$$

$$= \frac{1}{5}$$

したがって，$0^\circ < \angle ABC < 180^\circ$ より，

$$\sin\angle ABC = \sqrt{1 - \left(\frac{1}{5}\right)^2} = \frac{2\sqrt{6}}{5}$$

$\triangle$ABC の面積は，

$$\frac{1}{2} \cdot 5 \cdot 5 \cdot \sin\angle ABC = 5\sqrt{6}$$

よって，O－ABC の体積は，

$$\frac{1}{3} \cdot 5\sqrt{6} \cdot 2\sqrt{6} = 20$$

C から $\triangle$OAB におろした垂線の長さを h とすると，

$$\frac{1}{3} \cdot \triangle OAB \cdot h = 20$$

$\triangle$OAB の面積は，

$\frac{1}{2} \cdot 5 \cdot 8 \cdot \sin 60^\circ = 10\sqrt{3}$ より

$$\frac{1}{3} \cdot 10\sqrt{3} \cdot h = 20$$

$$h = 2\sqrt{3}$$

197

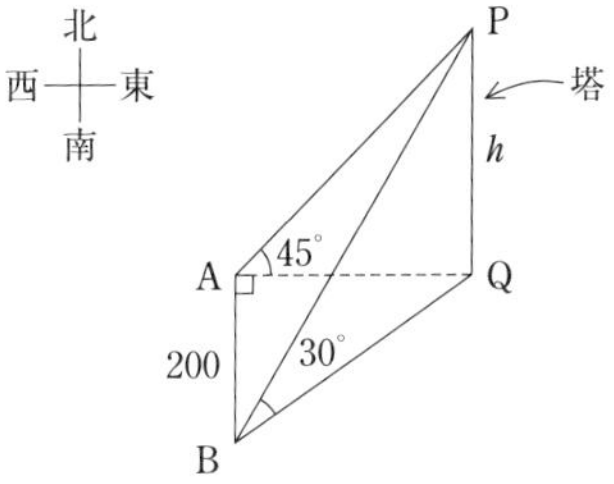

塔の下端を Q とし，$PQ = h$ とおくと，

$AQ : PQ = 1 : 1$ より，$AQ = h$

$BQ : PQ = \sqrt{3} : 1$ より，$BQ = \sqrt{3}h$

$\triangle$ABQ について三平方の定理より，

$200^2 + h^2 = (\sqrt{3}h)^2$

$2h^2 = 40000$

$h^2 = 20000$

$h = 100\sqrt{2}$〔m〕

198

塔の高さを h とすれば，

$AP : h = \sqrt{3} : 1$ より，$AP = \sqrt{3}h$

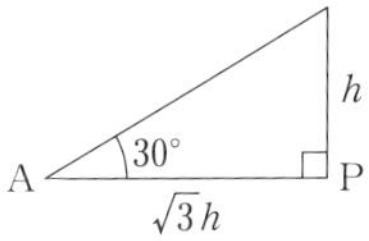

また，$\angle APB = 180^\circ - (75^\circ + 45^\circ) = 60^\circ$

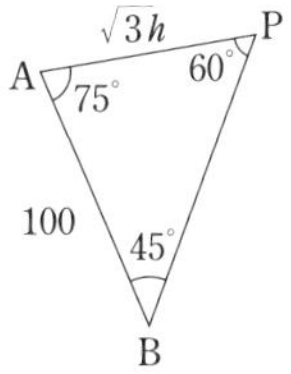

正弦定理より，

$$\frac{\sqrt{3}h}{\sin 45^\circ} = \frac{100}{\sin 60^\circ}$$

$$h = \frac{100\sqrt{2}}{3}〔m〕$$

199

① $\frac{1}{10}(6+8+5+9+8+6+7+6+9+6)$

$= \frac{1}{10} \cdot 70 = 7$

② 小さい順に並べると，

5，6，6，6，6，7，8，8，9，9

中央値は，$\frac{6+7}{2} = \frac{13}{2} = 6.5$

③ 最頻値は，最も個数が多い 6

200

(1) 小さい順に並べると

6.9　7.5　8.3　8.7　9.6〔℃〕

中央値は 8.3℃

平均値を $\overline{x}$ とすると，

$$\overline{x}=\frac{1}{5}(6.9+7.5+8.3+8.7+9.6)$$

$$=\frac{1}{5}\cdot 41.0=8.2\text{〔℃〕}$$

別解

仮平均を 8.0 とすると，

$$\overline{x}=8.0+\frac{1}{5}(-1.1-0.5+0.3+0.7+1.6)$$

$$=8.0+\frac{1}{5}\cdot 1.0$$

$$=8.0+0.2=8.2\text{〔℃〕}$$

(2) 6日間の平均値が8.3℃より，

$$\frac{1}{6}(41.0+a)=8.3$$

$$41.0+a=49.8$$

$$a=8.8$$

小さい順に並べると，

6.9　7.5　8.3　8.7　8.8　9.6〔℃〕

中央値は，$\dfrac{8.3+8.7}{2}=\dfrac{17.0}{2}=8.5$〔℃〕

201

(1) A 君以外の13人の読書時間を小さい順に並べると，

0　1　2　3　4　5　7　7　8　9　10　10　12

中央値 6.5 は，7番目と8番目の平均値であることから，A 君は5と7の間に入る。A の読書時間を x 時間とすると，

0　1　2　3　4　5　x　7　7　8　9　10　10　12

$\dfrac{x+7}{2}=6.5$ より，$x+7=13$

$x=6$〔時間〕

(2) 平均値を $\overline{x}$ とすると，

$$\overline{x}=\frac{1}{14}(0+1+2+3+4+5+6+7+7+8+9+10+10+12)$$

$$=\frac{1}{14}\cdot 84=6\text{〔時間〕}$$

202

合計10人より，

$1+2+x+y+1+1=10$

$x+y=5$　…①

(1) 平均点を $\overline{x}$ とすると，

$$\overline{x}=\frac{1}{10}(0\cdot 1+1\cdot 2+2x+3y+4\cdot 1+5\cdot 1)$$

$$=\frac{1}{10}(11+2x+3y)$$

これが 2.3 になるから，

$\dfrac{1}{10}(11+2x+3y)=2.3$

$11+2x+3y=23$

$2x+3y=12$　…②

①×2−②より，

$$\begin{array}{rr} & 2x+2y=10 \\ -) & 2x+3y=12 \\ \hline & -y=-2 \end{array}$$

$y=2$

①に代入して

$x+2=5$　$x=3$

(2) 中央値が 2.5 点より，得点を小さい順に並べたとき，5番目が2点，6番目が3点である。

したがって次のようになる。

0，1，1，2，2，3，3，3，4，5〔点〕

よって，2点が2人，3点が3人だから，

$x=2$，$y=3$

これは，①を満たす。

よって，$x=2$，$y=3$

203

> 平均値 $=\dfrac{\text{合格点}}{\text{人数}}$ より，
> 合格点 = 平均点 × 人数

合格者を x 人とすると，不合格者は $(600-x)$ 人。

合格者の合計点は，

$70\times x$ 点　…①

不合格者の合計点は，

$55\times(600-x)$ 点　…②

600人全体の合計点は，

65×600 点　…③

①，②，③より

$70x+55(600-x)=65\cdot 600$

$15x=6000$

$x=400$〔人〕

204

50個のデータの平均値を x とすると，50個のデータの総和は，$x\times 50$。20個のデータの総和は，4×20。残り30個のデータの総和は，

8×30。

よって，

$$x\times50=4\times20+8\times30$$

$$x=\frac{320}{50}=6.4$$

別解

50個の平均値を $\overline{x}$ とすると，

$$\overline{x}=\frac{1}{50}(50個の総和)$$

$$=\frac{1}{50}(20個の総和+30個の総和)$$

$$=\frac{1}{50}(4\cdot20+8\cdot30)$$

$$=\frac{1}{50}\cdot320=6.4$$

205

[43 55 56 58 59] [61 63 64 65 84]

Q_1（56）　中央値（59と61の間）　Q_3（64）

(1) 中央値は，$\frac{59+61}{2}=\frac{120}{2}=60$ （答）④

(2) 第１四分位数 $Q_1=56$ （答）①

(3) 第３四分位数 $Q_3=64$ （答）②

(4) 範囲$=84-43=41$ （答）①

(5) 四分位範囲$=64-56=8$ （答）③

206

データを小さい順に並べると，

[12 15 17 21] 23 [26 29 31 35]

Q_1（15と17の間）　Q_2（23）　Q_3（29と31の間）

最小値 12

第１四分位数 $Q_1=\frac{15+17}{2}=\frac{32}{2}=16$

第２四分位数 $Q_2=23$

第３四分位数 $Q_3=\frac{29+31}{2}=\frac{60}{2}=30$

最大値 35

以上を満たす箱ひげ図は⑤

207

㋐について

最大値は95点より大きく，100点未満。最小値は20点より大きく，25点未満。

ここで，

$$95-25=70,\quad 100-20=80$$

であるから，データの範囲は，

70点より大きく，80点未満である。

㋑について

第２四分位数が60点未満だから，60点以上が50人以上とはいえない。

㋒について

第２四分位数が60点未満だから，60点未満が50人以上いる。

㋓について

最頻値を読み取ることはできない。

㋔について

平均値を読み取ることはできない。

㋕について

第１四分位数は，40点より大で，45点より小。第３四分位数は，70点より大で，75点より小。

ここで，

$$\frac{70-45}{2}=12.5,\quad \frac{75-40}{2}=17.5$$

よって，四分位偏差は，12.5より大きく，17.5より小さい。

以上より，箱ひげ図から読み取れるものは，㋐，㋒，㋕。

よって答は(5)

208

(1) 平均値を $\overline{x}$ とすると，

$$\overline{x}=\frac{1}{6}(8+19+13+7+11+14)$$

$$=\frac{1}{6}\cdot72=12$$

(2) 分散を s^2 とすると，

$$s^2=\frac{1}{6}\{(8-12)^2+(19-12)^2+(13-12)^2+(7-12)^2+(11-12)^2+(14-12)^2\}$$

$$=\frac{1}{6}\{(-4)^2+7^2+1^2+(-5)^2+(-1)^2+2^2\}$$

$$=\frac{1}{6}(16+49+1+25+1+4)$$

$$=\frac{1}{6}\cdot96=16$$

(3) 標準偏差を s とすると，$s=\sqrt{16}=4$

209

(1) 平均値を $\overline{x}$ とすると，

$$\overline{x}=\frac{1}{8}(13+21+3+29+5+19+13+a)$$

$$=\frac{1}{8}(103+a)$$

これが 15 になるから，

$$\frac{1}{8}(103+a)=15$$

$$103+a=120$$

$$a=17$$

(2) 小さい順に並べると，

$\boxed{3\ 5\ 13\ 13}\quad\boxed{17\ 19\ 21\ 29}$

Q_1　Q_2　Q_3

第 1 四分位数 $Q_1=\dfrac{5+13}{2}=9$

第 3 四分位数 $Q_3=\dfrac{19+21}{2}=20$

よって，四分位範囲は，$20-9=11$

(3)

x	$x-\overline{x}$	$(x-\overline{x})^2$
13	−2	4
21	6	36
3	−12	144
29	14	196
5	−10	100
19	4	16
13	−2	4
17	2	4

計 504

分散を s^2，標準偏差を s とすると，

$$s^2=\frac{1}{8}\cdot504=63$$

$$s=\sqrt{63}=3\sqrt{7}=3\times2.6=7.8$$

210

(1) 国語の平均点は60点前後，数学は40点前後，英語は50点前後であるから，最も高いと考えられるのは，国語。

(2) 最も散らばり度合が大きいのは英語であるから，最も分散が大きいと考えられるのは，英語。

(3) 各教科の最頻値を階級値で示すと，国語が62.5，数学が 37.5，英語が 52.5 であるから，最も小さいのは，数学。

211

(1) 残り 2 人の得点を a，b とすると，平均値は，

$$\frac{1}{10}(16+19+21+23+25+28+31+35+a+b)$$

$$=\frac{1}{10}(198+a+b)$$

これが 25 になるから，

$$\frac{1}{10}(198+a+b)=25$$

$$198+a+b=250$$

$$a+b=52\quad\cdots①$$

よって，残りの 2 人の得点の合計は，52点

(2) 分散を s^2 とすると，

$$s^2=\frac{1}{10}\{(81+36+16+4+9+36+100)+(a-25)^2+(b-25)^2\}$$

$$=\frac{1}{10}\{282+(a-25)^2+(b-25)^2\}$$

これが28.6になるから，

$$\frac{1}{10}\{282+(a-25)^2+(b-25)^2\}=28.6$$

$$282+(a-25)^2+(b-25)^2=286$$

$$(a-25)^2+(b-25)^2=4\quad\cdots②$$

①と②を，a と b の連立方程式として解く。

①より，$b=52-a\quad\cdots①'$

②に代入して，

$$(a-25)^2+(52-a-25)^2=4$$

$$(a-25)^2+(27-a)^2=4$$

$$2a^2-104a+1350=0$$

$$a^2-52a+675=0$$

2 次方程式の解の公式より，

$$a=26\pm\sqrt{676-675}$$

$$=26\pm1$$

$$=27,\ 25$$

①′ より，

$a=27$ のとき $b=25$

$a=25$ のとき $b=27$

よって，残りの 2 人の得点は 25 点と 27 点。

212

(1) 9 名のデータを小さい順に並べたとき，真ん中にくるのが中央値であるから，中央値より左側に 4 名のデータが並び，中央値より右側にも 4 名のデータが並ぶ。

$\boxed{\text{ア}}$ 4，$\boxed{\text{イ}}$ 4

また，x，y，z 以外の 6 名のデータについては，中央値 71 より小さい 65，67，70 の 3 個が中央値より左側に並び，71 より大きい 72，74，78 の 3 個が中央値より右側に並ぶ。

$\boxed{\text{ウ}}$ 3，$\boxed{\text{エ}}$ 3

以上の結果と，$x<y<z$ を考慮すると，9 名のデータのうち，
中央値より左側に並ぶのは 65，67，70，x，
右側に並ぶのは 72，74，78，z であり，
中央値が y となる。よって，$y=71$

$\boxed{\text{オ}}$ 71

(2)

心拍数	心拍数−70	(心拍数−70)^2
x	X	X^2
71	1	1
z	Z	Z^2
78	8	64
65	-5	25
72	2	4
67	-3	9
74	4	16
70	0	0
計	$X+Z+7$	X^2+Z^2+119

平均値からの偏差の和は 0 であるから,

$X+Z+7=0$

$X+Z=-7$　…①

次に, 分散が $\dfrac{76}{3}$ であることから,

$\dfrac{1}{9}(X^2+Z^2+119)=\dfrac{76}{3}$

$X^2+Z^2+119=228$

$X^2+Z^2=109$　…②

[カ] -7, [キ] 109

(3) ①より, $Z=-X-7$　…①′

②に代入して,

$X^2+(-X-7)^2=109$

$2X^2+14X-60=0$

$X^2+7X-30=0$

$(X+10)(X-3)=0$

$X=-10,\ 3$

それぞれ①′ に代入して,

$Z=3,\ -10$

$x<z$ より, $X<Z$ であるから,

$X=-10,\ Z=3$

$x-70=-10,\ z-70=3$

$x=60,\ z=73$

[ク] 60, [ケ] 73

(4) 小さい順に並べると,

［60 65 67 70］ 71 ［72 73 74 78］

Q_1　Q_2　Q_3

範囲は, $78-60=18$

第 1 四分位数 $Q_1=\dfrac{65+67}{2}=66$

第 3 四分位数 $Q_3=\dfrac{73+74}{2}=\dfrac{147}{2}$

四分位範囲は, $\dfrac{147}{2}-66=\dfrac{15}{2}$

[コ] 18, [サ] 15, [シ] 2

213

平均値が 3 である 5 個の値を,

$a_1,\ a_2,\ a_3,\ a_4,\ a_5$

とし, これをデータ A とする。

同じく, 平均値が 6 である10個の値を,

$b_1,\ b_2,\ b_3,\ \cdots,\ b_{10}$

とし, これをデータ B とする。

(1) データ A の平均が 3 より,

$\dfrac{1}{5}(a_1+\cdots+a_5)=3$

$a_1+\cdots+a_5=15$

データ B についても同様に,

$\dfrac{1}{10}(b_1+\cdots+b_{10})=6$

$b_1+\cdots+b_{10}=60$

15個全体の平均値を $\overline{x}$ とすると,

$\overline{x}=\dfrac{1}{15}(a_1+\cdots+a_5+b_1+\cdots+b_{10})$

$=\dfrac{1}{15}(15+60)$

$=\dfrac{1}{15}\cdot 75=5$

(2) データ A について,

分散=「2 乗の平均値」−(平均値)^2

の関係より,

$11=\dfrac{1}{5}(a_1{}^2+\cdots+a_5{}^2)-3^2$

$\dfrac{1}{5}(a_1{}^2+\cdots+a_5{}^2)=20$

$a_1{}^2+\cdots+a_5{}^2=100$

データ B についても同様に,

$14=\dfrac{1}{10}(b_1{}^2+\cdots+b_{10}{}^2)-6^2$

$\dfrac{1}{10}(b_1{}^2+\cdots+b_{10}{}^2)=50$

$b_1{}^2+\cdots+b_{10}{}^2=500$

15個全体の分散を s^2 とすると,

分散=「2 乗の平均値」−(平均値)^2

の関係より,

$s^2=\dfrac{1}{15}(a_1{}^2+\cdots+a_5{}^2+b_1{}^2+\cdots+b_{10}{}^2)-(\overline{x})^2$

$=\dfrac{1}{15}(100+500)-5^2$

$=40-25=15$

214

(1) $\overline{x}=\dfrac{1}{5}(6+8+7+10+9)$

$=\dfrac{1}{5}\cdot 40=8$

$\overline{y}=\frac{1}{5}(5+6+7+9+8)$

$=\frac{1}{5}\cdot 35=7$

(2) $s_{xy}=\frac{1}{5}\{(6-8)(5-7)+(8-8)(6-7)$
$+(7-8)(7-7)+(10-8)(9-7)$
$+(9-8)(8-7)\}$

$=\frac{1}{5}\{-2\cdot(-2)+0\cdot(-1)+(-1)\cdot 0$
$+2\cdot 2+1\cdot 1\}$

$=\frac{1}{5}(4+0+0+4+1)$

$=\frac{1}{5}\cdot 9=1.8$

215

相関係数 $=\frac{-105}{10\cdot 15}=-0.7$

216

x, y の平均値をそれぞれ $\overline{x}$, $\overline{y}$ とすると,

$\overline{x}=\frac{1}{5}(2+3+6+9+5)=\frac{1}{5}\cdot 25=5$

$\overline{y}=\frac{1}{5}(3+5+6+9+7)=\frac{1}{5}\cdot 30=6$

	x	y	$x-\overline{x}$	$(x-\overline{x})^2$	$y-\overline{y}$	$(y-\overline{y})^2$	$(x-\overline{x})(y-\overline{y})$
	2	3	-3	9	-3	9	9
	3	5	-2	4	-1	1	2
	6	6	1	1	0	0	0
	9	9	4	16	3	9	12
	5	7	0	0	1	1	0
計	25	30	0	30	0	20	23

(1) 共分散 $s_{xy}=\frac{1}{5}\cdot 23=4.6$

(2) x の分散, 標準偏差をそれぞれ $s_x{}^2$, s_x, y についても同様に $s_y{}^2$, s_y とすると,

$s_x{}^2=\frac{1}{5}\cdot 30=6$, $s_x=\sqrt{6}=2.5$

$s_y{}^2=\frac{1}{5}\cdot 20=4$, $s_y=\sqrt{4}=2$

相関係数を r とすると,

$r=\frac{s_{xy}}{s_x\cdot s_y}=\frac{4.6}{2.5\cdot 2}=0.92$

217

勉強時間の平均値, 分散, 標準偏差をそれぞれ $\overline{x}$, $s_x{}^2$, s_x とし, 得点についても同様に, $\overline{y}$, $s_y{}^2$, s_y とする。

(1) $\overline{y}=\frac{1}{6}(3+3+5+6+9+10)$

$=\frac{1}{6}\cdot 36=6$

$\boxed{\ 1\ }$ ⑥

(2) 得点を小さい順に並べると,

3, 3, 5, 6, 9, 10

中央値は,

$\frac{5+6}{2}=\frac{11}{2}=5.5$

$\boxed{\ 2\ }$ ⑤, $\boxed{\ 3\ }$ ⑤

(3) $\overline{x}=\frac{1}{6}(1+2+3+5+6+7)$

$=\frac{1}{6}\cdot 24=4$

$s_x{}^2=\frac{1}{6}\{(-3)^2+(-2)^2+(-1)^2+1^2+2^2+3^2\}$

$=\frac{1}{6}(9+4+1+1+4+9)$

$=\frac{1}{6}\cdot 28=\frac{14}{3}$

$\boxed{\ 4\ }$ ①, $\boxed{\ 5\ }$ ④, $\boxed{\ 6\ }$ ③

(4) 共分散を s_{xy} とすると,

$s_{xy}=\frac{1}{6}\{-3\cdot(-3)+(-2)\cdot(-3)+(-1)\cdot(-1)$
$+1\cdot 0+2\cdot 3+3\cdot 4\}$

$=\frac{1}{6}(9+6+1+0+6+12)$

$=\frac{1}{6}\cdot 34=\frac{17}{3}$

$\boxed{\ 7\ }$ ①, $\boxed{\ 8\ }$ ⑦, $\boxed{\ 9\ }$ ③

(5) $s_y{}^2=\frac{1}{6}\{(-3)^2+(-3)^2+(-1)^2+0^2+3^2+4^2\}$

$=\frac{1}{6}(9+9+1+0+9+16)$

$=\frac{1}{6}\cdot 44=\frac{22}{3}$

$r=\frac{s_{xy}}{s_x\cdot s_y}$ より,

$r^2=\frac{s_{xy}{}^2}{s_x{}^2\cdot s_y{}^2}$

$=\frac{\left(\frac{17}{3}\right)^2}{\frac{14}{3}\cdot\frac{22}{3}}$

$=\frac{17^2}{14\cdot 22}$

$=\frac{289}{308}=0.938\cdots$

小数第3位を四捨五入して,

$r^2=0.94$

$\boxed{\ 10\ }$ ⑨, $\boxed{\ 11\ }$ ④

218

(1)(ア) $6+2+1=9$ (回)

(イ)　$\dfrac{9}{200}=0.045$

(2)(i)　$0.045<0.05$ より，仮説 B は否定される。

よって，仮説 A は正しいといえる。

(ウ)　③　　(エ)　⑤

(ii)　$0.045>0.01$ より，仮説 B は否定できない。

よって，仮説 A は正しいとはいえないので，新製品の方が使いやすいとは判断できない。

(オ)　④　　(カ)　⑥

219

(1)　回数の合計が 500 回より，

$81+a+b+78+27+7+1=500$

$a+b=306$　…①

表から平均値を求めると，

$\dfrac{1}{500}(1\cdot a+2\cdot b+3\cdot 78+4\cdot 27+5\cdot 7+6\cdot 1)$

$=\dfrac{1}{500}(a+2b+383)$

題意より，平均値は 1.67 であるから，

$\dfrac{1}{500}(a+2b+383)=1.67$

$a+2b+383=835$

$a+2b=452$　…②

②−①より，$b=146$

①より，$a+146=306$　　$a=160$

(2)　A：このソフトはデタラメに予想するより的中させる確率が高い。

という仮説を立て，それに反する仮説

B：このソフトが的中させる確率はデタラメに予想する場合と同じである。

を立てる

仮説 B が正しい場合，このソフトが的中させる確率は次のようになる。

・7 回以上的中させる確率

$\dfrac{0}{500}=0$

・6 回以上的中させる確率

$\dfrac{1}{500}=0.002$

・5 回以上的中させる確率

$\dfrac{7+1}{500}=\dfrac{8}{500}=0.016$

・4 回以上的中させる確率

$\dfrac{27+7+1}{500}=\dfrac{35}{500}=0.07$

これより，基準となる確率 0.05 より小さくなるのは 5 回以上的中する場合である。

よって，5 回以上的中させる必要がある。

220

(1)　$n(\mathrm{A}\cup\mathrm{B})=n(\mathrm{A})+n(\mathrm{B})-n(\mathrm{A}\cap\mathrm{B})$

$=12+10-5$

$=17$

(2)　$\overline{\mathrm{A}}\cap\overline{\mathrm{B}}$ は次の斜線部分。

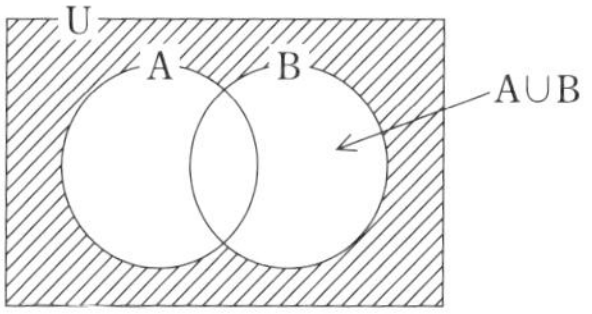

$n(\overline{\mathrm{A}}\cap\overline{\mathrm{B}})=n(\mathrm{U})-n(\mathrm{A}\cup\mathrm{B})$

$=30-17$

$=13$

(3)　$\overline{\mathrm{A}}\cup\overline{\mathrm{B}}$ は次の斜線部分。

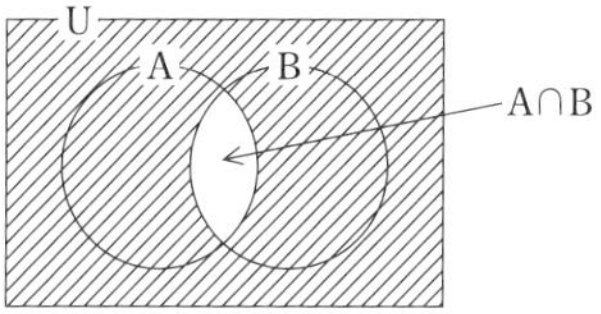

$n(\overline{\mathrm{A}}\cup\overline{\mathrm{B}})=n(\mathrm{U})-n(\mathrm{A}\cap\mathrm{B})$

$=30-5$

$=25$

参考

$\overline{\mathrm{A}}\cap\overline{\mathrm{B}}$ や $\overline{\mathrm{A}}\cup\overline{\mathrm{B}}$ がどのようなものかわかりにくい場合は，次のように，ド・モルガンの法則にあてはめてみるのもよい。

$\overline{\mathrm{A}}\cap\overline{\mathrm{B}}=\overline{\mathrm{A}\cup\mathrm{B}}$（A∪B の補集合）

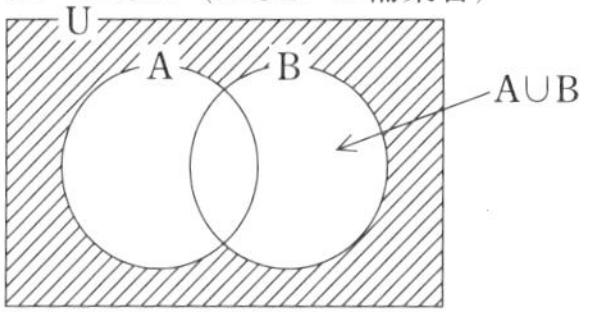

$\overline{\mathrm{A}}\cup\overline{\mathrm{B}}=\overline{\mathrm{A}\cap\mathrm{B}}$（A∩B の補集合）

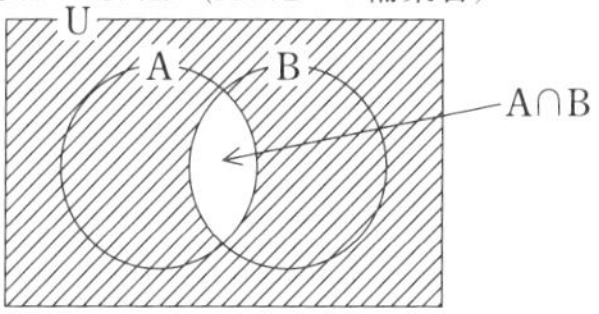

221

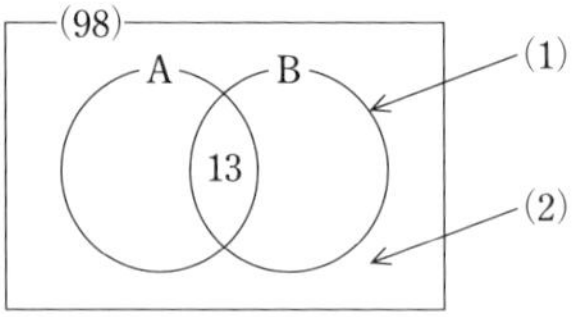

(1)　41＋38－13＝66〔世帯〕

(2)　98－66＝32〔世帯〕

222

(1)　100÷2＝50

よって，$n(\text{A})=50$〔個〕

(2)　100÷3＝33　余り　1

よって，$n(\text{B})=33$〔個〕

(3)　2 と 3 の最小公倍数は 6 だから，A∩B は 6 の倍数の集合。

100÷6＝16　余り　4

よって，$n(\text{A}\cap\text{B})=16$〔個〕

(4)　$n(\text{A}\cup\text{B})=n(\text{A})+n(\text{B})-n(\text{A}\cap\text{B})$

$=50+33-16$

$=67$〔個〕

(5)

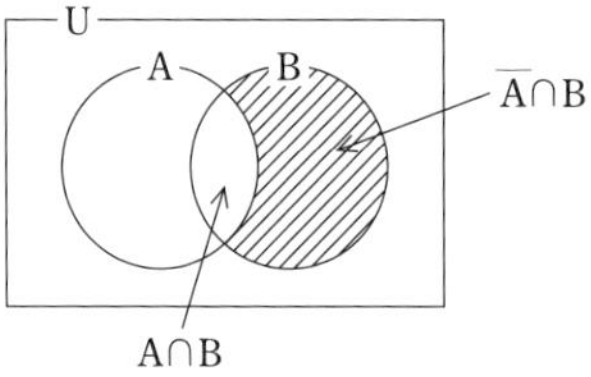

$n(\overline{\text{A}}\cap\text{B})=n(\text{B})-n(\text{A}\cap\text{B})$

$=33-16=17$〔個〕

223

$n(\text{P}\cap\text{Q})$ が最大となるのは，次図のように，Q が P の部分集合になるときである。

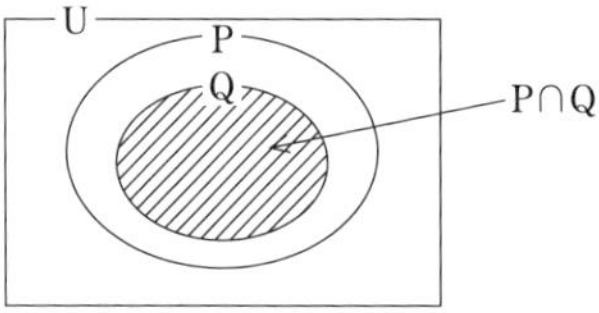

求める最大値は $n(\text{Q})$ に等しく，50。

次に，最小となるのは次図のときである。

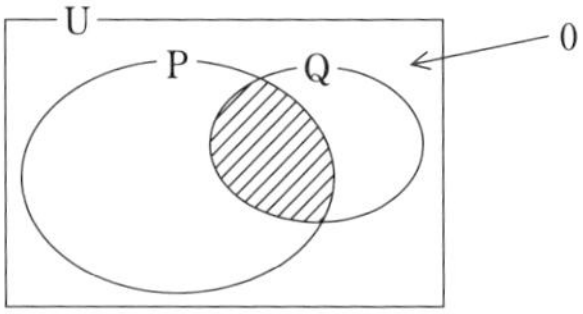

このとき，P∪Q は全体集合 U と同じになるから，

$n(\text{P}\cap\text{Q})=n(\text{P})+n(\text{Q})-n(\text{P}\cup\text{Q})$

$=n(\text{P})+n(\text{Q})-n(\text{U})$

$=70+50-100$

$=20$

224

（223 と同様に考える。）

(1)　75〔人〕

(2)　75＋80－100＝55〔人〕

225

100 以上 200 以下の自然数について，全体集合を U とし，8，12 で割り切れる数の集合をそれぞれ A，B とする。

・集合 U について

$n(\text{U})=200-100+1=101$〔個〕

・集合 A について

$\begin{cases} 200\div 8=25 \\ 99\div 8=12 \text{ 余り } 3 \end{cases}$

よって，

$n(\text{A})=25-12=13$〔個〕

・集合 B について

$\begin{cases} 200\div 12=16 \text{ 余り } 8 \\ 99\div 12=8 \text{ 余り } 3 \end{cases}$

よって，

$n(\text{B})=16-8=8$〔個〕

・集合 A∩B について

8 と 12 の最小公倍数は 24

$\begin{cases} 200\div 24=8 \text{ 余り } 8 \\ 99\div 24=4 \text{ 余り } 3 \end{cases}$

よって，

$n(\text{A}\cap\text{B})=8-4=4$〔個〕

(1)　$n(\text{A}\cap\overline{\text{B}})=n(\text{A})-n(\text{A}\cap\text{B})$

$=13-4$

$=9$〔個〕

(2)　まず，8 または 12 で割り切れる数の個数 $n(\text{A}\cup\text{B})$ を求める。

$n(\text{A}\cup\text{B})=n(\text{A})+n(\text{B})-n(\text{A}\cap\text{B})$

$=13+8-4$

$=17$〔個〕

よって求める個数 $n(\overline{\mathrm{A}}\cap\overline{\mathrm{B}})$ は，

$n(\overline{\mathrm{A}}\cap\overline{\mathrm{B}})=n(\mathrm{U})-n(\mathrm{A}\cup\mathrm{B})$

$=101-17$

$=84$〔個〕

226

全体集合を U とし，英語，数学，国語について，80 点以上の者の集合をそれぞれ A，B，C とすると，

$n(\mathrm{A})=28,\ n(\mathrm{B})=24,\ n(\mathrm{C})=34,$

$n(\mathrm{A}\cup\mathrm{B}\cup\mathrm{C})=62,\ n(\mathrm{A}\cap\mathrm{B})=8,$

$n(\mathrm{A}\cap\mathrm{C})=9,\ n(\mathrm{B}\cap\mathrm{C})=10$

(1) $n(\overline{\mathrm{A}}\cap\overline{\mathrm{B}}\cap\overline{\mathrm{C}})=n(\mathrm{U})-n(\mathrm{A}\cup\mathrm{B}\cup\mathrm{C})$

$=100-62$

$=38$〔人〕

(2) $n(\mathrm{A}\cup\mathrm{B}\cup\mathrm{C})=n(\mathrm{A})+n(\mathrm{B})+n(\mathrm{C})$

$-n(\mathrm{A}\cap\mathrm{B})-n(\mathrm{B}\cap\mathrm{C})$

$-n(\mathrm{A}\cap\mathrm{C})$

$+n(\mathrm{A}\cap\mathrm{B}\cap\mathrm{C})$

上の式にあてはめると，

$62=28+24+34$

$-8-10-9+n(\mathrm{A}\cap\mathrm{B}\cap\mathrm{C})$

$62=59+n(\mathrm{A}\cap\mathrm{B}\cap\mathrm{C})$

$n(\mathrm{A}\cap\mathrm{B}\cap\mathrm{C})=3$〔人〕

(3) 次図の(ア)(イ)(ウ)の合計人数を求めればよい。

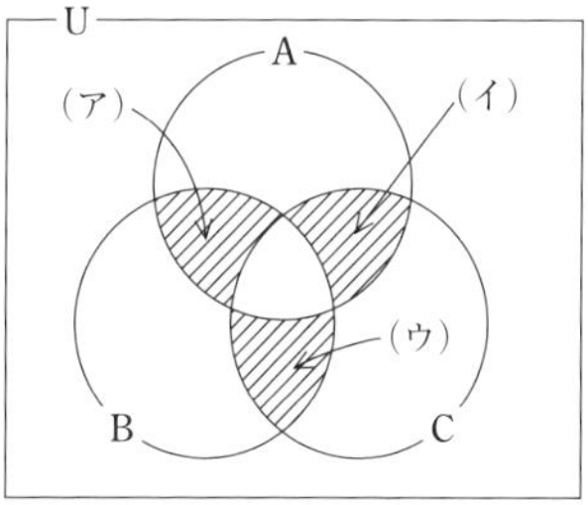

(ア)の人数

$n(\mathrm{A}\cap\mathrm{B})-n(\mathrm{A}\cap\mathrm{B}\cap\mathrm{C})=8-3=5$

(イ)の人数

$n(\mathrm{A}\cap\mathrm{C})-n(\mathrm{A}\cap\mathrm{B}\cap\mathrm{C})=9-3=6$

(ウ)の人数

$n(\mathrm{B}\cap\mathrm{C})-n(\mathrm{A}\cap\mathrm{B}\cap\mathrm{C})=10-3=7$

よって求める人数は，

$5+6+7=18$〔人〕

227

(1) A→B が 4 通り，B→C が 3 通り

よって，$4\times3=12$〔通り〕

(2)(i) 往路，復路とも 4 通りだから，

$4\times4=16$〔通り〕

(ii) 往路は 4 通り，復路は往路と同じ道を通れないので 3 通り。

よって，$4\times3=12$〔通り〕

228

大→中→小の順に考える。

・大のサイコロの目は 6 通り。

・中のサイコロの目は，大のサイコロの目以外の 5 通り。

・小のサイコロの目は，大・中のサイコロの目以外の 4 通り。

よって，$6\times5\times4=120$〔通り〕

229

$432=2^4\times3^3$

これより，正の約数は $2^x\times3^y$ と表され，

x のとり得る値は，0，1，2，3，4 の 5 通り。

y のとり得る値は，0，1，2，3 の 4 通り。

よって，個数は $5\times4=20$〔個〕

総和は，

$(2^0+2^1+2^2+2^3+2^4)\times(3^0+3^1+3^2+3^3)$

$=(1+2+4+8+16)\times(1+3+9+27)$

$=31\times40$

$=1240$

230

3 の倍数になるのは，和が 3，6，9，12 となるときである。

・和が 3 のとき

(大，小)$=(1,\ 2),\ (2,\ 1)$

の 2 通り。

・和が 6 のとき

(大，小)$=(1,\ 5),\ (2,\ 4),\ (3,\ 3),$

$(4,\ 2),\ (5,\ 1)$

の 5 通り。

・和が 9 のとき

(大，小)$=(3,\ 6),\ (4,\ 5),\ (5,\ 4),$

$(6,\ 3)$

の 4 通り。

・和が 12 のとき

(大，小)$=(6,\ 6)$

の 1 通り。

よって，$2+5+4+1=12$〔通り〕

231

樹形図をかく。金額の大きい順，すなわち，

100円→50円→10円の順に考える。

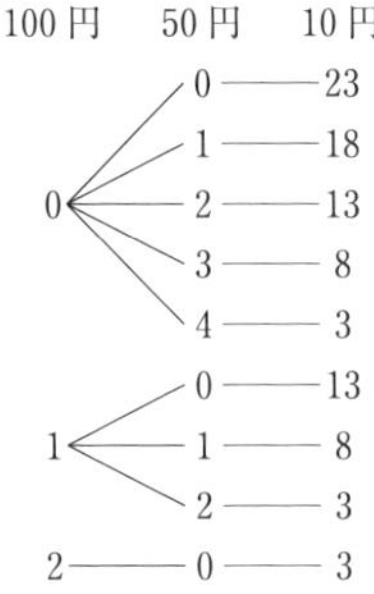

よって，$5+3+1=9$〔通り〕

232

(ア)　$300\div 6=50$　　$n(\mathrm{A})=50$

(イ)　$300=2^2\times 3\times 5^2$

これより，300 の約数は，

$2^x\times 3^y\times 5^z$

と表され，x，y，z のとり得る値は，

・x が 0，1，2 の 3 通り

・y が 0，1 の 2 通り

・z が 0，1，2 の 3 通り

$n(\mathrm{B})=3\times 2\times 3=18$

(ウ)　まず，$n(\mathrm{A}\cap\mathrm{B})$ を求める。

A∩B の要素は，300 の約数の中で 6 の倍数であるものだから，300 を次のように変形して考える。

$300=2^2\times 3\times 5^2$

$=6\times 2\times 5^2$

これより，A∩B の要素は，

$6\times 2^x\times 5^y$

と表され，x，y のとり得る値は，

・x が 0，1 の 2 通り

・y が 0，1，2 の 3 通り

$n(\mathrm{A}\cap\mathrm{B})=2\times 3=6$

以上より，

$n(\mathrm{A}\cup\mathrm{B})$

$=n(\mathrm{A})+n(\mathrm{B})-n(\mathrm{A}\cap\mathrm{B})$

$=50+18-6$

$=62$

233

(1)　異なる 5 個の文字を一列に並べるから，

${}_5\mathrm{P}_5=5\cdot 4\cdot 3\cdot 2\cdot 1=120$〔通り〕

(2)　A3 個，M2 個，他 1 個ずつで，合計 8 個を一列に並べるから，

$\dfrac{8!}{3!\times 2!}=3360$〔通り〕

234

(1)　$(7-1)!=6!=720$〔通り〕

(2)　$\dfrac{(7-1)!}{2}=\dfrac{6!}{2}=360$〔通り〕

235

4 人各々について，A，B，C の 3 通りずつ入り方があるから，

$3\times 3\times 3\times 3=81$〔通り〕

236

(1)　百の位は 0 以外の 5 通り

十の位は百の位で用いた数以外の 5 通り

一の位は百と十の位で用いた数以外の 4 通り

よって，$5\times 5\times 4=100$〔通り〕

(2)　偶数となるのは，一の位が 0，2，4 となるときである。

・一の位が 0 のとき，

百，十の位は ${}_5\mathrm{P}_2=5\times 4=20$〔通り〕

・一の位が 2 または 4 のとき，

百の位は，

0 と一の位で用いた数以外の 4 通り

十の位は，

一と百の位で用いた数以外の 4 通り

よって，$4\times 4\times 2=32$〔通り〕

以上より，偶数となるのは

$20+32=52$〔個〕

237

(1)　百の位が 5 か 4 のとき，$2\times{}_5\mathrm{P}_2=40$〔個〕

百の位が 3 のとき，351，352，354 の 3 個

$40+3=43$〔個〕

(2)　百の位が 1 のとき，${}_5\mathrm{P}_2=5\times 4=20$

百の位が 2 のとき，${}_5\mathrm{P}_2=5\times 4=20$

したがって，小さい方から40番目までは百の位が 1 か 2 のもので40個あり，41番目から60番目までは，百の位が3。次に百の位が 3 で十の位が 0 または 1 のものは 4 個ずつあるので，49番目は 320。

よって，50番目は，321

238

(1)　女子 3 人をまとめて 1 人と考え，5 人の並び方を求めると，5! 通り。

女子 3 人の並び方は 3! 通りだから，

$5!\times 3!=120\times 6=720$〔通り〕

(2)　両端の女子の並び方が ${}_3\mathrm{P}_2$ 通り。

残りの 5 人の並び方が 5! 通りだから，

$_3P_2\times5!=6\times120=720$〔通り〕

(3) まず，7 人の並び方は全部で

$7!=5040$〔通り〕

次に，両端が男子となる並び方を求めると，

$_4P_2\times5!=12\times120=1440$〔通り〕

よって，少なくとも一方の端が女子となる並び方は，

$5040-1440=3600$〔通り〕

239

両端の男子の並び方は $_5P_2$ 通り。

残りの男子 3 人，女子 2 人が，女子が隣り合って並ぶ方法は $4!\times2!$ 通り。

よって，

$_5P_2\times4!\times2!=20\times24\times2=960$〔通り〕

240

(1) おとなを○，子どもを△で表すと，次の 2 通りの場合がある。

{ ○△○△○△
{ △○△○△○

それぞれの並び方は $3!\times3!$ 通りだから，

$2\times3!\times3!=2\times6\times6=72$〔通り〕

(2) 子ども 3 人をまとめて 1 人と考え，4 人が輪をつくる方法を求めると，

$(4-1)!=3!=6$〔通り〕

子ども 3 人の並び方は，$3!$ 通りだから，

$6\times3!=36$〔通り〕

(3) おとな 1 人の位置を固定し，残りのおとな 2 人，子ども 3 人の並び方を求めて，

$2!\times3!=12$〔通り〕

241

1㊚2㊚3㊚4㊚5

まず，男子 4 人が並び，女子 3 人が上図の 1 ～ 5 のいずれかに並ぶ，と考える。

男子 4 人の並び方は $4!$ 通り。

女子 3 人の並び方は $_5P_3$ 通り。

よって，

$4!\times{}_5P_3=24\times60$

$=1440$〔通り〕

注

〰〰部がわかりにくければ，次のように考えてもよい。

（次項の「**4　組合せ**」参照）

1 ～ 5 から 3 つを選ぶ方法は $_5C_3$ 通り。

そこへ女子 3 人が並ぶ方法は $3!$ 通り。

したがって，求める並び方の数は，

$4!\times{}_5C_3\times3!=24\times10\times6$

$=1440$〔通り〕

242

3 の倍数になるのは，各位の数字の和が 3 の倍数のときである。

組み合わせとしては，

(0, 1, 2)，(0, 2, 4)，(1, 2, 3)，(2, 3, 4) の 4 組が考えられる。

上の 4 組について，それぞれ並べ方を考えると，

(0, 1, 2)⇨$2\times2\times1=4$〔個〕

(0, 2, 4)⇨$2\times2\times1=4$〔個〕

(1, 2, 3)⇨$3\times2\times1=6$〔個〕

(2, 3, 4)⇨$3\times2\times1=6$〔個〕

よって，

$4\times2+6\times2=20$〔個〕

243

4 の倍数は，下 2 桁が 4 の倍数となればよい。よって，下 2 桁の並び方が 00，04，12，20，24，32，40，44 の 8 通り。その各々に百の位が 1 から 4 までの 4 通りあるから，

$4\times8=32$〔通り〕

244

一番上の位は 5 または 6

(i) 一番上の位が 5 のとき

残りの 5，5，5，6，6，6，0 を一列に並べるから，

$\dfrac{7!}{3!\times3!}=140$〔個〕

(ii) 一番上の位が 6 のとき

残りの 5，5，5，5，6，6，0 を一列に並べるから，

$\dfrac{7!}{4!\times2!}=105$〔個〕

よって，$140+105=245$〔個〕

245

(i) 赤 2 個，青 3 個のとき

$\dfrac{5!}{2!\times3!}=10$〔通り〕

(ii) 赤 2 個，青 2 個，黄 1 個のとき

$\dfrac{5!}{2!\times2!}=30$〔通り〕

(iii) 赤 1 個，青 3 個，黄 1 個のとき

$\dfrac{5!}{3!}=20$〔通り〕

(i)，(ii)，(iii)より，$10+30+20=60$〔通り〕

246

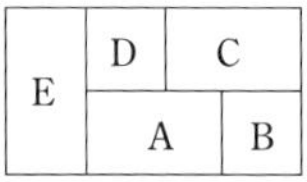

前図において，A が他の 4 つの面全てと接していることに着目して，

A→B→C→D→E

の順に色を決めていくものとする。

・A の色の決め方は 3 通り。

・B は，A 以外の 2 通り。

・C は，A，B 以外の 1 通り。

・D は，A，C 以外の 1 通り。

・E は，A，D 以外の 1 通り。

以上より，

$3\times2\times1\times1\times1=6$〔通り〕

247

まず，1 を一つの面に書く。

1 の面の対面の数字の選び方が 5 通り。

残りの 4 つの面は円順列となるから，

$(4-1)!$ 通り。

よって，

$5\times(4-1)!=5\times3!=30$〔個〕

248

(1) ${}_{15}C_3=\dfrac{15\times14\times13}{3\times2\times1}=455$〔通り〕

(2) ${}_{10}C_2\times{}_5C_1=\dfrac{10\times9}{2\times1}\times5=225$〔通り〕

249

(1) ${}_9C_3=\dfrac{9\times8\times7}{3\times2\times1}=84$〔通り〕

(2) 子音 6 文字から 3 文字を選ぶ選び方は，

${}_6C_3=\dfrac{6\times5\times4}{3\times2\times1}=20$〔通り〕

母音を少なくとも 1 つ含む選び方は，

$84-20=64$〔通り〕

250

(1) 1 ～ 8 の 8 個の要素の中から，4 個を選ぶ方法の数だけ，部分集合ができるから，

${}_8C_4=\dfrac{8\cdot7\cdot6\cdot5}{4\cdot3\cdot2\cdot1}=70$〔個〕

(2) 要素の個数が，

0 個（空集合)，1 個，2 個，…，8 個

の場合について，部分集合の個数を求めて加えていくと，

$1+{}_8C_1+{}_8C_2+{}_8C_3+\cdots+{}_8C_8$

$=1+8+28+56+70+\cdots+1$

$=256$〔個〕

別解（こちらの解法を覚えておくとよい）

1～8 の各々について，部分集合の要素になるかならないかで，2 通りずつできるから，

$2\times2\times\cdots\times2=2^8=256$〔個〕

251

(1) $\dfrac{n(n-1)}{2\cdot1}=10$

$n(n-1)=20$

$n^2-n-20=0$

$(n+4)(n-5)=0$

$n\geqq2$ より，$n=5$

(2) ${}_nC_{n-2}={}_nC_2$，${}_nC_{n-1}={}_nC_1$

であるから，与式は，

${}_nC_2+{}_nC_1=21$

$\dfrac{n(n-1)}{2\cdot1}+n=21$

$n(n-1)+2n=42$

$n^2+n-42=0$

$(n+7)(n-6)=0$

$n\geqq2$ より，$n=6$

252

(1) 8 人から 1 人を選ぶ方法は ${}_8C_1$ 通り。

残りの 7 人から 3 人を選ぶ方法は ${}_7C_3$ 通り。

残りの 4 人を選ぶ方法は ${}_4C_4$ 通り。

よって，求めるグループ分けの方法は，

${}_8C_1\times{}_7C_3\times{}_4C_4=280$〔通り〕

(2) (1)と同様に考えると，${}_8C_3\times{}_5C_3\times{}_2C_2$ 通り。

ただし，2 つの 3 人のグループについて 2! 通りの重複があるから，

${}_8C_3\times{}_5C_3\times{}_2C_2\div2!=280$〔通り〕

(3) 同じ人数のグループが 4 つあるから

${}_8C_2\times{}_6C_2\times{}_4C_2\times{}_2C_2\div4!=105$〔通り〕

253

(1) ${}_{12}C_4\times{}_8C_4\times{}_4C_4\div3!$

$=495\times70\times1\div6$

$=5775$〔通り〕

(2) A，B，C 以外の 9 人の分け方を考える。

・9 人から A と同じ組に入る 3 人を選ぶ方法は ${}_9C_3$ 通り。

・残りの 6 人から B と同じ組に入る 3 人を選ぶ方法は ${}_6C_3$ 通り。

・残りの 3 人から C と同じ組に入る 3 人を選ぶ方法は ${}_3C_3$ 通り。

よって，

${}_9C_3\times{}_6C_3\times{}_3C_3=84\times20\times1$

$=1680$〔通り〕

注

(2)のように，組に区別があるときには重複は生じない。A，B，C 以外の 9 人を，A，B，C とそれぞれ名前のついた 3 つのグループに 3 人ずつ分けると考えてもよい。

254

$x+y+z=10(x\geqq 0,\ y\geqq 0,\ z\geqq 0)$

たとえば $(x,\ y,\ z)=(2,\ 3,\ 5)$ を

$\underbrace{○○}_{x}\ |\ \underbrace{○○○}_{y}\ |\ \underbrace{○○○○○}_{z}$

のように表すと10個の○と 2 つの仕切り | の合計12個のものを並べる場合に対応させることができる。12個のうちどの 2 個を仕切り | にするか，と考え，

${}_{12}C_2=66$〔組〕

255

(1) たとえばりんご 1 個，みかん 2 個，なし 2 個という選び方をしたとき，

○ | ○ ○ | ○ ○

りんご みかん なし

のように表すと 5 個の○と 2 つの仕切り | の合計 7 個のものを並べる場合に対応させることができるから，

${}_7C_2=\dfrac{7\times 6}{2\times 1}=21$〔通り〕

(2) はじめにりんご，みかん，なしそれぞれ 1 個ずつ選び，残り 2 個をどのように選ぶか考えればよい。つまり，2 個の○と 2 本の仕切り | の合計 4 個のものを並べる場合に対応させることができるから，

${}_4C_2=\dfrac{4\times 3}{2\times 1}=6$〔通り〕

256

(1) ↑が 4 回，→が 5 回の計 9 回で A から B へ到達する。

9 回の中から↑の 4 回を選ぶと考え，

${}_9C_4=126$〔通り〕

注

↑の 4 回を決めれば，→の 5 回も同時に決まってしまうので，→の 5 回を考える必要はない。

(2) A→C が ${}_4C_2$ 通り。

C→B が ${}_5C_2$ 通り。

よって，

${}_4C_2\times{}_5C_2=6\times 10=60$〔通り〕

(3) A→D が ${}_4C_1$ 通り。

D→B が ${}_4C_2$ 通り。

よって，D を通る道順は，

${}_4C_1\times{}_4C_2=4\times 6=24$〔通り〕

よって，求める道順は，

$126-24=102$〔通り〕

257

(1) 2 つの頂点を結ぶ直線の本数は ${}_{10}C_2$ 本。

ただし，この中には正十角形の10本の辺が含まれているから，対角線の本数は，

${}_{10}C_2-10=45-10=35$〔本〕

(2) 3 つの頂点の選び方を考えて，

${}_{10}C_3=120$〔個〕

(3) 正十角形の頂点を A，B，…，J とする。

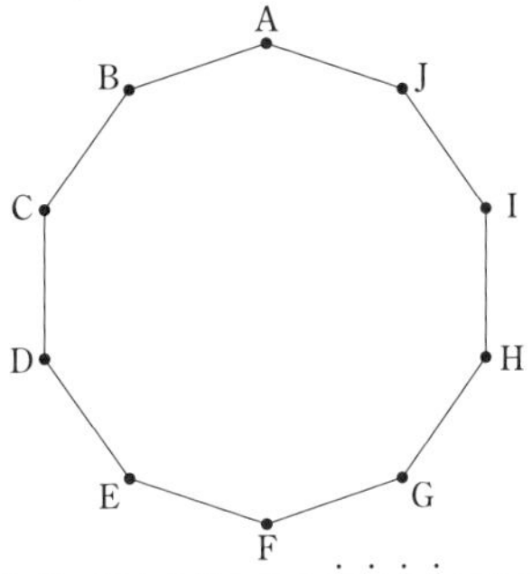

まず，正十角形と辺を共有する三角形の個数を，次の(i)(ii)(iii)に分けて求める。

(i) 3 辺を共有する三角形

0 個

(ii) 2 辺を共有する三角形

△ABC，△BCD，△CDE，…，△JAB の10個

(iii) 1 辺を共有する三角形

辺 AB だけを共有する三角形を考えると，

△ABD，△ABE，△ABF，…，△ABI の 6 個。

他の辺についても 6 個ずつできるから，

$10\times 6=60$〔個〕

(i)(ii)(iii)より，正十角形と辺を共有する三角形は，

$0+10+60=70$〔個〕

(2)の結果を利用すると，正十角形と辺を共有しない三角形は，

$120-70=50$〔個〕

258

2 本の直線によって交点が 1 個できるから，
2 本の直線の選び方を考えて，

$_6C_2=\dfrac{6\cdot5}{2\cdot1}=15$〔個〕

259

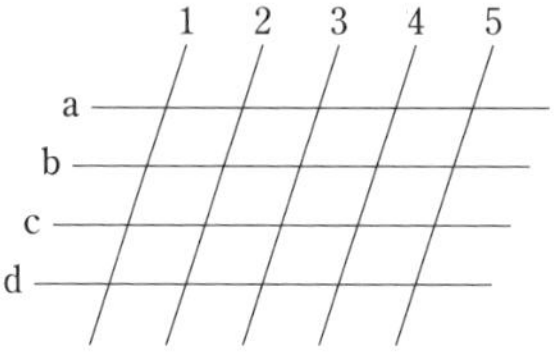

図において，

$\begin{cases}\text{a} \sim \text{d から 2 本}\\ 1 \sim 5 \text{ から 2 本}\end{cases}$

を選ぶことによって平行四辺形ができるから，

$_4C_2\times{}_5C_2=6\times10=60$〔個〕

260

次図のように，各点を定める。

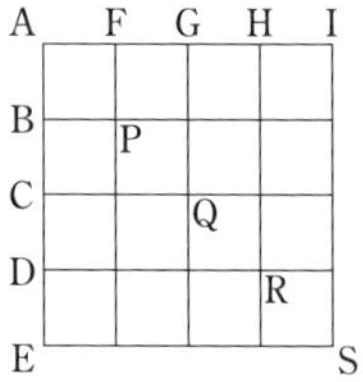

(1) A〜E から 2 個，A〜I から 2 個を選ぶと長方形ができるから，

$_5C_2\times{}_5C_2=10\times10=100$〔個〕

注

正方形は長方形の 1 つである。

(2) まず，正方形の個数を，次の(i)〜(iv)のように，大きさで分類して求める。

(i) 正方形 ABPF と同じ大きさの正方形

$4\times4=16$〔個〕

(ii) 正方形 ACQG と同じ大きさの正方形

$3\times3=9$〔個〕

(iii) 正方形 ADRH と同じ大きさの正方形

$2\times2=4$〔個〕

(iv) 正方形 AESI

1 個

よって正方形の個数は，

$16+9+4+1=30$〔個〕

したがって，(1)の長方形の中で，正方形でないものの個数は，

$100-30=70$〔個〕

261

(1) $\dfrac{7!}{2!2!}=1260$〔通り〕

(2) 〔G，O，A がこの順で隣り合う，ということではなく，
　KGUOUKA
のように，間に他の文字が入っても構わない。〕

次の(i)(ii)に分けて考える。

(i) G，O，A の位置の決め方

7 つの位置の中から 3 つを選び，左から，G，O，A をあてはめればよいから，

$_7C_3=35$〔通り〕

(ii) U，U，K，K の並べ方

$\dfrac{4!}{2!2!}=6$〔通り〕

(i)(ii)より，$35\times6=210$〔通り〕

別解

G，O，A は並べ方が 1 通りしかないので，同じ文字が 3 つあるのと同じである。

よって，UUKK△△△を一列に並べると考え，

$\dfrac{7!}{2!2!3!}=210$〔通り〕

262

取り出し方は全部で，$_8C_3=56$〔通り〕

(1) 赤 3 個の取り出し方は，$_5C_3=10$〔通り〕

求める確率は，$\dfrac{10}{56}=\dfrac{5}{28}$

(2) 赤 1 個，白 2 個の取り出し方は，

$_5C_1\times{}_3C_2=5\times3=15$〔通り〕

求める確率は，$\dfrac{15}{56}$

(3) 白 3 個の取り出し方は，$_3C_3=1$〔通り〕

よって 3 個とも白となる確率は，$\dfrac{1}{56}$

したがって，少なくとも 1 個は赤となる確率は，

$1-\dfrac{1}{56}=\dfrac{55}{56}$

263

3 本ともはずれとなる確率を求めると，

$$\frac{{}_{44}C_3}{{}_{50}C_3}=\frac{\dfrac{44\cdot43\cdot42}{3\cdot2\cdot1}}{\dfrac{50\cdot49\cdot48}{3\cdot2\cdot1}}=\frac{44\cdot43\cdot42}{50\cdot49\cdot48}=\frac{11\cdot43\cdot1}{50\cdot7\cdot2}=\frac{473}{700}$$

よって，1 本以上あたりとなる確率は，

$1-\dfrac{473}{700}=\dfrac{227}{700}$

264

目の出方は全部で，$6\times6=36$〔通り〕

(1) 和が 7 となるのは，

$(1,\ 6)$，$(2,\ 5)$，$(3,\ 4)$，$(4,\ 3)$，
$(5,\ 2)$，$(6,\ 1)$

の 6 通り。

よって求める確率は，$\dfrac{6}{36}=\dfrac{1}{6}$

(2) ともに奇数となるのは，$3\times3=9$〔通り〕

よって，求める確率は，$\dfrac{9}{36}=\dfrac{1}{4}$

265

重解をもつのは，$a^2-4b=0$ より，

$a^2=4b$ のときである。

したがって，$(a,\ b)=(2,\ 1)$，$(4,\ 4)$

よって，$\dfrac{2}{36}=\dfrac{1}{18}$

266

女子 2 人が隣り合う確率は

$\dfrac{(5-1)!\times2}{(6-1)!}=\dfrac{2}{5}$

よって，求める確率はこの余事象を考えればよいから，

$1-\dfrac{2}{5}=\dfrac{3}{5}$

267

3 桁の数の作り方は全部で，

${}_6P_3=6\cdot5\cdot4=120$〔通り〕

(1) 5 の倍数だから，一の位は 5。

百，十の位の決め方は，

${}_5P_2=5\cdot4=20$〔通り〕

求める確率は，$\dfrac{20}{120}=\dfrac{1}{6}$

(2) 9 の倍数になるための条件は，各位の数字の和が 9 の倍数になることだから，

$(1,\ 2,\ 6)$，$(1,\ 3,\ 5)$，$(2,\ 3,\ 4)$

それぞれの並べ方は $3!$ 通りだから，

$3!\times3=18$〔通り〕

求める確率は，$\dfrac{18}{120}=\dfrac{3}{20}$

(3) 6 □ □ ⇨ $5\cdot4=20$〔通り〕

5 □ □ ⇨ $5\cdot4=20$〔通り〕

4 □ □ ⇨ $5\cdot4=20$〔通り〕

3 6 □ ⇨ 4 通り

3 5 □ ⇨ 4 通り

350 より大きい数の作り方は，

$20\times3+4\times2=68$〔通り〕

求める確率は，$\dfrac{68}{120}=\dfrac{17}{30}$

268

（**261** 参照）

題意の並べ方は，${}_5C_3\times2!=20$〔通り〕

一方，5 枚の並べ方は全部で，$5!=120$〔通り〕

よって，求める確率は，$\dfrac{20}{120}=\dfrac{1}{6}$

269

(1) $\dfrac{{}_5C_4}{{}_{12}C_4}=\dfrac{1}{99}$

(2) 白だけである確率は $\dfrac{{}_4C_4}{{}_{12}C_4}=\dfrac{1}{495}$

よって求める確率は，

$1-\left(\dfrac{1}{99}+\dfrac{1}{495}\right)=\dfrac{489}{495}=\dfrac{163}{165}$

(3)(i) 赤 2 個，白 1 個，青 1 個の取り出し方は，

${}_3C_2\times{}_4C_1\times{}_5C_1=60$〔通り〕

(ii) 赤 1 個，白 2 個，青 1 個の取り出し方は，

${}_3C_1\times{}_4C_2\times{}_5C_1=90$〔通り〕

(iii) 赤 1 個，白 1 個，青 2 個の取り出し方は，

${}_3C_1\times{}_4C_1\times{}_5C_2=120$〔通り〕

よって求める確率は，

$\dfrac{60+90+120}{{}_{12}C_4}=\dfrac{270}{495}=\dfrac{6}{11}$

270

(1)

$$\frac{{}_nC_2}{{}_{10}C_2}=\frac{1}{3}$$

$$\frac{n(n-1)}{10\cdot9}=\frac{1}{3}$$

$$n^2-n=30$$

$$n^2-n-30=0$$

$$(n+5)(n-6)=0$$

$n\geqq0$ より，$n=6$

(2) 「白 2 個，赤 1 個」「白 1 個，赤 2 個」のいずれかであるから，その取り出し方は，

$${}_nC_2\times{}_{10-n}C_1+{}_nC_1\times{}_{10-n}C_2$$

$$=\frac{n(n-1)}{2\cdot1}\times\frac{10-n}{1}+\frac{n}{1}\times\frac{(10-n)(9-n)}{2\cdot1}$$

$$=\frac{n(10-n)}{2}\times\{(n-1)+(9-n)\}$$

$$=4n(10-n)$$

題意より，

$$\frac{4n(10-n)}{{}_{10}C_3}=\frac{4}{5}$$

$$n(10-n)=24$$

$$n^2-10n+24=0$$

$$(n-4)(n-6)=0$$

$$n=4,\ 6$$

271

(1) $\frac{1}{2}\times\frac{2}{3}=\frac{1}{3}$

(2) 2 人とも解けない確率は,

$$\left(1-\frac{1}{2}\right)\times\left(1-\frac{2}{3}\right)=\frac{1}{2}\times\frac{1}{3}=\frac{1}{6}$$

よって，少なくとも 1 人が解ける確率は,

$$1-\frac{1}{6}=\frac{5}{6}$$

(3) $\frac{1}{2}\times\left(1-\frac{2}{3}\right)+\left(1-\frac{1}{2}\right)\times\frac{2}{3}=\frac{1}{6}+\frac{1}{3}=\frac{1}{2}$

272

A から白 2 個を取り出す確率は,

$$\frac{{}_2C_2}{{}_6C_2}=\frac{1}{15}$$

B から白 2 個を取り出す確率は,

$$\frac{{}_3C_2}{{}_6C_2}=\frac{1}{5}$$

求める確率は，$\frac{1}{15}\times\frac{1}{5}=\frac{1}{75}$

273

(1) 1 回目が 1，2 回目と 3 回目が 1 以外の目が出る確率だから,

$$\frac{1}{6}\times\frac{5}{6}\times\frac{5}{6}=\frac{25}{216}$$

(2) 3 回のうち，1 の目が何回目に出るかで 3 通りあるから，求める確率は,

$$3\times\frac{1}{6}\left(\frac{5}{6}\right)^2=\frac{25}{72}$$

(3) 4 回のうち，1 の目が何回目と何回目に出るかで，${}_4C_2$ 通りあるから，求める確率は,

$${}_4C_2\left(\frac{1}{6}\right)^2\left(\frac{5}{6}\right)^2=\frac{25}{216}$$

274

(1) $\left(\frac{3}{5}\right)^3=\frac{27}{125}$

(2) ${}_3C_2\left(\frac{3}{5}\right)^2\frac{2}{5}=\frac{54}{125}$

275

(1) 3 個のさいころをそれぞれ A，B，C とする。

3 個のさいころの目の出方は,

$6^3=216$〔通り〕

出た目の積が 6 となるのは,

(A，B，C)＝(1，1，6)
(1，6，1)
(6，1，1)
(1，2，3)
(1，3，2)
(2，1，3)
(2，3，1)
(3，1，2)
(3，2，1)

の 9 通りである。

よって，求める確率は,

$$\frac{9}{216}=\frac{1}{24}$$

注　積が 6 となる「9 通り」は次のように求めてもよい。

積が 6 になる組合せは,

(1，1，6)，(1，2，3)

A，B，C への割り当て方は,

・(1，1，6) のとき，$\frac{3!}{2!}=3$〔通り〕

・(1，2，3) のとき，$3!=6$〔通り〕

よって，$3+6=9$〔通り〕

(2) 出た目の積が 3 の倍数以外になるのは，3 と 6 の目以外が出ればよいので,

$$\frac{4}{6}\times\frac{4}{6}\times\frac{4}{6}=\frac{8}{27}\quad\cdots①$$

よって，求める確率は,

$$1-\frac{8}{27}=\frac{19}{27}$$

276

(1) 4 個とも，4 以下の目が出る確率だから,

$$\frac{4}{6}\times\frac{4}{6}\times\frac{4}{6}\times\frac{4}{6}=\left(\frac{2}{3}\right)^4=\frac{16}{81}$$

(2) 最大値が 4 以下になる確率から，最大値が 3 以下になる確率をひけばよいから,

$$\left(\frac{4}{6}\right)^4-\left(\frac{3}{6}\right)^4=\frac{256-81}{1296}=\frac{175}{1296}$$

277

(ア) $\left(\frac{1}{2}\right)^5=\frac{1}{32}\quad\cdots①$

(イ) ${}_5C_3\left(\frac{1}{2}\right)^3\left(\frac{1}{2}\right)^2=\frac{5}{16}\quad\cdots②$

(ウ) 表が 1 枚出る確率は,

$${}_5C_1\frac{1}{2}\left(\frac{1}{2}\right)^4=\frac{5}{32}\quad\cdots③$$

①，②，③より，求める確率は,

$$\frac{1}{32}+\frac{5}{16}+\frac{5}{32}=\frac{1}{2}$$

(エ) ①より，求める確率は,

$$1-\frac{1}{32}=\frac{31}{32}$$

278

5 または 6 の目が出る回数を x とすれば，他の目の出る回数は $(6-x)$ 回。

原点に戻るから

$2x-(6-x)=0 \qquad x=2$

よって求める確率は，

$${}_6C_2\left(\frac{1}{3}\right)^2\left(\frac{2}{3}\right)^4=15\cdot\frac{2^4}{3^6}=\frac{80}{243}$$

279

1回目～9回目で，表2回裏7回となり，10回目で表が出る場合だから，

$${}_9C_2\left(\frac{1}{2}\right)^2\left(\frac{1}{2}\right)^7\times\frac{1}{2}=36\cdot\frac{1}{2^{10}}=\frac{9}{256}$$

280

(1) A が3連勝するから，

$$\frac{3}{4}\times\frac{3}{4}\times\frac{3}{4}=\frac{27}{64}$$

(2) 第1戦～第3戦で A の2勝1敗，第4戦で A が勝つから，

$${}_3C_2\cdot\left(\frac{3}{4}\right)^2\cdot\frac{1}{4}\times\frac{3}{4}=\frac{81}{256}$$

(3) A が3勝2敗で優勝する確率は，

$${}_4C_2\cdot\left(\frac{3}{4}\right)^2\cdot\left(\frac{1}{4}\right)^2\times\frac{3}{4}=\frac{81}{512}$$

以上より，A が優勝する確率は，

$$\frac{27}{64}+\frac{81}{256}+\frac{81}{512}=\frac{459}{512}$$

281

(1) 1回のジャンケンについて，

・あらゆる出し方は，3×3=9〔通り〕

・A が勝つ出し方は，次の3通り

A：グー　チョキ　パー
B：チョキ　パー　グー

・B が勝つ出し方も3通り

・引き分けの出し方は次の3通り

A：グー　チョキ　パー
B：グー　チョキ　パー

以上より

・A が勝つ確率は $\frac{3}{9}=\frac{1}{3}$

・B が勝つ確率は $\frac{3}{9}=\frac{1}{3}$

・引き分けの確率は $\frac{3}{9}=\frac{1}{3}$

(2) 3回目で勝敗が決まるのは，

引き分け・引き分け・A または B の勝ちの場合だから，

$$\frac{1}{3}\times\frac{1}{3}\times\frac{2}{3}=\frac{2}{27}$$

282

(ア) 3人のうち，どの1人が勝つかで ${}_3C_1$ 通り。
どの手で勝つかで3通り。
一方，3人の手の出し方は全部で 3^3 通り。
よって求める確率は，$\frac{{}_3C_1\times3}{3^3}=\frac{1}{3}$

(イ) $\frac{{}_4C_1\times3}{3^4}=\frac{4}{27}$

(ウ) $\frac{{}_4C_2\times3}{3^4}=\frac{2}{9}$

(エ) 3人だけが勝つ確率は $\frac{{}_4C_3\times3}{3^4}=\frac{4}{27}$

よって引き分ける確率は，(イ)，(ウ)の結果も用いて，

$$1-\left(\frac{4}{27}+\frac{2}{9}+\frac{4}{27}\right)=\frac{13}{27}$$

283

(1)(ア) $\frac{{}_3C_1\times3}{3^3}=\frac{1}{3}$

(イ) $\frac{{}_3C_2\times3}{3^3}=\frac{1}{3}$

(ウ) $1-\left(\frac{1}{3}+\frac{1}{3}\right)=\frac{1}{3}$

(2) 2人でジャンケンを行ったとき，引き分けの確率は $\frac{1}{3}$，勝負がつく確率は $\frac{2}{3}$（**281** 参照）。

題意を満たすのは，次の(i)(ii)(iii)のいずれかの場合である。

(i) 3人→3人→3人→1人

$$\frac{1}{3}\times\frac{1}{3}\times\frac{1}{3}=\frac{1}{27}$$

(ii) 3人→3人→2人→1人

$$\frac{1}{3}\times\frac{1}{3}\times\frac{2}{3}=\frac{2}{27}$$

(iii) 3人→2人→2人→1人

$$\frac{1}{3}\times\frac{1}{3}\times\frac{2}{3}=\frac{2}{27}$$

(i)(ii)(iii)より，求める確率は，

$$\frac{1}{27}+\frac{2}{27}+\frac{2}{27}=\frac{5}{27}$$

284

(1) 目の出方は全部で 6^3 通り。
同じ目になる出方は6通り。
求める確率は，$\frac{6}{6^3}=\frac{1}{36}$

別解

3個とも1の目となる確率は $\left(\frac{1}{6}\right)^3$ であり，2～6の目についても同じだから，

$$6\times\left(\frac{1}{6}\right)^3=\frac{1}{36}$$

(2) 目の和が奇数となるのは，次の(i)(ii)のいずれかの場合である。

(i) 3個とも奇数

$$\left(\frac{3}{6}\right)^3=\left(\frac{1}{2}\right)^2=\frac{1}{8}$$

(ii) 奇数 1 個，偶数 2 個

$${}_3C_1\frac{3}{6}\left(\frac{3}{6}\right)^2=3\cdot\frac{1}{2}\left(\frac{1}{2}\right)^2=\frac{3}{8}$$

(i)(ii)より，求める確率は，

$$\frac{1}{8}+\frac{3}{8}=\frac{4}{8}=\frac{1}{2}$$

(3) まず，目の和が 4 以下となる確率を求める。

目の和が 4 以下となるのは，

(大，中，小)＝(1，1，1)，(2，1，1)，(1，2，1)，(1，1，2)

の 4 通りであるから，

$$\frac{4}{6^3}=\frac{1}{54}$$

よって，目の和が 5 以上となる確率は，

$$1-\frac{1}{54}=\frac{53}{54}$$

(4) 積が 12 となる組合せは，

(1，2，6)，(1，3，4)，(2，2，3)

の 3 通り。

3 つのサイコロへの割り当て方は，

(1，2，6)，(1，3，4) は，3! 通り。

(2，2，3) は，$\frac{3!}{2!}$ 通り。

よって，

$$2\times3!+\frac{3!}{2!}=12+3=15〔通り〕$$

求める確率は，$\frac{15}{6^3}=\frac{5}{72}$

285

(1) A がはずれをひく確率は $\frac{7}{10}$

このとき，残り 9 本中に当たりが 3 本含まれているので，B が当たる確率は $\frac{3}{9}$

よって求める確率は，

$$\frac{7}{10}\times\frac{3}{9}=\frac{7}{30}$$

(2) A が当たったとき，残り 9 本中に当たりが 2 本含まれているので，B が当たる条件つき確率は $\frac{2}{9}$

別解

A，B が当たる確率をそれぞれ，$P(\mathrm{A})$，$P(\mathrm{B})$ とすると，

$$P(\mathrm{A})=\frac{3}{10}$$

$$P(\mathrm{A}\cap\mathrm{B})=\frac{3}{10}\times\frac{2}{9}=\frac{1}{15}$$

よって求める条件つき確率 $P_{\mathrm{A}}(\mathrm{B})$ は，

$$P_{\mathrm{A}}(\mathrm{B})=\frac{P(\mathrm{A}\cap\mathrm{B})}{P(\mathrm{A})}$$

$$=\frac{\frac{1}{15}}{\frac{3}{10}}=\frac{1}{15}\div\frac{3}{10}=\frac{1}{15}\times\frac{10}{3}=\frac{2}{9}$$

(3) A が当たり B も当たる確率は，

$$\frac{3}{10}\times\frac{2}{9}=\frac{1}{15}$$

A がはずれ B が当たる確率は，

$$\frac{7}{10}\times\frac{3}{9}=\frac{7}{30}$$

よって B が当たる確率は，

$$\frac{1}{15}+\frac{7}{30}=\frac{2+7}{30}=\frac{9}{30}=\frac{3}{10}$$

286

52 枚中，絵札は $3\times4=12$(枚)。

絵札を引いて壺 A から当たりを引く確率は，

$$\frac{12}{52}\times\frac{5}{10}=\frac{3}{26}$$

絵札を引かないで壺 B から当たりを引く確率は，

$$\frac{40}{52}\times\frac{2}{10}=\frac{2}{13}$$

よって，当たりを引く確率は，

$$\frac{3}{26}+\frac{2}{13}=\frac{3+4}{26}=\frac{7}{26}$$

287

(i) $P(\mathrm{A}\cap\mathrm{B})=P(\mathrm{A})\times P_{\mathrm{A}}(\mathrm{B})=\frac{1}{4}\times\frac{1}{3}=\frac{1}{12}$

よって②

(ii) $P_{\mathrm{B}}(\mathrm{A})=\frac{P(\mathrm{A}\cap\mathrm{B})}{P(\mathrm{B})}$

$$=\frac{\frac{1}{12}}{\frac{1}{5}}=\frac{1}{12}\div\frac{1}{5}=\frac{1}{12}\times\frac{5}{1}=\frac{5}{12}$$

よって④

(iii)

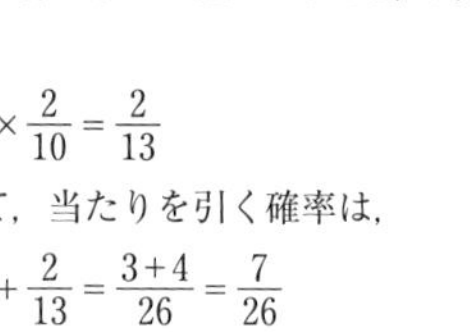

$$P(\overline{\mathrm{A}}\cap\mathrm{B})=P(\mathrm{B})-P(\mathrm{A}\cap\mathrm{B})$$

$$=\frac{1}{5}-\frac{1}{12}=\frac{7}{60}$$

よって⑤

別解

$$P_{B}(\overline{A}) = 1 - P_{B}(A) = 1 - \frac{5}{12} = \frac{7}{12}$$

よって,

$$\begin{aligned} P(\overline{A} \cap B) &= P(B \cap \overline{A}) \\ &= P(B) \times P_{B}(\overline{A}) \\ &= \frac{1}{5} \times \frac{7}{12} \\ &= \frac{7}{60} \end{aligned}$$

288

受験者全員を全体集合 U とし，女性の集合を A，60点以上の人の集合を B とすると，ベン図は次のようになる。

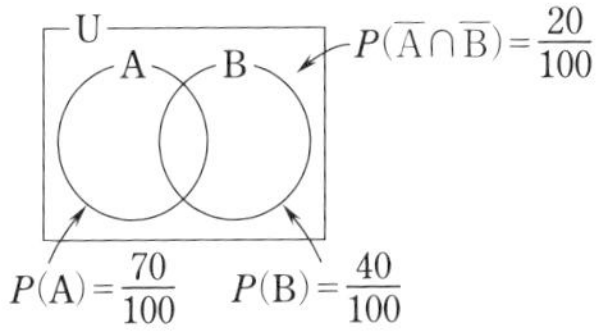

① 女性または60点以上の人である確率 $P(A \cup B)$ を求めると,

$$\begin{aligned} P(A \cup B) &= P(U) - P(\overline{A} \cap \overline{B}) \\ &= 1 - \frac{20}{100} = \frac{80}{100} \end{aligned}$$

60点以上の女性である確率 $P(A \cap B)$ は,

$$\begin{aligned} P(A \cap B) &= P(A) + P(B) - P(A \cup B) \\ &= \frac{70}{100} + \frac{40}{100} - \frac{80}{100} \\ &= \frac{30}{100} = \frac{3}{10} \end{aligned}$$

② 求める確率 $P_{A}(B)$ は,

$$P_{A}(B) = \frac{P(A \cap B)}{P(A)} = \frac{\frac{3}{10}}{\frac{7}{10}} = \frac{3}{7}$$

289

(1) $\dfrac{{}_{7}C_{3}}{{}_{12}C_{3}} = \dfrac{7}{44}$

(2) 印がついた球が 3 個入っている中から 1 個を取り出すので,

$$\frac{3}{12} = \frac{1}{4}$$

(3) 最初に取り出した 3 個の中に含まれる赤球の個数によって，次の(i)～(iv)に分ける。

(i) 赤球 3 個の場合

2 回目に印がついた赤球を取り出す確率は,

$$\frac{{}_{7}C_{3}}{{}_{12}C_{3}} \times \frac{3}{12} = \frac{7}{44} \times \frac{1}{4}$$

(ii) 赤球 2 個の場合

$$\frac{{}_{7}C_{2} \cdot {}_{5}C_{1}}{{}_{12}C_{3}} \times \frac{2}{12} = \frac{21}{44} \times \frac{1}{6}$$

(iii) 赤球 1 個の場合

$$\frac{{}_{7}C_{1} \cdot {}_{5}C_{2}}{{}_{12}C_{3}} \times \frac{1}{12} = \frac{7}{22} \times \frac{1}{12}$$

(iv) 赤球 0 個の場合

印のついた赤球を取り出すことはない。

(i)～(iv)より,

$$\begin{aligned} &\frac{7}{44} \times \frac{1}{4} + \frac{21}{44} \times \frac{1}{6} + \frac{7}{22} \times \frac{1}{12} \\ &= \frac{7 \times 3 + 21 \times 2 + 7 \times 2}{44 \times 12} \\ &= \frac{77}{44 \times 12} = \frac{7}{48} \end{aligned}$$

(4) 2 回目に印のついた球を取り出す事象を A，赤球を取り出す事象を B とすると,

$$P(A) = \frac{1}{4},\ P(A \cap B) = \frac{7}{48}$$

求める確率は $P_{A}(B)$ であり,

$$\begin{aligned} P_{A}(B) &= \frac{P(A \cap B)}{P(A)} \\ &= \frac{\frac{7}{48}}{\frac{1}{4}} \\ &= \frac{7}{48} \div \frac{1}{4} = \frac{7}{48} \times \frac{4}{1} = \frac{7}{12} \end{aligned}$$

290

$$1000 \times \frac{10}{100} + 500 \times \frac{20}{100} + 200 \times \frac{30}{100} + 0 \times \frac{40}{100}$$

$= 260$〔円〕

291

(i) 赤球 2 個のとき

得点：$300 \times 2 = 600$〔点〕

確率：$\dfrac{{}_{5}C_{2}}{{}_{8}C_{2}} = \dfrac{5}{14}$

(ii) 赤球 1 個，白球 1 個のとき

得点：$300 + 100 = 400$〔点〕

確率：$\dfrac{{}_{5}C_{1} \times {}_{3}C_{1}}{{}_{8}C_{2}} = \dfrac{15}{28}$

(iii) 白球 2 個のとき

得点：$100 \times 2 = 200$〔点〕

確率：$\dfrac{{}_{3}C_{2}}{{}_{8}C_{2}} = \dfrac{3}{28}$

(i)(ii)(iii)より，求める期待値 E は,

$$E = 600 \times \frac{5}{14} + 400 \times \frac{15}{28} + 200 \times \frac{3}{28}$$

$= \dfrac{1500+1500+150}{7}$

$= \dfrac{3150}{7} = 450$〔点〕

292

球を取り出した場合の期待金額を計算する。

$50\times\dfrac{{}_4C_1\times{}_8C_2}{{}_{12}C_3}+300\times\dfrac{{}_4C_2\times{}_8C_1}{{}_{12}C_3}+1000\times\dfrac{{}_4C_3}{{}_{12}C_3}$

$=\dfrac{1200}{11}>100$

よって，球を取り出す方が有利である。

293

(i) 赤球3個のとき

赤球の数：3個

確率：$\dfrac{{}_3C_3}{{}_7C_3}=\dfrac{1}{35}$

(ii) 赤球2個，白球1個のとき

赤球の数：2個

確率：$\dfrac{{}_3C_2\times{}_4C_1}{{}_7C_3}=\dfrac{12}{35}$

(iii) 赤球1個，白球2個のとき

赤球の数：1個

確率：$\dfrac{{}_3C_1\times{}_4C_2}{{}_7C_3}=\dfrac{18}{35}$

(i)(ii)(iii)より，求める期待値 E は，

$E=3\times\dfrac{1}{35}+2\times\dfrac{12}{35}+1\times\dfrac{18}{35}$

$=\dfrac{45}{35}=\dfrac{9}{7}$〔個〕

注 白球3個（赤球0個）の場合は，結果に影響しないので省略した。

294

$2\times\left(\dfrac16\right)^2+1\times{}_2C_1\cdot\dfrac16\cdot\dfrac56+0\times\left(\dfrac56\right)^2=\dfrac13$

295

$500\times\left(\dfrac12\right)^5+400\times{}_5C_4\left(\dfrac12\right)^4\cdot\dfrac12+300\times{}_5C_3\left(\dfrac12\right)^3\left(\dfrac12\right)^2$

$+200\times{}_5C_2\left(\dfrac12\right)^2\left(\dfrac12\right)^3+100\times{}_5C_1\cdot\dfrac12\cdot\left(\dfrac12\right)^4+0\times\left(\dfrac12\right)^5$

$=\dfrac{500+2000+3000+2000+500+0}{2^5}$

$=\dfrac{8000}{32}=250$〔円〕

296

(1)(i) 偶数3回のとき

$X=2\times3=6$

(ii) 偶数2回，奇数1回のとき

$X=2\times2+(-1)\times1=3$

(iii) 偶数1回，奇数2回のとき

$X=2\times1+(-1)\times2=0$

(iv) 奇数3回のとき

$X=(-1)\times3=-3$

(i)〜(iv)より，X が取りうる値は，

$X=6,\ 3,\ 0,\ -3$

(2) 偶数1回，奇数2回のときだから，

${}_3C_1\dfrac12\left(\dfrac12\right)^2=\dfrac38$

(3) 求める期待値を E とすると，

$E=6\times\left(\dfrac12\right)^3+3\times{}_3C_2\left(\dfrac12\right)^2\dfrac12$

$+0\times{}_3C_1\dfrac12\left(\dfrac12\right)^2+(-3)\times\left(\dfrac12\right)^3$

$=\dfrac{6+9+0-3}{8}=\dfrac32$

297

(1) A の3勝0敗：$\left(\dfrac12\right)^3=\dfrac18$

B の3勝0敗：$\left(\dfrac12\right)^3=\dfrac18$

求める確率は，$2\times\dfrac18=\dfrac14$ …①

(2) A が3勝1敗で優勝するのは，

A の2勝1敗の後，A が勝つ場合だから，

その確率は，

${}_3C_2\left(\dfrac12\right)^2\dfrac12\times\dfrac12=\dfrac{3}{16}$

B についても同様だから，求める確率は，

$2\times\dfrac{3}{16}=\dfrac38$ …②

(3) (1)(2)と同様に，5回目で優勝が決まる（3勝2敗）確率を求めると，

$2\times{}_4C_2\left(\dfrac12\right)^2\left(\dfrac12\right)^2\times\dfrac12=\dfrac38$ …③

①，②，③より，求める期待値 E は，

$E=3\times\dfrac14+4\times\dfrac38+5\times\dfrac38$

$=\dfrac{33}{8}$〔回〕

298

(1)(ア) $\dfrac{4}{12}=\dfrac13$ (イ) $\dfrac{8}{12}=\dfrac23$

(2)(ウ) 4回とも白球のときだから，

$\left(\dfrac23\right)^4=\dfrac{16}{81}$

(エ) 赤球が2回出るときだから，

${}_4C_2\left(\dfrac13\right)^2\left(\dfrac23\right)^2=6\cdot\dfrac{2^2}{3^4}=\dfrac{8}{27}$

(3)(オ) $0\times\dfrac{16}{81}+1\times{}_4C_1\cdot\dfrac{1}{3}\cdot\left(\dfrac{2}{3}\right)^3+4\times\dfrac{8}{27}$

$+9\times{}_4C_3\cdot\left(\dfrac{1}{3}\right)^3\cdot\dfrac{2}{3}+16\times\left(\dfrac{1}{3}\right)^4$

$=\dfrac{8}{3}$

299

(1) 1のカードと2のカードを1枚ずつ取り出す場合だから,

$\dfrac{{}_2C_1\times{}_3C_1}{{}_6C_2}=\dfrac{2}{5}$

(2) 2枚の合計は2, 3, 4, 5のいずれか。

(i) 合計が2のとき

${}_2C_2=1$〔通り〕

(ii) 合計が3のとき

${}_2C_1\times{}_3C_1=6$〔通り〕

(iii) 合計が4のとき

${}_2C_1\times{}_1C_1+{}_3C_2=5$〔通り〕

(iv) 合計が5のとき

${}_3C_1\times{}_1C_1=3$〔通り〕

一方, 取り出し方は全部で ${}_6C_2=15$〔通り〕

以上より, 求める期待値 E は,

$E=2\times\dfrac{1}{15}+3\times\dfrac{6}{15}+4\times\dfrac{5}{15}+5\times\dfrac{3}{15}$

$=\dfrac{55}{15}=\dfrac{11}{3}$

300

三辺の長さが x, $x+1$, $x+2$ より $x>0$, 最大辺は $x+2$。三角形が成り立つためには,

$x+(x+1)>x+2$

$x>1$

また, 直角三角形になるとき, 斜辺は $x+2$ だから三平方の定理より

$x^2+(x+1)^2=(x+2)^2$

$x^2-2x-3=0$

$(x-3)(x+1)=0$

$x=3$

注 前半は,

$|b-c|<a<b+c$

にあてはめてもよい。

$|(x+1)-x|<x+2<(x+1)+x$

$1<x+2<2x+1$

$1<x+2$ より, $x>-1$ …①

$x+2<2x+1$ より, $x>1$ …②

①, ②より, $x>1$

301

CD∥EF より

BC : CE = BD : DF = 3 : 5

△CBA∽△CEF より,

BA : EF = BC : EC = 3 : 5

$EF=\dfrac{5}{3}\times BA=\dfrac{5}{3}\times4=\dfrac{20}{3}$

302

角の二等分線の性質より,

AB : AC = BD : DC

BD $=x$ とすると,

$8:6=x:12-x$

$6x=8(12-x)$

$7x=48$

$x=\dfrac{48}{7}$

303

(1) 角の二等分線の性質より,

BD : DC = AB : AC

よって,

$\dfrac{BD}{DC}=\dfrac{AB}{AC}=\dfrac{6}{5}$ …①

(2) BD $=x$ とおくと, DC $=4-x$

①に代入すると,

$\dfrac{x}{4-x}=\dfrac{6}{5}$

$5x=6(4-x)$ $x=\dfrac{24}{11}$

(3) △ABD について, 角の二等分線の性質より,

$AI:ID=BA:BD$

$=6:\dfrac{24}{11}$

$=1:\dfrac{4}{11}$

$=11:4$

よって, $\dfrac{AI}{ID}=\dfrac{11}{4}$

304

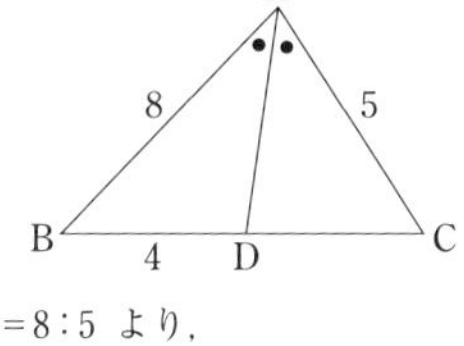

$4:DC=8:5$ より,

$DC\times8=4\times5$ $DC=\dfrac{5}{2}$

よって, $BC=4+\dfrac{5}{2}=\dfrac{13}{2}$

△ABC について, 余弦定理より,

$$\cos B=\frac{8^2+\left(\frac{13}{2}\right)^2-5^2}{2\cdot 8\cdot \frac{13}{2}}=\frac{25}{32}$$

△ABD について，余弦定理より，

$$AD^2=8^2+4^2-2\cdot 8\cdot 4\cdot \cos B$$
$$=64+16-2\cdot 8\cdot 4\cdot \frac{25}{32}$$
$$=80-50=30$$
$$AD=\sqrt{30}$$

305

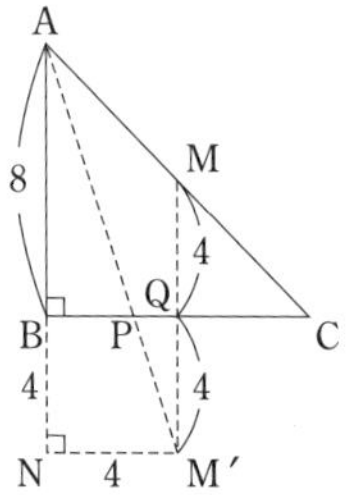

M の辺 BC に関する対称点を M′ とし，MM′ と BC の交点を Q とする。AM′ と BC の交点が最小値を与える点 P となり，AM′ の長さが求める最小値である。

$$MQ=M'Q=\frac{1}{2}AB=4\text{〔cm〕}$$

上図のように点 N を定めると，△ANM′ について，三平方の定理より，

$$AM'^2=12^2+4^2$$
$$=160$$
$$AM'=\sqrt{160}=4\sqrt{10}\text{〔cm〕}$$

306

(1) $|6-4|<x<6+4$

$2<x<10$ …①

(2) どれが最大辺かで場合分けする。

(i) BC が最大辺のとき

$$4^2+x^2<6^2$$
$$x^2-20<0$$
$$(x+\sqrt{20})(x-\sqrt{20})<0$$
$$-2\sqrt{5}<x<2\sqrt{5} \quad \cdots②$$

①，②より，

$2<x<2\sqrt{5}$

(ii) CA が最大辺のとき

$$4^2+6^2<x^2$$
$$x^2-52>0$$
$$(x+\sqrt{52})(x-\sqrt{52})>0$$
$$x<-2\sqrt{13},\ 2\sqrt{13}<x \quad \cdots③$$

①，③より，

$2\sqrt{13}<x<10$

(i)，(ii)より求める値の範囲は，

$2<x<2\sqrt{5}$，$2\sqrt{13}<x<10$

(3) 面積 $S=\frac{1}{2}\cdot 4\cdot 6\cdot \sin B$

$\sin B$ が最大になるのは，

$\angle B=90°$ のときだから，三平方の定理より，

$$x^2=4^2+6^2$$
$$x=2\sqrt{13}$$

307

$\angle ABI=x$ とおくと，内心の性質より，

$$\angle ABC=2x$$
$$\angle ACB=2\times 20°=40°$$

△ABC の内角の和より，

$$80°+2x+40°=180°$$
$$x=30°$$
$$\angle ABI=30°$$
$$\angle CBI=30°$$

△IBC の内角の和より，

$$\angle BIC=180°-(30°+20°)=130°$$

308

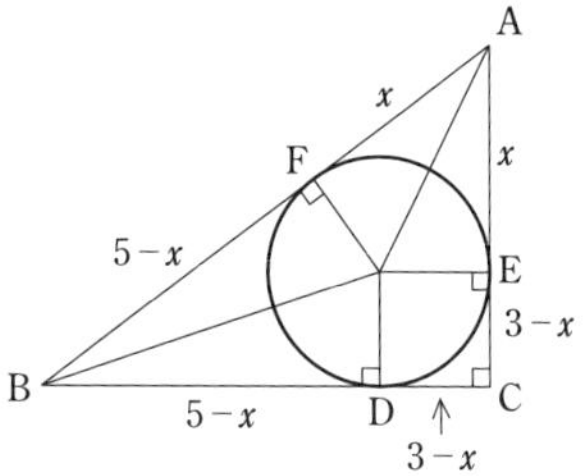

AF＝AE＝x とおくと，

$$BD=BF=AB-AF=5-x$$
$$CD=CE=AC-AE=3-x$$

BC＝BD＋CD より，

$$4=(5-x)+(3-x)$$
$$x=2$$
$$AF=2,\ FB=5-2=3$$

よって，

$$AF:FB=2:3$$

309

三角形 ABD と直線 EC について，

メネラウスの定理より，

$$\frac{BC}{CD}\cdot\frac{DF}{FA}\cdot\frac{AE}{EB}=1$$
$$\frac{BC}{CD}\cdot\frac{1}{2}\cdot\frac{2}{3}=1$$

$$\frac{BC}{CD}=3=\frac{3}{1}$$

よって，$BC:CD=3:1$

したがって，$BD:DC=2:1$

310

(1) $\angle ABI=x$ とおくと，内心の性質より，

$\angle ABC=2x$

$\angle ACB=2\times40^\circ=80^\circ$

$\triangle ABC$ の内角の和の和より，

$50^\circ+2x+80^\circ=180^\circ$

$x=25^\circ$

$\angle ABI=25^\circ$

(2)

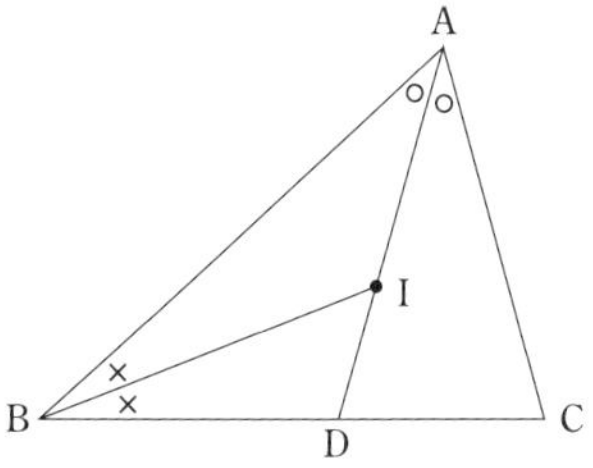

$BD=x$ とおくと，$CD=7-x$

AD は $\angle BAC$ の二等分線だから，

$BD:CD=AB:AC$

$x:(7-x)=8:4$

$4x=8(7-x)$

$x=\frac{14}{3}$　$BD=\frac{14}{3}$

BI は $\angle ABD$ の二等分線だから，

$AI:ID=BA:BD$

$=8:\frac{14}{3}$

$=12:7$

311

(1) $\triangle ABC$ と点 O について，

チェバの定理より，

$$\frac{AR}{RB}\cdot\frac{BP}{PC}\cdot\frac{CQ}{QA}=1$$

$$\frac{AR}{RB}\cdot\frac{3}{2}\cdot\frac{4}{1}=1$$

$$\frac{AR}{RB}=\frac{1}{6}$$

よって，$AR:RB=1:6$

(2) $\triangle RBC$ と直線 AP について，

メネラウスの定理より，

$$\frac{RA}{AB}\cdot\frac{BP}{PC}\cdot\frac{CO}{OR}=1$$

$$\frac{1}{7}\cdot\frac{3}{2}\cdot\frac{CO}{OR}=1$$

$$\frac{CO}{OR}=\frac{14}{3}$$

よって，$RO:OC=3:14$

312

(1)

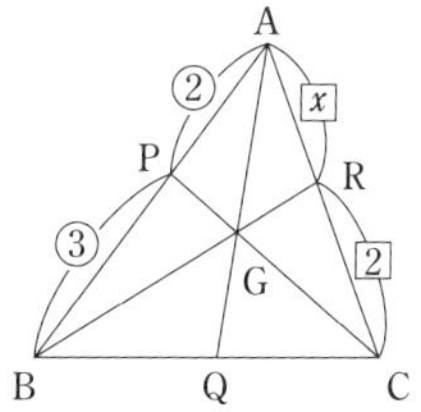

$\triangle ABC$ についてチェバの定理より

$$\frac{AP}{PB}\cdot\frac{BQ}{QC}\cdot\frac{CR}{RA}=1$$

$$\frac{BQ}{QC}=\frac{PB}{AP}\cdot\frac{RA}{CR}$$

$$=\frac{3}{2}\cdot\frac{x}{2}=\frac{3}{4}x$$

$$\frac{BC}{QC}=\frac{BQ+QC}{QC}=\frac{BQ}{QC}+1=\frac{3}{4}x+1$$

(2) $\triangle ABQ$ についてメネラウスの定理より

$$\frac{BC}{CQ}\cdot\frac{GQ}{AG}\cdot\frac{AP}{PB}=1$$

$$\frac{AG}{GQ}=\frac{BC}{QC}\cdot\frac{AP}{PB}=\left(\frac{3}{4}x+1\right)\cdot\frac{2}{3}$$

$$=\frac{1}{2}x+\frac{2}{3}$$

$$\frac{\triangle ABC}{\triangle GBC}=\frac{AQ}{GQ}=\frac{AG+GQ}{GQ}=\frac{AG}{GQ}+1$$

$$=\frac{1}{2}x+\frac{2}{3}+1=\frac{1}{2}x+\frac{5}{3}$$

(3) (2)より

$$\frac{\triangle ABC}{\triangle GBC}=\frac{1}{2}x+\frac{5}{3}=4$$

$$x=\frac{14}{3}$$

$AR:RC=\frac{14}{3}:2=7:3$

313

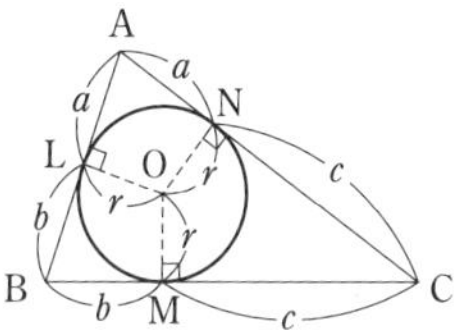

円は $\triangle ABC$ の内接円より

$AL=AN=a$

$BL=BM=b$

$CM=CN=c$

内接の中心を O とすると，

$OL=OM=ON=r$

$S=\triangle OAB+\triangle OBC+\triangle OCA$

$=\frac{1}{2}r(a+b)+\frac{1}{2}r(b+c)+\frac{1}{2}r(c+a)$

$=r(a+b+c)$

314

(1) 点 G は △ABC の重心だから

$CG:GD=2:1$

よって，CG＝4〔cm〕

(2) △ABC の面積を S とすると

$\triangle DBC=\frac{1}{2}S$

CG：GD＝2：1 より

$\triangle GBD=\frac{1}{3}\triangle DBC=\frac{1}{3}\times\frac{1}{2}S=\frac{1}{6}S$ …①

同様に $\triangle EBC=\frac{1}{2}S$

$BG:GE=2:1$

$\triangle GCE=\frac{1}{3}\triangle EBC=\frac{1}{3}\times\frac{1}{2}S=\frac{1}{6}S$ …②

①，②より，△GBD：△GCE＝1：1

(3) AG を結ぶ。

D は AB の中点より

$\triangle GAD=\triangle GBD=\frac{1}{6}S$

E は AC の中点より

$\triangle GAE=\triangle GCE=\frac{1}{6}S$

四角形 ADGE＝△GAD＋△GAE

$=\frac{1}{6}S+\frac{1}{6}S$

$=\frac{1}{3}S$

よって，

△ABC：四角形 ADGE＝$S:\frac{1}{3}S$

$=3:1$

315 (1)

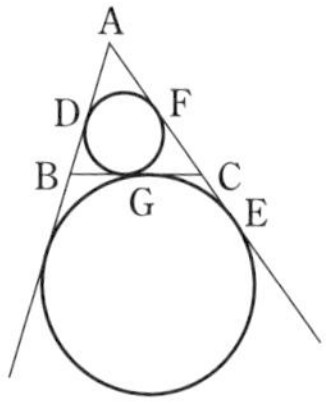

AC と BC と円の接点をそれぞれ F，G とする。AD＝x とすると，

$AD=AF=x$，$BD=BG=6-x$

$CF=CG=7-x$

$BC=BG+CG$

$5=(6-x)+(7-x)$ より

$2x=8$

$x=4$

よって，AD＝4 （答）②

(2)

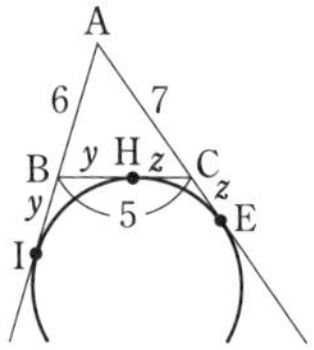

大きい方の円と辺 BC との接点を H，大きい方の円と辺 AB の延長線との接点を I とし，BH＝y，CH＝z とおくと，

$y+z=5$ …①

また，BI＝BH＝y，CE＝CH＝z であるから，AI＝AE より，

$6+y=7+z$

$y-z=1$ …②

①，②より，$y=3$，$z=2$

よって，AE＝7＋2＝9 （答）④

316

(1)

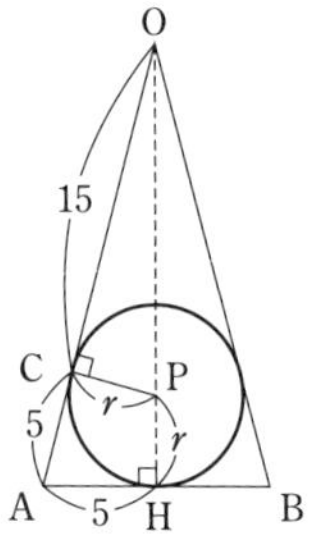

頂点 O から AB に下ろした垂線の足を H，内接する球の中心を P，半径を r とする。

$OH=\sqrt{20^2-5^2}=5\sqrt{15}$

△OAH＝△POA＋△PAH より

$\frac{1}{2}\times5\times5\sqrt{15}=\frac{1}{2}\times20\times r+\frac{1}{2}\times5\times r$

$r=\sqrt{15}$

別解

△OAH と △OPC は相似だから，

$OA:AH=OP:PC$

$20:5=(5\sqrt{15}-r):r$

$20r=5(5\sqrt{15}-r)$

$r=\sqrt{15}$

(以下，同様)

(2)

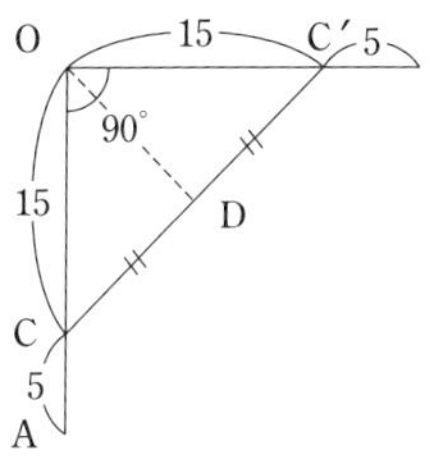

側面の展開図において考えると，断面の周の長さが最小となるのは，CC′ が直線のときである。そこで，中心角 ∠COC′ を求めると，

$$360^\circ \times \frac{5}{20} = 90^\circ$$

△OCC′ は直角二等辺三角形で，D は OB 上にあるから CC′ の中点を通る。

したがって，△ODC も直角二等辺三角形

$$\mathrm{OD} = \frac{15}{\sqrt{2}} = \frac{15\sqrt{2}}{2}$$

317

(1) $\overset{\frown}{\mathrm{AC}} = \overset{\frown}{\mathrm{AD}}$ より $\angle \mathrm{ADC} = \angle \mathrm{ACD} = 60^\circ$

$\angle \mathrm{CAD} = 180^\circ - 60^\circ \times 2 = 60^\circ$

$\angle x = \angle \mathrm{BAD} - \angle \mathrm{CAD}$

$= 90^\circ - 60^\circ = 30^\circ$

(2) AE を引くと $\overset{\frown}{\mathrm{DE}}$ の円周角より

$x = \angle \mathrm{EAD}$

$\angle \mathrm{BAD} + \angle \mathrm{EAD} = 90^\circ$

$70^\circ + x = 90^\circ$

$x = 20^\circ$

(3) ∠OBC は二等辺三角形より

$\angle \mathrm{OCB} = \frac{1}{2}(180^\circ - 120^\circ) = 30^\circ$

四角形 ABCD は円に内接しているので

$\angle \mathrm{BCD} + \angle \mathrm{BAD} = 180^\circ$

$(30^\circ + x) + 100^\circ = 180^\circ$

$x = 50^\circ$

(4) $\overset{\frown}{\mathrm{BC}}$ に対する円周角 ∠BPC を A と反対側につくると，$\angle \mathrm{BPC} = 180^\circ - 110^\circ = 70^\circ$

$x = 2\angle \mathrm{BPC} = 140^\circ$

(5) $\angle \mathrm{ABC} = \angle \mathrm{CDE} = 50^\circ$

$\angle \mathrm{DCE} = x + \angle \mathrm{FBC} = x + 50^\circ$

△DCE の内角の和より

$50^\circ + x + 50^\circ + 35^\circ = 180^\circ$

$x = 45^\circ$

(6) BD を引く。

接弦定理より，$\angle \mathrm{ADB} = x$

$\overset{\frown}{\mathrm{AB}} = 2\overset{\frown}{\mathrm{AD}}$ より，

$\angle \mathrm{ABD} = \frac{1}{2}\angle \mathrm{ADB} = \frac{1}{2}x$

△ABD の内角の和より，

$75^\circ + x + \frac{1}{2}x = 180^\circ$

$x = 70^\circ$

(7) BC を引く。$\angle \mathrm{ACB} = 90^\circ$

接弦定理より，$\angle \mathrm{ABC} = x$

したがって，$\angle \mathrm{BAC} = 90^\circ - x$

三角形の内角と外角の関係より

$\angle \mathrm{BAC} + 40^\circ = x$

$90^\circ - x + 40^\circ = x$

$x = 65^\circ$

(8) $\overset{\frown}{\mathrm{AB}}$ に対する円周角 ∠APB を C と反対側につくると，

$\angle \mathrm{APB} = 180^\circ - 105^\circ = 75^\circ$

$\angle \mathrm{AOB} = 2 \times \angle \mathrm{APB} = 150^\circ$

四角形 AOBD について，

内角の和 $= 360^\circ$ より，

$90^\circ + 150^\circ + 90^\circ + x = 360^\circ$

$x = 30^\circ$

(9) 接弦定理より，

$\angle \mathrm{BCD} = 60^\circ$

△BCE の内対角の和より，

$x + 25^\circ = 60^\circ$

$x = 35^\circ$

(10) $\angle \mathrm{ADC} = 180^\circ - 115^\circ = 65^\circ$

AB = BC より，$\angle \mathrm{ADB} = \angle \mathrm{BDC}$

よって，$\angle \mathrm{BDC} = 65^\circ \times \frac{1}{2} = 32.5^\circ$

接弦定理より，

$\angle \mathrm{BCE} = 32.5^\circ$

$x = 180^\circ - (50^\circ + 32.5^\circ)$

$= 97.5^\circ$

別解

円の中心を O とすると，AB = BC より，

$\angle \mathrm{OBC} = \angle \mathrm{OCB} = 115^\circ \times \frac{1}{2} = 57.5^\circ$

一方，$\angle \mathrm{OCD} = 90^\circ - 50^\circ = 40^\circ$

よって，$x = 57.5^\circ + 40^\circ = 97.5^\circ$

318

(1) 方べきの定理より，

$x \times 8 = 5 \times 6$

$x = \frac{15}{4}$

(2) 方べきの定理より，

$2\times(2+4)=3\times(3+x)$

$x=1$

(3) $3\times(3+x)=5^2$

$x=\dfrac{16}{3}$

319

(1) 三角形 ABC について，

余弦定理より，

$AC^2=7^2+5^2-2\cdot7\cdot5\cdot\cos60^\circ$

$=49+25-35=39$

$AC=\sqrt{39}$

(2) 円に内接する四角形の性質より，

$\angle D=120^\circ$

$AD=x$ とおくと，三角形 ACD について，

余弦定理より，

$39=x^2+25-2\cdot x\cdot5\cdot\cos120^\circ$

$x^2+5x-14=0$

$(x+7)(x-2)=0$

$x>0$ より，$x=2$

よって，$AD=2$

(3) 三角形 ABC について，

正弦定理より，

$\dfrac{\sqrt{39}}{\sin60^\circ}=2R$

$R=\dfrac{\sqrt{39}}{2\sin60^\circ}=\dfrac{\sqrt{39}}{\sqrt{3}}=\sqrt{\dfrac{39}{3}}=\sqrt{13}$

(4)

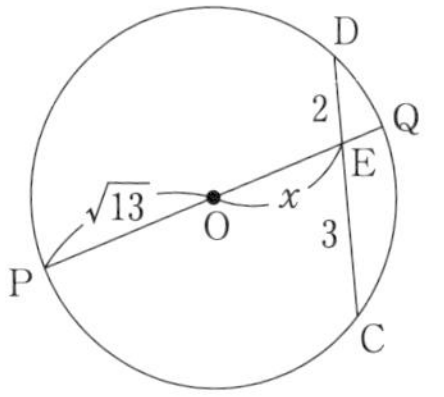

図のように P，Q を定める。

方べきの定理より，

$EP\cdot EQ=ED\cdot EC=2\cdot3=6$

(5) $OE=x$ とおくと，$EP\cdot EQ=6$ より，

$(\sqrt{13}+x)(\sqrt{13}-x)=6$

$13-x^2=6$

$x^2=7$

$x=\sqrt{7}$

320

(1) $\triangle PAC\backsim\triangle PDB$ より，

$PA:PC=PD:PB$

$PA\cdot PB=PC\cdot PD$ …①

(2) ①より，

$4\times9=3\times PD$

$PD=12$

$CD=12-3=9$

$R=CD\times\dfrac{1}{2}=\dfrac{9}{2}$

321

(1) $\angle AEO_1=\dfrac{1}{2}\angle AEC=\dfrac{1}{2}\angle BED=\angle BEO_2$,

$\angle O_1AE=\angle O_2BE=90^\circ$

よって，$\triangle O_1AE$ と $\triangle O_2BE$ は相似だから，$O_1E:O_2E=O_1A:O_2B=1:3$

(2)

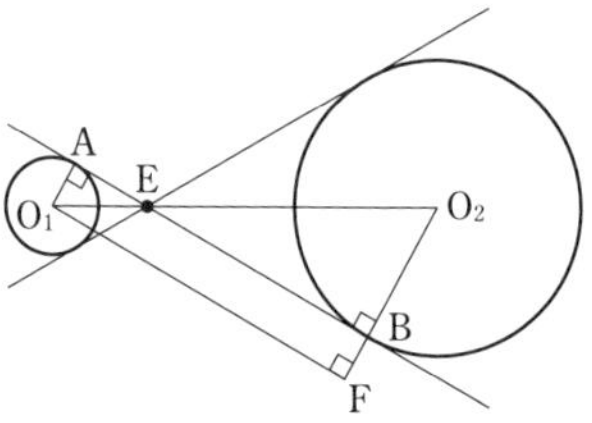

上図のように点 F を定めると，

$O_1F=AB=8$

$O_2F=3+1=4$

$\triangle O_1O_2F$ について三平方の定理より，

$O_1O_2{}^2=8^2+4^2$

$=80$

$O_1O_2=\sqrt{80}=4\sqrt{5}$

(3) 2つの三角形は相似で，相似比は，

$AE:BE=1:3$

よって面積比は，

$\triangle ACE:\triangle BDE=1^2:3^2=1:9$

(4)

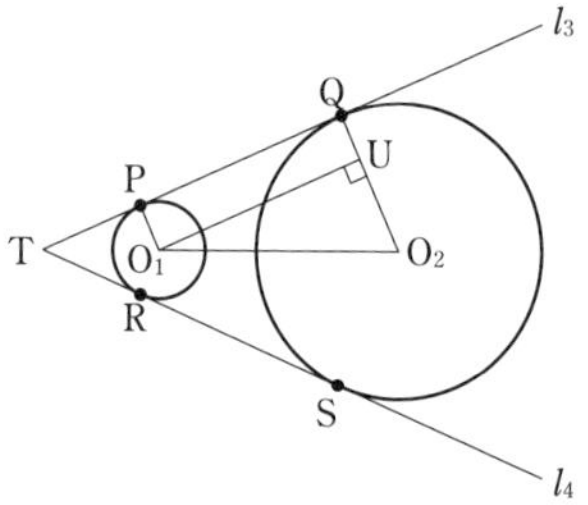

上図のように点 U を定めると，

$O_2U=O_2Q-UQ=3-1=2$

$\triangle O_1O_2U$ について三平方の定理より，

$O_1U^2+O_2U^2=O_1O_2{}^2$

$O_1U^2+2^2=(2\sqrt{5})^2$

$O_1U^2=16$

$O_1U=4$

よって，$PQ=O_1U=4$

(5) 接線の性質より，$TP=TR$ であるから，正三角形になるためには，$\angle PTR=60°$ であればよい。このとき，平行線の同位角より，

$\angle UO_1O_2=\angle PTO_1=30°$

よって，

$O_1O_2:O_2U=2:1$

$O_1O_2=O_2U\times 2=4$

次に，$TP:O_1P=\sqrt{3}:1$ より，

$TP=O_1P\times\sqrt{3}=1\times\sqrt{3}=\sqrt{3}$

求める面積 S は，

$S=\frac{1}{2}\cdot\sqrt{3}\cdot\sqrt{3}\cdot\sin 60°$

$=\frac{3\sqrt{3}}{4}$

322

(1)
2) 168
2) 84
2) 42
3) 21
　　7

上の計算より，

$168=2^3\times 3\times 7$

(2) 168でない最大の約数は，

$2^2\times 3\times 7=84$

(3) 168の正の約数は $2^a\times 3^b\times 7^c$ と表され，a，b，c がとり得る値は，

a が 0，1，2，3 の 4 通り
b が 0，1 の 2 通り
c が 0，1 の 2 通り

であるから，正の約数の個数は，

$4\times 2\times 2=16$〔個〕

323

2) 1176
2) 588
2) 294
3) 147
7) 49
　　7

$1176=2^3\times 3\times 7^2$

偶数の約数は $2^a\times 3^b\times 7^c$ と表され，a，b，c がとり得る値は，

a が 1，2，3 の 3 通り
b が 0，1 の 2 通り
c が 0，1，2 の 3 通り

であるから，

$3\times 2\times 3=18$〔個〕

324

注 平方数…ある整数の 2 乗で表される数
(0，1，4，9，16，25，…)
立方数…ある整数の 3 乗で表される数
(0，1，8，27，64，125，…)

(1)
3) 6615
3) 2205
3) 735
5) 245
7) 49
　　7

$6615=3^3\times 5\times 7^2$

これより，

$6615x=3^3\times 5\times 7^2\times x$

$3^4\times 5^2\times 7^2$ になればよいから，

$x=3\times 5=15$

(2) $6615y=3^3\times 5\times 7^2\times y$

$3^3\times 5^3\times 7^3$ になればよいから，

$y=5^2\times 7=175$

325

$n=2^a\times 3^b$ ($a\geqq 1$，$b\geqq 1$) とおく。

正の約数が12個だから，

$(a+1)(b+1)=12$

かけて12になる組合せを考えて，

$(a+1,\ b+1)=(2,\ 6),\ (3,\ 4),\ (4,\ 3),\ (6,\ 2)$

$(a,\ b)=(1,\ 5),\ (2,\ 3),\ (3,\ 2),\ (5,\ 1)$

それぞれ，$n=2^a\times 3^b$ に代入すると，

$n=2^1\times 3^5,\ 2^2\times 3^3,\ 2^3\times 3^2,\ 2^5\times 3^1$

$=486,\ 108,\ 96,\ 72$

326

$10=5\times 2$ に注意して，5 と 2 が何回掛けられるかを調べる。

5 の倍数を並べると，

$5=5^1,\ 10=2\cdot 5^1,\ 15=3\cdot 5^1,$

$20=4\cdot 5^1,\ 25=5^2$

であるから，5 が掛けられる回数は，

$1+1+1+1+2=6$〔回〕

次に，2 の倍数を並べると，

$2=2^1,\ 4=2^2,\ 6=3\cdot 2^1,\ 8=2^3,\ \cdots$

であるから，2 が掛けられる回数は 6 回より多い。

よって，1 から25まで掛けた数の中では，$10(=5\times 2)$ が 6 回掛けられている。

よって，末尾に続く 0 の個数は 6 個。

327

（**229** 参照）

ア　$A=p^2q$ の正の約数は，

$(2+1)(1+1)=3\cdot2=6$〔個〕

イウ　p^2q の正の約数の和が，もとの数 p^2q の 2 倍であるから，

$(1+p+p^2)(1+q)=2p^2q$　…①

両辺を p^2q で割ると，

$$\frac{1+p+p^2}{p^2}\cdot\frac{1+q}{q}=2$$

$$\left(\frac{1}{p^2}+\frac{1}{p}+1\right)\left(\frac{1}{q}+1\right)=2\quad\cdots②$$

p，q は素数だから，$p\geqq2$，$q\geqq2$。

ここで，$p\geqq5$ とすると，

$$②\text{の左辺}\leqq\left(\frac{1}{5^2}+\frac{1}{5}+1\right)\left(\frac{1}{2}+1\right)$$

であるから，

$$②\text{の左辺}\leqq\frac{31}{25}\cdot\frac{3}{2}=\frac{93}{50}<2$$

よって①は成り立たないので，$p\leqq4$ が必要。

したがって，$p=2$ または $p=3$

（i）$p=2$ のとき，①に代入すると，

$(1+2+4)(1+q)=2\cdot2^2q$

$7+7q=8q$

$q=7$

（ii）$p=3$ のとき，①に代入すると，

$(1+3+9)(1+q)=2\cdot3^2\cdot q$

$13+13q=18q$

$$q=\frac{13}{5}$$

よって不適。

（i）（ii）より，$p=2$，$q=7$

$A=p^2q=2^2\cdot7=28$

参考

完全数は「その数自身を除く正の約数の和が，その数自身と等しい自然数」と表現することもできる。6，28，496などが完全数として知られている。

$1+2+3=6$，$1+2+4+7+14=28$

328

最大公約数を G，最小公倍数を L とする。

（1）$24=2^3\cdot3$，$36=2^2\cdot3^2$

$$\begin{cases}G=2^2\cdot3=12\\L=2^3\cdot3^2=72\end{cases}$$

（2）$32=2^5$，$56=2^3\cdot7$

$$\begin{cases}G=2^3=8\\L=2^5\cdot7=224\end{cases}$$

（3）
```
2 ) 182      3 ) 357
7 )  91      7 ) 119
     13           17
```

$182=2\cdot7\cdot13$，$357=3\cdot7\cdot17$

$$\begin{cases}G=7\\L=2\cdot3\cdot7\cdot13\cdot17=9282\end{cases}$$

（4）
```
2 ) 520      2 ) 616
2 ) 260      2 ) 308
2 ) 130      2 ) 154
5 )  65      7 )  77
     13           11
```

$520=2^3\cdot5\cdot13$，$616=2^3\cdot7\cdot11$

$$\begin{cases}G=2^3=8\\L=2^3\cdot5\cdot7\cdot11\cdot13=40040\end{cases}$$

（5）$36=2^2\cdot3^2$，$54=2\cdot3^3$，$180=2^2\cdot3^2\cdot5$

$$\begin{cases}G=2\cdot3^2=18\\L=2^2\cdot3^3\cdot5=540\end{cases}$$

329

a，b の最大公約数を g，最小公倍数を l とすると，$ab=gl$ が成り立つ。

これにあてはめると，

$90n=15\cdot3150$

$n=525$

330

a，$b\,(a>b)$ の最大公約数が 5 より，

$a=5a'$，$b=5b'$　…①

（a'，b' は互いに素で，$a'>b'$　…②）

とおける。

$ab=300$ より，

$5a'\cdot5b'=300$

$a'\cdot b'=12$

②より，

$a'=12$，$b'=1$　または　$a'=4$，$b'=3$

それぞれ①に代入して，

$a=60$，$b=5$　または　$a=20$，$b=15$

331

a，$b\,(a>b)$ の最大公約数が12より，

$a=12a'$，$b=12b'$　…①

（a'，b' は互いに素で，$a'>b'$　…②）

とおける。

$ab=12\cdot156$ の関係より，

$12a'\cdot12b'=12\cdot156$

$a'\cdot b'=13$

②より，$a'=13$，$b'=1$

①に代入して，$a=156$，$b=12$

答は5

332

$$98=2\times7^2$$

$$2156=2^2\times7^2\times11$$

これより，98との最小公倍数が2156となる自然数は，

$$2^2\times7^x\times11\quad(x\leqq2)$$

と表すことができる。よって，

$$2^2\times11=44$$

$$2^2\times7\times11=308$$

$$2^2\times7^2\times11=2156$$

3桁であるから，$n=308$

333

（**229** 参照）

1080と3600の最大公約数について，その正の約数の個数と総和を求めればよい。

$$1080=2^3\times3^3\times5$$

$$3600=2^4\times3^2\times5^2$$

これより，最大公約数は $2^3\times3^2\times5=360$

正の約数の個数は，$4\times3\times2=24$〔個〕

総和は，

$$(1+2+4+8)(1+3+9)(1+5)$$

$$=15\times13\times6=1170$$

334

(1)　k，l を整数として，

$$a=5k+3,\quad b=5l+4$$

とおくと，

$$\begin{aligned}a+b&=5k+3+5l+4\\&=5(k+l)+7\\&=5(k+l)+5+2\\&=5(k+l+1)+2\end{aligned}$$

よって，5で割ったときの余りは2

(2)　k，l を整数として，

$$a=7k+6,\quad b=7l+5$$

とおくと，

$$\begin{aligned}2a+b&=2(7k+6)+7l+5\\&=14k+7l+17\\&=14k+7l+14+3\\&=7(2k+l+2)+3\end{aligned}$$

よって，7で割ったときの余りは3

別解

$a=7k-1$，$b=7l-2$ とおくと，

$$\begin{aligned}2a+b&=2(7k-1)+7l-2\\&=14k+7l-4\\&=7(2k+l)-4\end{aligned}$$

$7-4=3$ より，7で割ったときの余りは3

335

k，l を整数として，

$$a=5k+2,\quad b=5l+3$$

とおく。

①　$$\begin{aligned}(a+1)^3&=(5k+2+1)^3\\&=(5k+3)^3\\&=(5k)^3+3(5k)^2 3+3\cdot5k\cdot9+27\\&=(5k)^3+3(5k)^2 3+3\cdot5k\cdot9+25+2\end{aligned}$$

波線部は5の倍数だから，上式を5で割ったときの余りは2

②　$$\begin{aligned}ab^2&=(5k+2)(5l+3)^2\\&=(5k+2)(25l^2+30l+9)\\&=5k(25l^2+30l+9)+2(25l^2+30l+9)\\&=5k(25l^2+30l+9)+2(25l^2+30l)+18\\&=5k(25l^2+30l+9)+10(5l^2+6l)+15+3\end{aligned}$$

波線部は5の倍数だから，上式を5で割ったときの余りは3

336

3と5の最小公倍数が15より，

「3で割っても5で割っても2余る整数」は「15で割ると2余る整数」と同じ。

$$15k+2\ (k\ は整数)$$

とおくと，3桁であることから，

$$15k+2\geqq100$$

$$k\geqq\frac{98}{15}=6.53\cdots$$

これを満たす最小の整数 k は7。

よって求める整数は，

$$15k+2=15\cdot7+2=107$$

別解

15の倍数を書き並べると，

0　15　30　45　60　75　90　105 …

それぞれに2を加えると，

2　17　32　47　62　77　92　107

よって，107

337

①　5で割ると2余る正の整数を並べると，

2，7，12，17，22，…

7で割ると3余る正の整数を並べると，

3，10，17，24，31，…

よって題意を満たす正の整数のうち，最小のものは，17。

② 5と7の最小公倍数は35であるから，題意を満たす数は，「35で割ると17余る正の整数」である。

よって k を整数として，$35k+17$ と表すことができる。

500以上700以下より，

$500 \leqq 35k+17 \leqq 700$ …⊛

$483 \leqq 35k \leqq 683$

$\dfrac{483}{35} \leqq k \leqq \dfrac{683}{35}$

$13.8\cdots \leqq k \leqq 19.5\cdots$

よって，

$k=14,\ 15,\ 16,\ 17,\ 18,\ 19$

k の値が6個あるから，題意を満たす正の整数 $35k+17$ も6個ある。

別解

（**342**，**343** 参照）

題意を満たす正の整数を n とおく。n を5で割ると2余り，7で割ると3余るから，x，y を整数として，次のように表せる。

$n=5x+2=7y+3$

$5x-7y=1$ …①

$x=3$，$y=2$ で成り立つから，

$5\cdot3-7\cdot2=1$ …②

①−② より，

$5(x-3)-7(y-2)=0$

$5(x-3)=7(y-2)$

5と7は互いに素より，k の整数として次のように表せる。

$x-3=7k$，$y-2=5k$

$x=7k+3$，$y=5k+2$

よって，

$n=5x+2$

$=5(7k+3)+2$

$=35k+17$

これより，題意を満たす最小の数は17であり，500以上700以下より，

$500 \leqq 35k+17 \leqq 700$

（この先は，⊛以下と同様）

338

$n(n+1)(2n+1)$

$=n(n+1)\{(n-1)+(n+2)\}$

$=n(n+1)(n-1)+n(n+1)(n+2)$

$=(n-1)n(n+1)+n(n+1)(n+2)$

これは，連続する三つの数の積の和になっているので，6の倍数である。

よって，ア $n(n+1)(n+2)$，イ 6

（答） ③

339

3059を2337で割ると，商1余り722より，

$3059=2337\cdot1+722$

2337を722で割ると，商3余り171より，

$2337=722\cdot3+171$

722を171で割ると，商4余り38より，

$722=171\cdot4+38$

171を38で割ると，商4余り19より，

$171=38\cdot4+19$

（38は19で割り切れて，$38=19\cdot2$）

3059と2337の最大公約数は，38と19の最大公約数に等しいので，19。

340

(1) $xy+x+y-11=0$

$x(y+1)+y=11$

左辺を因数分解できる形にするため，両辺に1を加えると，

$x(y+1)+y+1=12$

$(x+1)(y+1)=12$ …①

$x \geqq 1$，$y \geqq 1$ より，

$x+1 \geqq 2$，$y+1 \geqq 2$

であることに注意して，①を満たす組合せを考えると，

$(x+1,\ y+1)=(2,\ 6),\ (6,\ 2),\ (3,\ 4),\ (4,\ 3)$

よって，

$(x,\ y)=(1,\ 5),\ (5,\ 1),\ (2,\ 3),\ (3,\ 2)$

(2) $xy+x-3y+3=0$

$x(y+1)-3y=-3$

両辺に -3 を加えて，

$x(y+1)-3y-3=-6$

$x(y+1)-3(y+1)=-6$

$(x-3)(y+1)=-6$ …①

$x \geqq 1$，$y \geqq 1$ より，

$x-3 \geqq -2$，$y+1 \geqq 2$

であることに注意すると，①より，

$(x-3,\ y+1)=(-2,\ 3),\ (-1,\ 6)$

$(x,\ y)=(1,\ 2),\ (2,\ 5)$

(3) $xy-x-2y+1=0$

$x(y-1)-2y=-1$

両辺に2を加えて，

$x(y-1)-2y+2=1$

$x(y-1)-2(y-1)=1$

$(x-2)(y-1)=1$

これより，

$(x-2,\ y-1)=(1,\ 1),\ (-1,\ -1)$

$(x,\ y)=(3,\ 2),\ (1,\ 0)$

(4) $xy-2x+5y-3=0$

$x(y-2)+5y=3$

両辺に-10を加えて，

$x(y-2)+5y-10=-7$

$x(y-2)+5(y-2)=-7$

$(x+5)(y-2)=-7$

これより，

$(x+5,\ y-2)=(-1,\ 7),\ (1,\ -7),\ (-7,\ 1),\ (7,\ -1)$

$(x,\ y)=(-6, 9),\ (-4,\ -5),\ (-12,\ 3),\ (2,\ 1)$

341

与式の両辺に $q+3$ と 5 をかけると，

$5(p+1)=2(q+3)$ …①

5 と 2 は互いに素より，①が成り立つためには，

「$p+1$ が 2 の倍数，$q+3$ が 5 の倍数」

であることが必要だから，整数 k を用いて次のように表すことができる。

$p+1=2k,\ q+3=5k$

よって，

$p=2k-1,\ q=5k-3$ …②

$k\geqq 3$ であると q が10を超えてしまうので，$p,\ q$ がともに10以下の自然数になるような k の値は 1 と 2。

$k=1,\ 2$ をそれぞれ②に代入して，

$(p,\ q)=(1,\ 2),\ (3,\ 7)$

342

$17x+32y=1$ …①

①に $x=-15$ を代入すると，

$17\cdot(-15)+32y=1$

$32y=256$

$y=8$　ア　8

よって①は，$x=-15$，$y=8$ で成り立つから，

$17\cdot(-15)+32\cdot 8=1$ …②

①−② より，

$17(x+15)+32(y-8)=0$

$17(x+15)=-32(y-8)$

17と32は互いに素より，k を整数として次のように表すことができる。

$x+15=-32k,\ y-8=17k$

よって，

$x=-32k-15,\ y=17k+8$ …③

x は正の整数，y は負の整数だから，

$-32k-15\geqq 1,\ 17k+8\leqq -1$

$k\leqq -\dfrac{1}{2},\ k\leqq -\dfrac{9}{17}$

よって，$k=-1,\ -2,\ \cdots$

それぞれ③に代入すると

$(x,\ y)=(17,\ -9),\ (49,\ -26),\ \cdots$

したがって 2 番目に大きい x は49，そのときの y は-26である。

イ　49，ウ　-26

343

(1) $x=100,\ y=0$

（$x=30,\ y=30$ や $x=-40,\ y=60$ などでもよい）

(2) $3x+7y=300$ …①

$x=100,\ y=0$ のとき成り立つから，

$3\cdot 100+7\cdot 0=300$ …②

①−② より，

$3(x-100)+7(y-0)=0$

$3(x-100)=-7y$

これより，k を整数として，

$x-100=-7k,\ y=3k$

$x=100-7k,\ y=3k$

$x,\ y$ は正の整数より，

$100-7k>0,\ 3k>0$

$k<\dfrac{100}{7}=14.2\cdots,\ k>0$

よって，$k=1,\ 2,\ 3,\ \cdots,\ 14$

k の個数は14個あるから，①を満たす正の整数も14組ある。

別解

$3x+7y=300$ …①

$x=30,\ y=30$ のとき成り立つから，

$3\cdot 30+7\cdot 30=300$ …②

①−② より，

$3(x-30)+7(y-30)=0$

$3(x-30)=-7(y-30)$

これより k を整数として，

$x-30=-7k,\ y-30=3k$

$x=-7k+30,\ y=3k+30$

$x,\ y$ は正の整数より，

$-7k+30>0,\ 3k+30>0$

$k<\dfrac{30}{7}=4.2\cdots,\ k>-10$

よって，$k=-9,\ -8,\ \cdots,\ 4$

これより k の個数は14個あるから，①を満たす正の整数も14組ある。

344

(1) $2016_{(7)}=2\cdot7^3+0\cdot7^2+1\cdot7+6$

$=686+0+7+6$

$=699_{(10)}$

(2) $10201_{(3)}=1\cdot3^4+0\cdot3^3+2\cdot3^2+0\cdot3+1$

$=81+0+18+0+1$

$=100_{(10)}$

(3)
3) 96
3) 32 …0
3) 10 …2
3) 3 …1
1 …0

$96_{(10)}=10120_{(3)}$

(4)
2) 38
2) 19 …0
2) 9 …1
2) 4 …1
2) 2 …0
1 …0

$38_{(10)}=100110_{(2)}$

(5) まず，10 進法で表してから，4 進法で表す。

$4321_{(5)}=4\cdot5^3+3\cdot5^2+2\cdot5+1$

$=500+75+10+1$

$=586_{(10)}$

4) 586
4) 146 …2
4) 36 …2
4) 9 …0
2 …1

$586_{(10)}=21022_{(4)}$

345

$$0.123_{(6)}=1\cdot\frac{1}{6}+2\cdot\frac{1}{6^2}+3\cdot\frac{1}{6^3}$$

$$=\frac{1}{6}+\frac{1}{18}+\frac{1}{72}$$

$$=\frac{12+4+1}{72}=\frac{17}{72}$$

346

0.6875
× 2
1 .3750
× 2
0 .7500
× 2
1 .5000
× 2
1 .0000

$0.6875_{(10)}=0.1011_{(2)}$

347

(ア) $0.13_{(6)}=1\times\frac{1}{6}+3\times\frac{1}{6^2}$

$=\frac{1}{6}+\frac{1}{12}=\frac{3}{12}$

$=0.25_{(10)}$

(イ)
0.25
× 2
0 .50
× 2
1 .00

$0.25_{(10)}=0.01_{(2)}$

348

$132_{(n)}=1\times n^2+3\times n+2$

$=n^2+3n+2$

これが 90 になるから，

$n^2+3n+2=90$

$n^2+3n-88=0$

$(n+11)(n-8)=0$

$n>0$ より，$n=8$

349

$12a_{(5)}=1\times5^2+2\times5+a$

$=35+a$ …① (ア) 35

$a3_{(9)}=a\times9+3$

$=9a+3$ …②

①，②より，

$9a+3=35+a$

$8a=32$

$a=4$ (イ) 4